# 范曾谈艺录

范曾 著

商务印书馆
创于1897 The Commercial Press
2017年·北京

**图书在版编目(CIP)数据**

范曾谈艺录/范曾著;薛晓源编.—北京:商务印书馆,2017
ISBN 978-7-100-14324-0

Ⅰ.①范… Ⅱ.①范…②薛… Ⅲ.①艺术—文集 Ⅳ.①J-53

中国版本图书馆 CIP 数据核字(2017)第 124891 号



**范曾谈艺录**
范 曾 著
薛晓源 编

商 务 印 书 馆 出 版
(北京王府井大街 36 号 邮政编码 100710)
商 务 印 书 馆 发 行
北京新华印刷有限公司印刷
ISBN 978-7-100-14324-0

2017 年 7 月第 1 版 开本 787×1092 1/16
2017 年 7 月北京第 1 次印刷 印张 27 插页 4
定价:68.00 元

**范　曾**　1938年生于江苏南通，中国书画大师，著名国学家、诗人。现为北京大学讲席教授，中国画法研究院院长，英国格拉斯哥大学、加拿大阿尔伯塔大学名誉文学博士，中国艺术研究院博士生导师、终身研究员，南开大学终身教授，南开大学文学院、历史学院博士生导师，南通大学终身教授，稽山书院、盘山书院院长。2008年获法兰西公民之星金质勋章。2009年被联合国教科文组织任命为“多元文化特别顾问”。2010年9月，法国总统萨科齐向范曾先生授予“法国荣誉军团骑士勋章”。2011年获“中华艺文·终身成就奖”。2015年6月30日，意大利总统塞尔吉奥向范曾先生授予意大利共和国大将军勋章。

范曾先生出身于中国延绵450年不断十三代诗人的著名文化世家。他于文、史、哲诸领域博古通今、通邮中西，提倡“回归古典、回归自然”，身体力行“以诗为魂、以书为骨”的美学原则，对中国画的发展厥功至钜，开创了“新古典主义”艺术的先河。他的文、史、哲著述中，所透露的人文关怀为国内外学界所共称，而其文章之雄奇优美，多次被誉为海内之首选。作为联合国教科文组织多元化特别顾问，曾在联合国教科文组织总部发表“回归古典、回归自然”“趋近自然”“根本善”的专题报告。1984年，日本冈山县建立范曾美术馆，为中国于世界唯一享此殊荣者。1986年，范曾先生捐建南开大学东方艺术大楼。范曾先生宅心仁厚，慈爱博施，曾被命名为“中国十大慈善家之一”。

范曾先生笔耕不辍，著作等身，著有《大丈夫之词》《中国画研究法》《经史漫步》《范曾诗稿》《庄子显灵记》《范曾简墨》《尊贤画集——范曾与八大山人神会》《范曾诗文集》《范曾诗稿》《范曾散文三十三篇》《老庄心解》《论文学》《趋近自然》《范曾海外散文三十三篇》《大木葱茏》等约150部，中国国家图书馆收藏130部。

范曾先生有二十四字自评：痴于绘画，能书；偶为辞章，颇抒己怀；好读书史，略通古今之变。

万类和谐　宇

# 目　录

# 图版目录

# 宇宙永恒，初心不朽

宇宙万有之运行、生发，当然离不开时间和空间。“无，名天地之始；有，名万物之母。”对几百亿万年前的宇宙生成，老子作了“有”“无”同出而异名、无中生有、有中生无的天才论述。至魏晋时代，玄家之谈，无论何晏、王弼之尊无，或裴頠、郭象之崇有，皆有悖于老子关于“有”“无”之说的天才论断。字面虽同而概念偷换。此所以玄学在中国哲学史上的地位不高。时间有无开始，宇宙有无边缘，这在18世纪末伟大的德国哲学家康德曾自己假设为甲、乙两方的代表详尽辩说，然而他无法用一方来说服另一方，这是西方哲学史上一章非常睿智而有趣的雄辩，见诸其杰构《纯粹理性批判》。

我们赖以生存的地球有46亿年的历史，对于宇宙而言，也只是瞬间。人生于世，生年不满百，面对这茫茫的宇宙，绝对给你望洋兴叹的快感。聪明到康德这样的人，只有望着星空，抚着心灵，违心地说“本体（指宇宙本体）什么也没有发生”。什么也没有发生吗？康德只是和你幽默了一下，他当然知道宇宙瞬息万变，你竟自当真。几百亿光年之外有一颗小行星陨灭了，上面没有生命，也没有超时空的手机，给你发来告急的电讯。人类在宇

老子出关

宙之前切勿妄自尊大。陶渊明自视天地一秕糠，绝非过谦之词。人类对宇宙的了解实在微乎其微，倘使美国国防部在二次世界大战后尚能以 UFO 和太空人故弄玄虚，今天那不过是场儿戏。人们连太阳系还弄不清，仅知的某一点点常识就会使我们大惊失色。金星上的大气压，九十倍于地球，任何钢筋铁骨的大汉，都会被压成一块柿饼，甚或一张相片。太阳会熄灭，那是 100 亿年以后的事，我们大可放心地相信康德“本体什么也没有发生”的名言。

人类迄今为止，对“文明”的解释，各是其是，据说麦哲伦和哥伦布发现的新航线和新大陆是对南美文明的输出。然则，在那儿甘其食、美其服、安其居、乐其俗的印第安人在十余年前最后一位老者去世，这种族已然灭绝。所幸爱斯基摩人的生活环境苦寒无食，海豹肉不对西方人的胃口，得以至今犹存，在冰房中烤火。

然则早于麦哲伦、哥伦布三千年，东方有一个伟大的族群——周，在周成王时，已朦胧中有“中国”的概念（见周出土之“何尊”）。就在周代流传至今的《礼记》中提出了“大同世界”的伟大理想。当西方的神话人物西西弗斯背负着巨大的石块从山下抬到山顶，石块掉下，西西弗斯重来一次，往复至于无穷，这种遗传基因没有带给人类实质上的利益，只是他不懈的奋斗精神鼓舞着西方人。由于古希腊出现了柏拉图和亚里士多德，西方人开始运用逻辑学，矢志不移地和宇宙较劲，这“文明”乃正负两面之双刃剑，但文化，我们还得读荷马的史诗。

中国的“大同理想”在《礼记·礼运》中作如此说：“大道之行也，天下为公。选贤与能，讲信修睦。故人不独亲其亲，不独子其子，使老有所终，壮有所用，幼有所长，鳏寡孤独废疾者，皆有所养。男有分，女有归。货恶其弃于地也，不必藏于己；力恶其不出于身也，不必为己。是故谋闭而不兴，盗窃乱贼而不作，故外户而不闭，是谓大同。”三千年过去，人类竟如何，第一次世界大战、第二次世界大战，教训还不够吗？不知道搅乱世界的超级大国、参拜神社的法西斯余孽们想干什么？他们自以为船坚炮利是“文明”，殊不知“文明”与“野蛮”两词同出而异名，由暗而昭是“文明”，而“野蛮”同步以出。在广岛爆炸的原子弹只有5万吨TNT，而氢弹之父，芝加哥大学的爱德华·特勒在他的《广岛的遗产》中声称，二次世界大战后在太平洋所实验的氢弹已然是1亿吨TNT，也就说是广岛的2000颗原子弹的爆炸力。我深为美国命运担忧，也许恶有恶报，不知何年何月何日。据美国的科学家比尔·布莱森说：美国有一座黄石公园，那儿风景瑰丽，世所罕见，然而它的美丽宛如罂粟之花，它平均60万年大爆炸一次，最近的记录是在63万年之前，看来它离蓄势待发已睫在目前。但“目前”二字，对宇宙时间概念而言，也许还有几千年，美国的好战者尽可以在他们有限的生命中继续其称霸之美梦，为了争夺总统之位，继续絮絮叨叨无休无止，连胯下之丑闻亦成砝码，正如屈原当年在《离骚》所称："莫好修之害也。"这些竞选人有文化吗？中国人说："没有。"当然美国还是有文化的，至少出过一些作家，如欧·亨利、杰克·伦敦和马克·吐温等。更有可笑的夜郎之国，也拱出了可笑落后的原子弹，那是他在挖掘自己的坟墓。啊，黄石公园下面的岩浆，饶了上面的无文化而讲"文明"的丑类吧，我们等待他们的觉悟。但要觉悟到中国三千年前已然提出的世界大同的文化，说起来也难。没有想到所谓"文明"的进步，乃是使今天的世界一片混乱，从伊拉克的总统萨达姆·侯赛因上了断头台、利比亚的总统卡扎菲被斩首。近东、中东、北非呈现的是一片地狱变相，恐怖主义由组织走向独狼，成为 21 世纪无法解决的大问题，而难民潮的排山倒海之势，使美丽的欧洲渐渐成为了纷乱的集市，人人惶恐失据，不知所措。

那么，"文化"指什么呢？孟子云："充实之谓美，充实而光辉之谓大，大而化之之谓圣，圣而不可知之之谓神。"文化者，"大而化之"者也，人类未知的是无可穷极的宇宙，在圣人孔子心目中并未尝有"神"之实体，"神"是"未知"的代号，宇宙的无穷尽性是"神"存在的理由。不似欧洲耶稣一死，便复活，而且至少在 16 世纪之前上帝是一个实体的存在，至 17 世纪伟大的数学

哀郢

家莱布尼兹依然认为“上帝是以一种必然的方式存在于一个必然的地方的必然存在物”。同一世纪笛卡尔出，他知道宗教裁判所的余威犹存，所以口头上承认，而其学生斯宾诺莎则称其导师的“上帝”是经过先生改造过的。18 世纪卢梭俨有信仰，故作姿态：“我相信上帝，我崇拜上帝，我跪在他的脚下。”其实他心中根本没有上帝，那上帝是他乡居时看到的自然。18 世纪末大哲康德则公开批评莱布尼兹，并称欲必实证来求上帝之存在，无疑是理性的深渊。直到 19 世纪末，横空出世一位大家伙尼采，在神经病的间歇期，在世界上第一次宣称“上帝已死”，这在西方宗教哲学史上无疑是轰天价一声闷雷，教会瞠目结舌，宗教裁判所早已寿终正寝，无可奈何。

东方则不然，“文化”，使人们知道六合之外，有无极之境，有无何有之乡，看不到的先搁起来。儒、释、道都不以为有实体的神，孔子“敬鬼神而远之”，反对“怪力乱神”，教导人们关心当下的社会人生：“不知生，焉知死？”孟子七篇大文，从未有论及神者，只是他作为王者之师的说教。而道家的宗旨“人法地，地法天、天法道，道法自然”，则是教导人们崇尚自在而已然的大存在。庄子的“以天合天”，超越了儒家的“天人合一”说，人的心与天同属一物，这无疑是北宋洛阳二程“天人本无二，何必言合”、南宋陆九渊“吾心即宇宙，宇宙即吾心”的前导哲理。至王阳明“心外无天”，则更是陆九渊学说的极而言之，人若无心，天之存在与我何干？

那么，我们便渐渐走近了人心。人心是什么？在理学家固然知道“心”是“理”之大宅，“心”和“理”不可分，朱熹之理在心外，而陆九渊之理在心内，至于性理之学的根本哲学思维，并无大龃龉。心与理的终极追求是“至善”，从朱熹到王阳明无不作如此想。

人，作为有“心”的动物存在，成为迄今为止宇宙学史上唯一可以发现的最精灵古怪的能够弘道的生命。这简直是毋庸解释，至今也没有一位科学家能解释清楚的问题。中国的大哲深知其如此，所以六合之外，圣人存而不论，这几乎成为中国“士”这一阶层于文化上的遗传基因，于是探究“至善”的伦理道德之学，博大精深，远非希腊神话中的西西弗斯辈所可梦见。

《大学》开章明义：“大学之道，在明明德，在新民，在止于至善。”“明德”，指天地的大德。“明明德”，是清晰地了解大道之所在。“在新民”，正如汤之《盘铭》曰：“苟日新、日日新、又日新”，人们不因没有实体的神而彷徨，求新是中国文化的遗传基因。而“止于至善”，这“至善”是弥之六合的正能量。既然宇宙是横无际涯的，何“止”之有？止者，到达也，而道之所在，善亦从之，“道”横无际涯，止亦无可止，正如《易经》之六十四卦，卦之已尽，而称“未济卦”，正是陈明“道”之弥大，而卦正无可止也。

人既有“心”在腔，则必有“初心”之始作。宇宙之生命与宇宙之生成，在时间上不可比拟，宇宙之生成至单细胞的出现不知其亿万斯年矣。而宇宙大爆炸之初必是嚣乱错杂，纷匆匆其离合。不知经历几亿年，二十种氨基酸以数学几万亿分之一之概率，生成一个可以新陈代谢的小玩意。这小玩意儿可以一分为二，二分为四，如此往后以至无穷，这便是细胞。生命之所以为生命，是可以复制，可以代谢。从低级生命而至于人，则是无数奇变的生命之果，来之不易，人在宇宙中只有一次机会。而这生命如奇迹般渐渐会思考、会发现、会创造。有圣者贤者、有恶者佞者、有明智忠信、有愚顽奸诈、有美如西施、有丑如嫫母，纷至沓来，不一而足，趣舍万殊，良莠不齐。恐怕只有一件物事是他们与生俱来、不会或缺的，那便是“初心”。“初心”之守持者则向善，“初心”之丧失者即沉沦，这是中国自两千余年前的士人们朝斯夕斯、念兹在兹的思考胜果。先贤先哲的大智大慧，功勋卓著，使中华民族历尽千难万险终未灭绝，而且生殖繁衍为煌煌世界上人口最多、文化（不仅指文明）最优秀的民族。

“初心”之定义，可自以下先贤著述之中探求之。孟子云：“大人者，不失其赤子之心者也。”又云：“人之所以不学而能者，其良能也；所不虑而知者，其良知也。”良知正储存于赤子之心中。这“初心”，“非由外铄（铄，授以也）我也，我固有之也”，其所包括之范围至广至大，孟子以为：“恻隐之心，人皆有之；羞恶之心，人皆有之；恭敬之心，人皆有之；是非之心，人皆有之。”包含着仁、义、礼、智的本根之性，即所谓“仁、义、礼、智根于心”，孟子以为这是一种根本的善的心性，我概括其为“根本善”三字，守护这根本善，便是守护“初心”，这是与生俱来的、皭然不滓的心灵之瑰宝。然而，不加呵护，坚以恃守，“初心”也会失去，也就是“良知”的泯灭，这对每一个人都是可危可惧的事。事实上，“初心”的丧失也就是良知判断的丧失，良知判断由于来自大造，人皆有之，不会有太大差异；而功利判断则因时、因人而异，苟一幼童坠井，所有的人都会喊“啊，快救”，继之无人下井，种种不下井的原因都来自功与利。这正是同情者多而英雄少的根本恶。照荀子之见，这恶也是人之初天所授之者。孟子主性善，指善之端；荀子主性恶；王阳明对荀子的看法是“初心”走向了末流。孟子与荀子之说有端、末之不同。儒、法之判由此可见。儒家所主张的是人有“根本善”，而法家所主张的是人有“根本恶”。王阳明则折中之，以为孟子固然对，而荀子也未必错。我今天所论述的是儒家的“初心”，也就是从心灵的“善之端”谈，而不是从心灵的“善之末”谈。也许人类的DNA遗传基因之中善、恶同在，这是很难在科学实验之中求证的，也许恶的因子多长了一根兽尾？印度诗哲泰戈尔云：“人如兽时，比兽还恶。”

呵护“初心”就得见善如不及，见不善如探汤，就得如王阳明一般时时除“心中贼”。据说梁漱溟先生在梦中有所不轨，醒后痛加反省，如驱盗贼，决不留情。可见，守护“初心”，也如“不违仁”一样的须时时留神。孔子云：“回也，其心三月不违仁，其余则日月至焉而已矣。”可见“初心”的恃守是一种修养的功夫，不是一朝清楚了，“初心”便不会复失，天下没有那么容易简单之事。

我们称事有大成者为大匠，这和世俗所蔑视的“匠气”是两回事。“大匠”是大人，“大人者，不失其赤子之心者也”。前面已提及，我们可以举《庄子·达生》中梓庆作鐻（中空之木质敲击乐器）的故事为例：

臣，工人，何术之有！虽然，有一焉：臣将为鐻，未尝敢以耗气也，必斋以静心。斋三日，而不敢怀庆赏爵禄；斋五日，不敢怀非誉巧拙；斋七日，辄然忘吾有四肢形体也。

当是时也，无公朝。其巧专而外滑消，然后入山林，观天性形躯，至矣，然后成见鐻，然后加手焉，不然则已。则以天合天，器之所以疑神者，其是与！

无疑这位大匠，当他将心中的一切不纯之念清除之后，他的心灵与天相通，在庄子书中将“心”作“天门”解，“心”是通向“天”的门户，“以天合天”者，正是天人本无二之意。这时的梓庆身心与自然侔合，浑为一体。那么当这“初心”为作之时，所成之鐻成为了大自然本然的存在物。我们强调的大匠精神，正是这种“不忘初心”的精神。在艺术上，我们往往以为“大师”是位高而德崇之人，殊不知，大师是离不开大匠精神的，也就是任何大师都必具而且呵护与生俱来的“初心”，那不为外物所动的本真之性，乃是造成古往今来所有艺术杰构的原动力。尼采在《查拉图斯特拉如是说》中所论的婴儿，必具“若狂也，若忘也，若游戏之状态也，若万物之源也，若自转之轮也，若第一之推动也，若神圣之自尊也”，其所强调的乃是保持着宠辱两忘、吾之创制当自吾而始，这本身包含着人生最重要的“神圣之自尊”。奉劝那些奔腾叫嚣于名利场、拍卖行的艺术家们、那些剽窃他人作品为己有、或干脆作伪的违法者自重自爱。艺术的价值在艺术品本身所透露的天地精神。市场不是衡量艺术品的根本标准。我们都知道 19 世纪末的梵高，生平一张画也卖不出去，因为天降奇才，不一定同时降下能欣赏奇才的人群，在颠沛困窘之中的梵高愉快地、不停地画着，他所求卑微而质朴，他在给弟

尼采

以至近代谭嗣同、康有为、梁启超皆有所阐述与发明。由于中国思维在方法上是圆融的归纳法，因之它收放自如，不会画地为牢。西方在方法上则是逻辑的演绎法，而其逻辑学与科学的发展同步，当科学远远走在哲学之前的时候，维特根斯坦会慨然长叹“哲学家已无事可做”。东方哲学家有智慧之心，同时也有“存而不论”，以俟后之来者的潇洒。而且我可以说，归纳法那种直抵灵府、入于宇宙中枢的设想，几乎是一种神圣的启示。

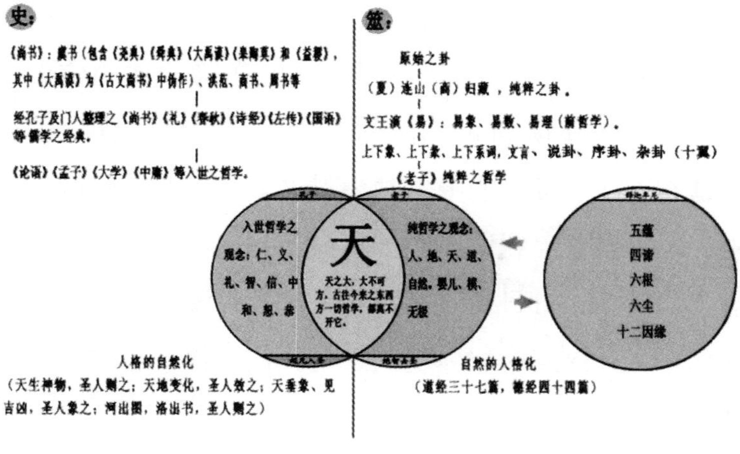


上图示：

孔子之学对易经的渗透，老子之学对易经的纯粹，由是言之，老子、孔子的哲学都和易经有关。佛教自东汉入中土，与中国的儒、道融合，从而中国化之后，亦成国学不可或分的部分。仅靠佛学的中国化，顿悟或渐悟，都不足完成知行一体之大愿，佛、儒与道融合实是伟大的化学过程。

谈到未来的战争，习主席反复强调“时不我待”，任何时候都处于“临战状态”；毫不犹豫地“下先手棋”，“打主动战”。未来的战争依我看不会同于人类历史上的任何战争，旷日持久的战争已为历史的陈迹。《左传》上曹刿论战：“夫战，勇气也。一鼓作气，再而衰，三而竭。”体现了曹刿的大智慧。因之不只在武器上要创新，在战略思想上更应作敢为人先的创新。

上世纪30年代，鲁迅先生的文章《中国人失掉自信力了吗？》，怀着热烈的感情歌颂了“中国自古以来就有埋头苦干的人，拼命硬干的人，为民请命的人，舍身求法的人”，指出这就是中国的脊梁，在这片广大的土地上，支撑着国家的命运。文艺工作者要接地气，而最了解地气的是中国人民解放军，他们承担着祖国命运的托付，他们以生命捍卫铁的信仰、铁的信念、铁的担当。军队将士们砥砺血性，有着大丈夫气；有着踏石留印、抓铁有痕的执着精神。这就是他们敢为人先、攻坚破难、锐意创新的革命意识。习主席曾用汤铭盘“苟日新，日日新，又日新”的名句激励新时代的人民和军队，这其中所体现的正是我们时代首重创新的根本精神。

我们所要接的地气还包含着亘古以还、延绵不断的文化积累，四千年没有死亡的文字和它所承载的智慧、道德和伦理。中国文字以它独特的会意性，有别于世界任何文字的会音性，这种会意性的文字不只有自身的象形、会意、形声、指事、假借、转注的特色，而且个别字在不同句式中词性的转换，声律上四声的乐感和韵律

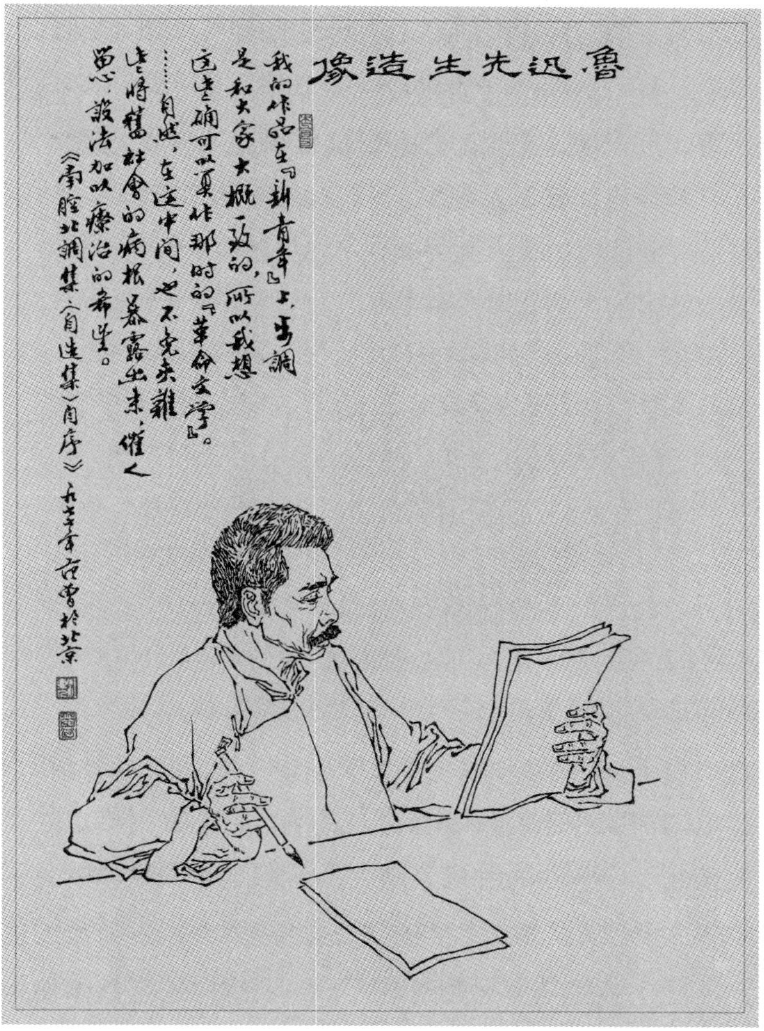
魯迅先生造像
我的作品在『新青年』上，步調是和大家大概一致的，所以我想，這些確可以算作那時的『革命文學』。
……自然，在這中間，也不免夾雜些將舊社會的病根暴露出來，催人留心，設法加以療治的希望。
《南腔北調集〈自選集〉自序》

鲁迅先生造像

上的和谐与激荡，在在构成了中华民族诗性语言的美质。我们不妨把人籁、天籁的根植都归于地籁，我们足下的广袤的土地向全人类历史上所播送的交响，是那样博大、伟岸、雄奇、典丽、雅致。这是屈原、陶潜明、李白、杜甫、苏东坡，辛稼轩的祖国；是贾谊、司马迁、司马光、范仲淹的祖国；是文天祥、戚继光、史可法、林则徐、邓世昌的祖国；是黄继光、邱少云、焦裕禄、雷锋、王杰的祖国；是秋瑾、杨开慧、刘胡兰、张志新的祖国。是历代死忠死节、奋不顾身、以殉国家之急的无双国士们献出生命的青山不老、红旗不倒、碧血常新的圣址。接上这片地气，使一切猥琐的、鄙俗的、低级趣味的人生追逐抛向永世不见天日的泥淖。

习主席教导人们接地气，这正是走向光辉而不朽的人生的宏门正学、金光大道。中国历史上所有为分担祖国的灾难和痛苦，同样分享祖国的光荣和尊严的志士仁人，他们内心深处都蕴藏着一曲雄伟的、壮丽的、沉重的、悲怆的浩歌。他们其中有诗人、学者、民族英雄、共产主义战士，不同的时代和地位，不影响他们同样走进了中华民族仁人的殿堂，走进了圣洁无瑕的先贤祠。

习近平主席多次强调军人要“砥砺血性”，即使是太平之世，“文官不爱钱，武将不惜命”。所颂者是德韶而品高、凝魂以聚气，也就是孟子所提倡的“集义养气”。中华民族伟大复兴和保卫世界和平的事业，需要我们的军队，我们的军队是世界上最伟大的军队，它是仁义之师、忠诚之师、勇猛之师、博雅之师。

两千六百年前历史上曾发生过一次在今河南柘城的泓水之战，这是宋、郑之间的战争，楚救郑渡水，宋大将目夷欲击之，宋襄公阻之云："君子不乘人之危。"已渡，阵势未就，目夷又欲击之，宋襄公又阻之云："君子不攻不成阵之敌。"宋军大败，越明年薨。这就是迂夫子对死敌的态度。

我们的党中央领导核心和军队，正如《孙子兵法》所谓："故明君贤将，所以动而胜人，成功出于众者，（言成功于众之先也）先知也。先知者，不可取于鬼神，不可象于事（指巫筮之术），不可验于度（揣度、猜测），必取于人，知敌之情者也。"这就是知己知彼，出奇制胜。"微乎微乎，至于无形；神乎神乎，至于无声，故能为敌之司命（敌人为我所指挥）。"能于兵家出奇者，则"无穷如天地，不竭如江海"。

中国的学问，至《汉书·艺文志》称有十家："儒、法、名、墨、道、纵横、阴阳、农、杂、小说"，因"兵家"不是"艺文"，而"兵家"可儒、可法、可名、可墨、可道，故不单独列为一家，且也，各家皆以正大标榜，独兵家最是坦诚，公然称："兵者，诡道也"，这是何等光明正大的作风，"诡"只可解释前文所谓的"神乎神乎"，只可解释为"波诡云谲"，"无穷如天地，不竭如江海"。

“诡”言大勇之外兼有大智。因为我们的将士是仁义、忠诚、勇猛、博雅、无敌于天下的军队。它万众一心、战无不胜，无论敌人如何猖披，我们则“恃吾有以待之”，“恃吾有所不可攻也”。必有一天，我们强军、兴军到了对敌人具有泰山压顶之势的时候，我们就可以作到“不战而屈人之兵”，这一天已不遥远。

文艺家和军队有着自古以来天然存在着的深情挚谊，唐代哥舒翰之于高适，高仙芝之于岑参，严武之于杜甫，郭子仪之于李白，将军不只是大诗人的欣赏者，更是将领保护了诗人们。他们的故事，一直流传着，成为世界文化史上的一条风景线。我一直以为军人在心灵上自身便是诗人，其中最杰出的代表无疑是辛稼轩和岳飞。我们记得辛稼轩的“年少万兜鍪，坐断东南战未休”；记得岳飞的“三十功名尘与土，八千里路云和月”；还有文天祥的“正气歌”；郑成功的“开辟荆榛逐荷夷，十年始克复先基”；林则徐的“苟利国家生死以，岂因祸福避趋之”；徐锡麟的“只解沙场为国死，何须马革裹尸还”；蔡锷的“军中夜半披衣起，热血填胸睡不安”，这些堪称气吞山河、以身殉国的卓越诗篇，他们度过的是不愧伟大民族的激越而诗意的生命历程。

我愿以我在十年前抗日战争胜利六十周年时写的一首词结束我的讲演：

故国桑梓，今追忆，甲周大捷。思旧恨，竹书虽罄，罪重难雪。记得猖披倭鬼剑，痛心涂炭苍生血。向石头城下证穷奇，如山骨。　　大刀奋，皆眦裂；健儿起，同征挞，看青纱帐里，四方豪杰。百战沙场降寇伏，千秋猛志红旗掣。问虏残，靖国参拜人，知羞不？！

# 沉疴中的记忆
## ——在《范曾插图鲁迅小说集》首发式的讲话

鲁迅先生离开我们已整整八十年了，八十年来，中华民族经历了抗日战争、解放战争和新中国成立来六十年的艰苦卓越的奋斗，今天终于以巨人般的力量，挽狂澜于既倒，在世界上承担着大国的使命和责任。这是鲁迅先生生前的梦境，他指望着中国的强大，包括着由东亚病夫的羸弱向健壮的斯巴达精神前进，于是我们有幸看到少时鲁迅赤膊叉腰但瘦骨嶙峋的练武相片。鲁迅先生坚信中国人的自信心没有泯灭，他热忱地讴歌中国自古以来就“有埋头苦干的人、有拼命硬干的人，有为民请命的人，有舍身求法的人……这就是中国的脊梁”。我们纪念鲁迅，就要记住毛泽东主席曾以高度的热情赞扬过鲁迅先生，称他的骨头是最硬的，他没有丝毫的奴颜媚骨，这是殖民地半殖民地人民最可珍贵的品格。毛泽东主席称鲁迅是新文化运动最伟大、最英雄的旗帜，称他是“最正确、最勇敢、最坚决、最忠实、最热忱的空前的民族英雄。鲁迅的方向，就是中华民族新文化的方向”。习近平主席号召文艺工作者要像鲁迅先生那样对人民充满了热爱，说“表现他这一心迹的是：‘横眉冷对千夫指，俯首甘为孺子牛’”，习主席要求文艺工作者熟悉底层民众的处境，创作出不负伟大时代的作品，同时习主席提倡发扬鲁迅先生的“批评精神”，“文艺批评就要褒优贬劣，激浊扬清”。

鲁迅先生小说敏锐而犀利，结构严谨而又奇谲，以他的《药》为例，表现了在一个可悲而怯懦的时代，革命者在喋血，而愚昧的人民却吃蘸着他们鲜血的馒头，这鲜血可以挽救一个民族，却绝不会挽救一个肺结核的华小栓。奇妙的结构体现在最后夏瑜的母亲、华小栓的母亲在坟地的一幕，这真是不可思议的神来之笔。“阿Q”成为了愚昧、无赖、下作，又可怜、又可鄙、又可哀叹的开刀料，“革命”在他脑中所翻腾的是小尼姑的头和吴妈的脚，这真是“有趣”的革命。砍掉阿Q愚蠢头颅的是旧社会的最残暴的奴仆——刽子手，这样的人物组成使奇幻小说的高手也不可见鲁迅之项背。有人将鲁迅的《狂人日记》和尼采的《查拉图斯特拉如是说》比美，窃以为有过之而无不及。

鲁迅先生不只是我思想上的导师也是我风格上的导师，习近平主席号召中华民族应该是有血性的民族，这真是对中国民族性的振起如洪钟般的号召，血性我并不缺乏，但是我38岁时却患上了恶性贫血症，血色素5.6克，不及常人之半，脸色和手指煞白，形销骨立。当协和医院的院长吴蔚然先生，名医周光裕大夫和周总理的

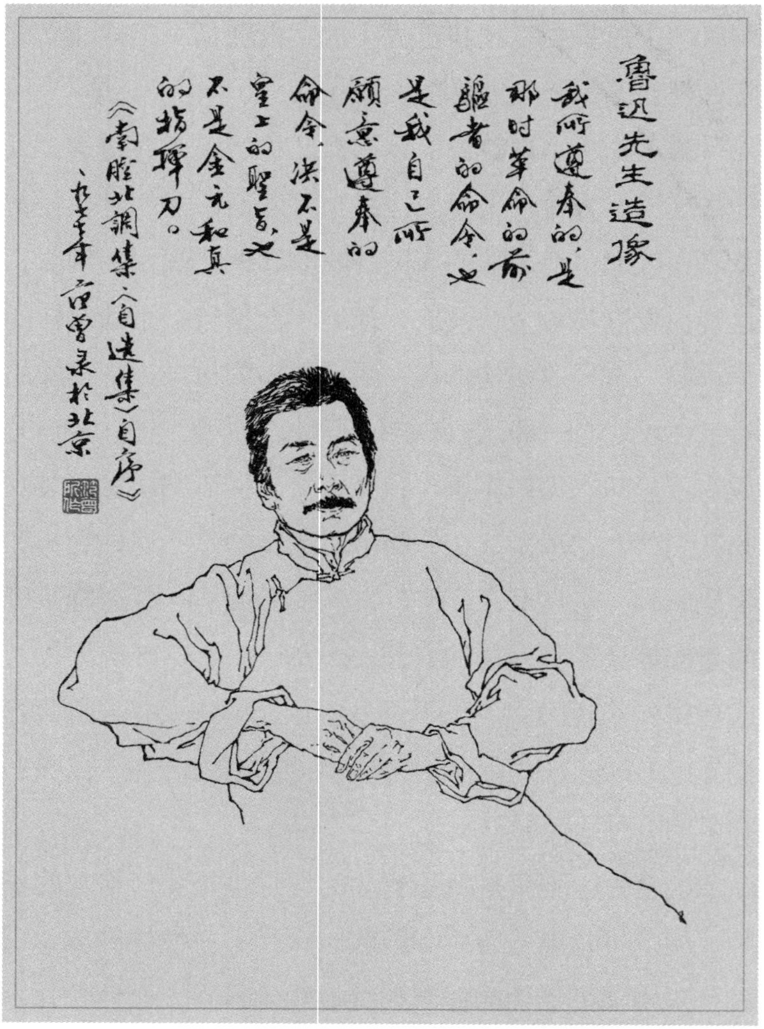
鲁迅先生造像
我所遵奉的，是那时革命的前驱者的命令，也是我自己所愿意遵奉的命令，决不是皇上的圣旨，也不是金元和真的指挥刀。
《南腔北调集·〈自选集〉自序》
一九七七年 范曾录于北京

鲁迅先生造像

医生张佐良命我必须立刻住院，否则随时可晕厥而死亡。我住进了医院。这时鲁迅先生唤醒了我垂亡的生命。自信对鲁迅的小说有独到的理解，更不愿几十年锤炼的大匠技巧，随生命的凋亡而去，乃于病床的一张小几上完成了今天诸位看到的插图四十四幅，胜券操于哀兵，此其验也。这些插图不只毫无柔弱之病态，而且铁画银钩，气力充沛。我个人的生命和艺术的生命同在。

我响应习主席在文艺座谈会上的号召，今后还会继续努力，创作不愧对伟大时代的作品。范曾《鲁迅小说插图集》出版至今已四十年，它能历时不败，说明它生命之树长青。而且我特别感谢高旭东和葛涛先生精彩的诠注，我相信，解放后出版的鲁迅小说从文图并茂上比较，北京大学的版本可列前茅，总之，这本书是令人欣慰和值得珍藏的。谢谢诸位的光临！

# 中国诗学论稿

“诗言志”，这是孔子对“诗”的三字箴言。这三个字是典型的儒家思想。若论言“志”，则“志”所包含者，应是儒家的“志道、据德、依仁、游艺”的人生大德性。而格物、致知、正心、诚意、修身、齐家、治国、平天下之宏愿必在其中。“诗”，既是语言的艺术，必有诗人之情感在焉，而这情感既是诗人心灵情态的自由，而又必然不会逸脱儒家的根本恃守。子夏《诗序》所谓：“发乎情，止乎礼义”，正是儒家为“诗”所设之大限。

孔子云：“小子何莫学夫《诗》？《诗》，可以兴，可以观，可以群，可以怨。迩之事父，远之事君，多识于鸟兽草木之名。”这是儒家论“诗”之为用。“兴”，感发也；“观”，鉴赏也；“群”，唱和也；唯一“怨”字，应有说也。怨非止怨怼、愤懑、哀叹。“怨”，有难忘之忧思、悲怀之流露、悱恻之同情、往迹之喟叹。不得通其道，则怨悱以生。故较“兴”“观”“群”三字蕴意既广且深，不可一言以概之也。“迩之事父”，孝也。或于朗月清风、朝霞暮雾、春江花朝之时日，与乃尊偶尔相对闲沽酒，酒意微醺，或为联语或作诗钟，或限韵为诗，推敲琢磨，情不自胜。此家庭之乐中最上称者，亦孝父悌兄之无上法门。“远之事君”，忠也，“君”非仅君王也。宗庙社稷、疆土山川、民情风俗，凡“君”所管辖、代表者，囊括四海八荒，亦皆诗人所澄观遐思、吟咏嗟叹之材料。则所事者可谓“尽精微、致广大”者矣。“多识于鸟兽草木”之名，则《诗经》《楚辞》中俯拾即是也。草木若《诗经》中蒹葭、葛覃、卷耳、芄兰、木瓜、黍离、葛藟、常棣、荇菜……《楚辞》中江离、辟芷、秋兰、宿莽、申椒、菌桂、蕙茝、留夷、揭车、杜衡、薜荔……皆是也。鸟兽若《诗经》中关雎、麢、鹿、雉、燕、黄鸟、鹑、鸱鸮、凫鹥……《楚辞》中骐骥、鸷鸟、封狐、玉虬、鸾皇、凤鸟、鸩、鸠、蛟龙……皆是也。余著《尔雅说略》中所举草、木、虫、鱼、鸟、禽、兽，亦多有论列，固不止于《诗经》与《楚辞》。若《尚书》《山海经》《穆天子传》《白虎通义》《方言》诸著皆有涉及。而选《诗经》中最多，缘先民与大自然和睦相处，与鸟兽草木感情自不同于后之来者。而中国诗人在源头即重视大自然万类之状貌、性情，往往因以“比”、以“兴”。孔子亦以为多识之庶可扩大视野、丰富情感，这虽是诗家余事，然大诗人往往只眼独具，“细雨鱼儿出，微风燕子斜”（杜甫）何等境界清且俊！“池塘生春草，园柳变鸣禽”（谢灵运）真个奇绝非人造。

孔子又云：“《诗》三百，一言以蔽之，曰：‘思无邪。’”“思无邪”则不虑而知的良知在，不受尘嚣

思无邪

污染的本心在，天所赋予的“根本善”在，则诗人之所为作，自可疏瀹肺腑，澡雪精神。司马迁赞屈原所谓“其志洁，故其称物芳”，岂无由乎？“思无邪”的终极境界是什么？杜甫，诗圣也，大儒也，然在他“艰难苦恨繁霜鬓”之后，在他“潦倒新停浊酒杯”之际，他忽由儒而庄，突发千古之奇句：“篇终接混茫”，这五字有分教：他“致君尧舜上，再使风俗淳”的抱负已在时代混浊波涛中击碎，在他“白头吟望苦低垂”的《秋兴八首》吟毕之后，杜公忽在庄子的“古之人，在混茫之中”找到了知己，那时的杜公得到精神上的最大解脱。

诗的大用无非“美”“刺”两端，“美”者歌之、颂之、趋之、赴之，激励当代，劝勉后人。“美”而不谀谄，如《诗经·大雅·文王之什》，至“周虽旧邦，其命维新”“亹亹文王，令闻不已”。备极景仰，使人走向崇高，用词不奢，而意味隽永。“刺”者，警之、醒之、避之、戒之，鞭笞穷奇，讽谕低俗。“刺”而不詈，谑而不虐，如“氓之蚩蚩，抱布贸丝，匪来贸丝，来即我谋。……及尔偕老，老使我怨。淇则有岸，隰则有泮。总角之宴，言笑晏晏。信誓旦旦，不思其反，反是不思，亦已焉哉”。显然这是叙述了一段不幸福的婚姻，然不作泼妇骂街状，读之令人顿生凄恻同情之心，古往今来闺怨之诗，此其上品。

要之，诗非口号，亦非命令，而温婉中有哀愁，最是使人心旌摇动。《出其东门》：“匪我思存”，“匪我思且”，则描写诗中爱情专一的男子不为“有女如云”所动，言简而淡，意深而赅，方称高手。不似今之电视连续剧怨男怨女之要死要活，反令观众大倒胃口。

温柔敦厚是中国诗学的追逐，其中道理深宜思之。

以上谈儒家之诗教，而对中国诗学影响至大巨深者应是道家，庄子是毋庸置疑的东方的诗神，刘勰《文心雕龙》是典型的庄子美学的演绎者。

刘勰谈“风骨”，是将诗“六义”中的“风”，解释最透彻的。他说：“诗总六义，风冠其首，斯乃化感之本源，志气之符契也，是以怊怅述情，必始乎风，沉吟铺辞，莫先于骨，故辞之代骨，如体之树骸；情之含风，犹形之包气。”“故练于骨者，析辞必精，深乎风者，述情必显。”此境界，苏东坡有之矣。近世刘熙载《艺概·诗概》中云：“诗以出于骚者为正，以出于庄者为变。少陵纯乎骚，太白在庄、骚间，东坡则出于庄者十之八九。”苏东坡在《前赤壁赋》中有云：“客亦知夫水与月乎？逝者如斯，而未尝往也，盈虚者如彼，而卒莫消长也。盖将自其变者而观之，则天地曾不能以一瞬，自其不变者而观之，则物与我皆无尽也。”这段话固来自庄子“齐物论”，庄子宇宙本体论的核心是“齐物论”，在苏东坡看来，“变”与“不变”是齐一的；“消”与“长”是齐一的；“物”与“我”是齐一的。苏东坡之学非止于“儒”“道”，亦深谙乎“佛”，写大悲哀往往以大解脱为其终点，正如我所总结佛学之六字箴言：“看破、放下、自在。”辛稼轩之豪，犹执于象者；而苏东坡之旷，则观于象外，得之环中者矣。与庄子心灵最是相通，古今诗人中，苏东坡堪称首选。他可以坐忘、可以撄宁、可以从人类的倒悬之苦中自我解脱。他在历尽谪宦、放逐的一切人生苦难之后，他一定想起庄子的“齐物论”，生死何足论，他的归去，岂是从琼岛回到金陵？他回归到无极之门、回归到无何有之乡，他的心灵正是庄子所说的“天门”，“回首向来萧瑟处，归去，也无风雨也无晴”。

刘勰《文心雕龙》中：“思理为妙，神与物游”，言与天地精神相往还也，这是庄子环中说的典型文论，又云：“物色之动，心亦摇焉”，言与大化同脉搏也；“目既往还，心亦吐纳”言心灵与自然同体也。

其实谈老庄、谈佛与谈儒亦无绝对之界限。孔子之孙孔伋（子思）首创“天人合一”之说，至一千九百年后王阳明的“心外无天”，这期间中国之士人，弃绝实证和天人二分，走向感悟“天人一体”的伟大思维之途。这是一座不只为过去亦且为未来，人类所必须越过的思想桥梁，不如此，人类的逻辑理性不只不会带给人类大解脱，而是永远拘执于物而不能自拔，更不可梦见苏东坡之诗。

刘勰于《文心雕龙·神思第二十六》中称：“古人云，

形在江海之上，心存魏阙之下，神思之谓也。文之思也，其神远矣，故寂然凝虑，思接千载；悄焉动容，视通万里。”刘勰所希望于诗人的是“登山则情满于山，观海则意溢于海，我才之多少，将与风云并驱矣”。诗人之禀才各异，若扬雄辍翰梦惊，祢衡当食草奏，相如含笔腐毫，贾岛“两句三年得”，虽迟速异分，而其与天同契则一也，难易虽殊，并资博练。刘勰担心的是学浅而空迟，才疏而徒速，这和作画为同一道理。“精”缘于对主、客体的至深至切的认识；“变”缘于对事物化育生发，曾不能以一瞬的根本把握，“至精而后阐其妙，至变而后通其数”，这“妙”，是自然恰到好处的存在状态，这“数”是自然掷向人间的一颗色子，爱因斯坦讲：“上帝不随便掷色子”，人类的本分是逐步地接近这“妙”和“数”。诗人苟能略通此理，事过半矣。

理解庄子如刘勰之深入，古今一人而已。虽然，刘勰毕竟亦是深受儒家浸染之人，他不忘“文章述志为本”，不忘“心定而后结音，理正而后摛藻”。这又给一些“美学家”一个很好的教训，在中国的学问中“儒”“佛”“道”是可以时时打通关节的，正不可执一以求，死于章句。

## 诗“六义”解

一般将诗“六义”大分为两组，曰“风雅颂”，曰“赋比兴”。则“风”有周南、召南、邶、墉、卫、王、郑、齐、魏、唐、秦、陈、桧、曹、豳十五国风；“雅”分大雅、小雅；“颂”则有周颂、鲁颂、商颂。其内容“风”大体为西周后期和东周春秋末之民歌；“雅”多为朝廷之乐歌；而“颂”多为歌颂，内容包括西周、东周、鲁，加上周灭商后，纣王之兄微子于周初封宋时的作品，量最少，为五篇。这是一种解释，也是自古以来以内容分类之方法，实与诗之体性无关，皆为四言诗。列代诗论家，论“风”之意义者则各持所见，上文已谈及《文心雕龙》之谈“风”。吾祖父范况谈“风”之意义则有云：“风者，列国民间之诗，太史采之而被于乐者，主于达事情，通讽谕，形见闾阎之俗尚‘二南’，纯乎美者也，故谓之正风；诸国之诗兼美刺，故谓之变风。变极思治，故豳风列变风之终。”祖父之意，纯美者无讥刺也，讥刺之心生，则风气已变，变而日烈，则诗之温柔敦厚或失，是则变极思治，思治即有回归纯美之意。若《豳风·七月》，历代之解释皆依汉儒，以为七月之火星下行，节候变冷，朱熹《诗集传》对此解释犹豫，原因是不愿被人视为有悖汉儒。吾从郭老之说，周代固用周历，而周正七月为夏正五月，正往最热之天走去，如何变冷？流火，必为西下之火星乎？流火，奇热也，详见本人论文《谈“七月流火”》。《豳风·七月》是提醒劳动者必在热天备岁寒之服，而在有风而寒的“一之日”和无风而寒的“二之日”，凿冰以为越年大暑时降温之用。整篇为嘱人未雨绸缪之意，故而温厚之情在焉，此正祖父所谓“变极而治”也。

刘熙载论风、雅、颂，言简意赅，谓：“诗喻物情之微者，近风；明人治之大者，近雅；通天地鬼神之奥者，近颂。”《关雎》《甘棠》《式微》《出其东门》《硕鼠》《伐檀》，皆切近民生，可称“喻物情之微者”；而《文王》《常武》《公刘》《江汉》，可称“明人治之大者”；而《烈文》《玄鸟》《殷武》则可称“通天地鬼神之奥者”。融斋高论，果非常人，其宜为曾祖父范伯子之老师。

淮南王刘安，每好惊人之语，《艺概·诗概》云：“《离骚》，淮南王比之国风、小雅”，真不知从何处说起。苟《离骚》为“风”，则《楚辞》皆是也，真属无稽之谈。

《文心雕龙·比兴篇》云：“毛公述传，独标兴体，岂不以风异而赋同，比显而兴隐哉？”而《诗序正义》对此有释焉：“比与兴，虽同是附托外物，比显而兴隐，当先显后隐，故比居先也。《毛传》特言兴也，为其理隐故也。”“比”皆连其类而通其感，物理事性相同。《诗经》中颇多此类显而不隐者，如《硕鼠》：“硕鼠硕鼠，无食我黍。三岁贯女，莫我肯顾。逝将去女，适彼乐土。乐土乐土，爰得我所。　　硕鼠硕鼠，无食我麦。三岁贯女，莫我肯德。逝将去女，适彼乐国。乐国乐国，爰得我直。　　硕鼠硕鼠，无食我苗。三岁贯女，莫我肯劳。逝将去女，适彼乐郊。乐郊乐郊，谁之永号？”我于《尔雅说略》一文中已考，硕鼠者，非大老鼠也。硕鼠实为蝼蛄，蝼蛄猖獗，可使农人颗粒不收。且也，若为硕鼠，可蓄猫以除之，独蝼蛄于土中撒子，越年又来，一而再，再而三。《硕鼠》篇对农民所受之灾难描述，岂仅指蝼蛄？盘剥者、战伐者其害有甚于蝼蛄者多矣。显而述之，痛以斥之，此“比显”之最佳例也，其间并无深隐之义理。而《蒹葭》则是“兴”之典型，诗云：“蒹葭苍苍，白露为霜。所谓伊人，在水一方。溯洄从之，道阻且长，溯游从之，宛在水中央。　　蒹葭凄凄，白露未晞。所谓伊人，在水之湄。溯洄从之，道阻且跻。溯游从之，宛在水中坻。　　蒹葭采采，白露未已，所谓伊人，在水之涘。溯洄从之，道阻且右，溯游从之，宛在水中沚。”诗中描写了一个执着于爱情的男子，对心仪女子的追求，然而男子的失望，却似为霜露寒气所袭，读者不免悲从中来。以“蒹葭”与“白露”“兴”全篇，然义理深隐全诗，不似《硕鼠》通篇直书，此所以称“兴隐”也。皎然《诗式》所谓：“取象曰比，取义曰兴。”这是“比”与“兴”简洁而肯綮的定义。据刘熙载《艺概·诗概》引真西山《文章正宗纲目》云：“三百五篇之诗，其正言义理者盖无几，而讽咏之间，悠然得其性情之正，即所谓义理也。”又云：“或寓义于情而义愈至，或寓情于景者而情愈深。”《蒹葭》篇即是也。

先祖范况曾云：“兴者，以彼引此，或就时地，或借景物（如前述蒹葭、白露）引起意中之所欲言（如《蒹葭》中之伊人），引起之后，所引者撇去不顾（言既引出‘伊人’，可撇所引者矣）。”且先祖以为“兴”之为义甚广，是诗家大半得力处。而若论“赋”，固有敷陈之义，而南朝谢赫论画六法有“随类，赋彩是也”之说，这是论说事与物最关精妙之处，“雅”“颂”中多用之。如《大雅》中《文王之什》，则极言文王之功业；又如《周颂》之中《清庙之什》则陈述周代王室之彪炳。与“比”“兴”不同处，“赋”不以物引事，即事而赋以绚丽之色彩耳。

至此，诗之六义“风、雅、颂、赋、比、兴”已略述如上，然而，“六义”相互渗透，并非绝对之划分与孤立之存在。有以“比”入“风”者，有以“兴”入“风”者，有“风”中涵“赋”者。虽云：“风”“雅”“颂”为诗之体，而“赋”“比”“兴”为诗之法，然而“体”与“法”在诗中往往化二为一，读时浑不知其为体为法，这才是最高之境。

## 乐府与诗韵之从来

先民于劳动、婚娶、宴饮之时，每以口号相愉乐。或二字、三字、四字，或押韵或妄知所为用，亦不欲留传千古，其中或有佳者，逐渐远播，传至今日，实千之一、万之一耳。初无规式，是先民无约束之酿制，流传最早的一首两言诗，引出一段古代孝子的故事：越王勾践，欲谋伐吴，范蠡进善射者陈因，因忧父母为兽所食，乃作弹以护之，百兽震恐而逃，父母得享永年。且作歌以述志，二言诗也："断竹，续竹，飞土，逐宍（肉字）。"意思是："让我断取修竹，让我削刻为弓弩箭矢。嗖的一声，将利箭射出，百发百中，驱走了虎豹熊罴。"这首诗出自勇士之口，略无修饰，天真淳朴，至"飞土"二字出，则神矢发矣，至"逐宍"二字出，则弩发兽倒，这是中国流传至今最早的一首二言诗，距今二千五百年矣，《文心雕龙》谓为二言之始。兹后三言以出，谓："苍耀稷，生感迹。"意思是："苍天啊，你大爱炜烨，使禾黍生长，我们赖以生存繁衍，对你无限感激。"《诗经·大雅》有："人亦有言，惟忧用老。"意思是："祖祖辈辈留下的训言，人们都有担心需人赡养的老境来临。"又《牧誓》引"古人有言，牝鸡司晨"，意思是："自古以来，人们所深忌之事，便是母鸡在早晨打鸣。"以上两则见于《诗经》和《书经》，可见民谣谚已入古代之典籍，此为四言之始。《春秋元命苞》则载殷末谣谚："代殷者姬昌。"意思是："殷之将亡矣，代替它的将是姬姓的周王朝。"此可为五言之始。王士祯《古诗选》谓《击壤歌》为七言之始："帝力于我何有哉？"意思是："帝王所施之政，给了我什么？”细审《诗经》三百零五篇中四、六、八、九言皆有，然先人初不以此为诗之固定体式，兹后因语言中主、谓、宾、形、副之性质渐渐完备，则所最宜者为五、七言，因之古体诗（如古诗十九首）和近体诗（主要指唐后之五、七言绝、律）皆多用五、七言，而乐府诗则随意性较著，不为近体规律所束缚，如李白《梦游天姥吟留别》《将进酒》，固为乐府无疑，其中三言、四言、五言、六言、八言、九言参差用之，可谓竭尽诗人用字之变化矣。

先民既有诗之流布矣，则歌以咏之，凡可被于乐者，皆为统治者所注意，因彼时宫中之宴饮、歌舞、出行，往往择而用之，乃设“乐府令”以关注之，此秦至西汉惠帝时均已有矣。至汉武帝，“乐府”之为用规模日以大，“乐府”乃成专门之机构，以采集民间诗歌和乐曲。兹后，人们渐以“乐府”称作诗体之一种，扩而大之，凡魏、晋以降至唐代可入乐的诗歌和后代仿效乐府古诗之作品，统称为“乐府”，再扩而大之，宋、元之后的词、散曲和戏剧词曲，也称“乐府”。

后人以前人所作“乐府”为题者甚多，试举一例：崔豹《古今注》述“公无渡河”故事，谓：“箜篌引者，朝鲜津卒霍里子高妻丽玉所作也。子高晨起刺船，有一白首狂夫，被发提壶，乱流而渡。其妻随而止之，不及，遂堕河而死。于是援箜篌而歌曰：‘公无渡河，公竟渡河。

堕河而死，当奈公何？’声甚凄怆。曲终，亦投河而死。子高还，以语丽玉，丽玉伤之，乃引箜篌而写其声，闻者莫不泪堕饮泣。丽玉以其曲传邻女丽容，名曰箜篌引。”这不过是一个疯子投河而其妻从而溺亡的故事，然而“公无渡河，公竟渡河。堕河而死，当奈公何？”十六字，质白之中有平民的深情，普天下最感人的乃是一“真”字，“箜篌引”有之矣。复披之以乐，遂使后之诗人一一援引，曹植曾和之，然与《箜篌引》原来故事，杳不相关。又如《子夜四时歌》，晋曲也。晋有女子名子夜，造此声，声过哀苦，后人遂更为四时行乐之词，谓之子夜四时歌，这是另一种反其原意而用之的方法。其他如以原乐府中一句为题，或用题意而改题名，不一而足，兹不赘。总之，诗人为诗，往往有怀古之情性、趣味在，实非必须如此，或以为此是诗中之一格，则不免迂阔甚矣。唐代有“新乐府”者，如杜甫《悲陈陶》《哀江头》《兵车行》《丽人行》等，不复依傍古人之题、意、句。“新”仅在此，并非于诗格、诗体有何创新耳。后人幸勿再考证其新的由来，作更为迂阔之事。

下边略谈诗韵，先是南朝沈约有平、上、去、入四声之说，然后依四声而循韵母分类，汇为韵书，供科举考试之用。金代始用平水韵（平水，实山西临汾别名），即以修订之地名之也，宋刘渊所编总一百零七韵。而金王文郁《平水新刊礼部韵略》总一百零六韵，少一韵之原因是将上声“迥”“拯”二韵及去声“径”“证”二韵合并为一部。王文郁本上下平各十五韵，上声廿九、去声三十、入声十七，为元、明、清以来押韵之依据，沿用至今。刘渊《壬子新刊礼部韵略》上声之“迥”“拯”二字不并，然此书不传。韵书之音读今人操普通话者往往对入声字深感头疼，缘普通话中无入声。苟有一字焉，本为入声，而在普通话中为上声或去声，则于作诗无碍，而倘为入声，在普通话中偏偏入了阴平和阳平，你就会于平仄上犯错误。如“白”，入声字，而普通话为阳平；“笃”，入声字，而同入普通话之阳平，所以北京人作诗运用四声，困难在此。无他法，将平水韵中入声字时时用之，时时记之，日久便会习惯。而山西人最得益于平水韵，于用入声时，绝对无误，山东、江淮、湖广之人亦可用家乡话以辨入声。

诗韵之重要乃和诗从乐府走向近体有关，尤其至唐代，五绝、七绝、五律、七律、排律以兴，法度森然，文化之发展往往如此，艺术至极境，乃是在苛酷的艺术规律中，得到的自由，如杜工部之《秋兴八首》，音韵之合辙几乎可为不朽之典范，而诗味之深秀更为千古之杰构。对于初涉诗道，以为束缚者，而斫轮老手则以为自在之境。诗之格律非徒为设障也，乃有音节回环之美，声韵呼应之美在焉。

## 作诗须知

诗最重格调，所谓作诗需有成仙骨，骨里无诗莫浪吟。然则，世上自知者少，致使诗坛蝉蛄嘹噪，犹以为得灵氛之启示，欲周流以远游，如此之诗人，正可车载斗量，此诗国之灾难耳。刘勰《文心雕龙·风骨第二十八》有："笔墨之性，殆不可胜，并重气之旨也。夫翚翟备色，而翾翥百步，肌丰而力沉也；鹰隼乏采，而翰飞戾天，骨劲而气猛也。文章才力，有似于此。若风骨乏采，则鸷集翰林；采乏风骨，则雉窜文囿；唯藻耀而高翔，固文笔之鸣凤也。"要在为诗，须"新而不乱""奇而不黩"，刘勰警告为文者"若骨采未圆，风辞未练，而跨略旧规，驰骛新作，虽获巧意，危败亦多"。

诗人必有风清骨峻之气象，当为诗之时，情与气偕，则下笔必无庸俗邋遢之状貌。刘勰举"八体"，以阐其说："一曰：'典雅'；二曰：'远奥'；三曰：'精约'；四曰：'显附'；五曰：'繁缛'；六曰：'壮丽'；七曰：'新奇'；八曰：'轻靡'。"其中"显附"指"辞直义畅"，不可误解为趋附显达；"繁缛"指博喻酿采，炜烨枝派；非如时下解释为繁文缛节，拖沓为文也。所举"八骨"中前七事皆佳文也，唯"轻靡"一事，谓"浮文弱植，飘渺附俗"，是为诗、为文之大病矣。"浮文"则为文而无根，"弱植"虽有根不入于土也；"飘渺"

则不切时、事，于人生世态浮光掠影也，“附俗”则心志卑微，鄙陋行事。如此为文、为诗，则文坛之游魂，而诗界之乞食者也。

为诗者往往自视甚高，每以太白、少陵自比，于“新而乱”“奇而黩”的泥潭中滚打跌爬。此不唯诗界、文界所独见，只今于画界、书界、文论界、哲学界触目皆是。今开列刘勰《文心雕龙》之批语，实一千五百年过去，人性之善未曾增，人性之恶未曾减，古、今一体，足堪浩叹。然不得不引述者，犹有望于青年一代，革除旧习，为新时代作出“正能量”之贡献，厚望如此，深宜三思。

中国既为诗国，于诗必有苛酷之要求，森严之法度。或有人谓，吾所作为乐府也，非近体也，君其奈我何？乐府诗其可乱窜瞎扯乎？白居易之《长恨歌》结构之严谨、词采之美奂；《琵琶行》境界之凄切，文笔之委婉，是诗坛浪荡儿可梦见者乎？乐府诗与近体诗一样难作，至高之境界往往不可以岁月到，必有丰厚之学养、睿智之判断、高峻之立意、丰赡之词采，然后不知何年、何月、何日，兴致既爽，而舒卷为诗，佳句之出岂待硬挤死兑，必也如泉水之出山，溯洄湍转有不可穷尽者；又若火朗而静，灼灼其辉，此所谓正到火候矣。当此之时，文出则雄奇，诗出则秀逸，岂是刻舟求剑、胶柱鼓瑟者所可梦见者哉？

“诗”，为己之学也，必积以数十年之功，吟哦嗟赏，

白居易诗意图

略无间日。背诵不以炫人，吟唱只为抒怀，久之，诗渐成一己兴感之必然流露。孔子云："不学诗，无以言。"此六字，足见诗不仅为国学，且为国学之根基，今试举四书之《中庸》，乃以六句《诗经》以结，今抄录两段于下：

《诗》曰："衣锦尚絅"，恶其文之著也。故君子之道，暗然而日章；小人之道，的然而日亡。君子之道，淡而不厌，简而文，温而理，知远之近，知风之自，知微之显，可与入德矣。

《诗》曰："不显惟德，百辟其刑之。"是故君子笃恭而天下平。

《中庸》为儒家之方法论，故曰："尊德性而重问学；尽精微而致广大；极高明而道中庸。"《中庸》篇最后以《诗经》句为结，足见《诗经》"远之事君"之卓能。

又《大学》之结尾，引《诗经》五段，今亦引两段为例：

《诗》云："瞻彼淇奥，绿竹猗猗。有匪君子，如切如磋，如琢如磨。瑟兮僩兮，赫兮咺兮。有匪君子，终不可谖兮。"《诗》云："于戏！前王不忘。"君子贤其贤而亲其亲，小人乐其乐而利其利，此以没世不忘也。

《大学》为儒家之本体论，故曰："大学之道，在明明德，在新民，在止于至善。"此儒家符合宇宙大序之根本恃守也。

## 近体诗格律简析

近体诗之格律，一般指唐后之五、七绝、律、排律于音、韵上的法则。从初唐诗人运用之熟练，知六朝、隋代已具雏型，今试举两例：

骆宾王《在狱咏蝉》："西陆蝉声唱，南冠客思深。不堪玄鬓影，来对白头吟。露重飞难进，风多响易沉。无人信高洁，谁为表予心。"

王勃《杜少府之任蜀州》："城阙辅三秦，风烟望五津。与君离别意，同是宦游人。海内存知已，天涯若比邻。无为在歧路，儿女共沾巾。"

此五律之典型两例，两位作者均列初唐四杰。骆宾王起句平仄为："一丨一一丨"，末字不押韵；王勃起句为："一丨丨一一"末字押韵，故可知无论五律或七律之首句，末字可押可不押。五绝如王维《竹里馆》："独坐幽篁里，弹琴复长啸，深林人不知，明月来相照。"押仄声韵，首句不在韵。骆宾王之五律中"无人信高洁"，"高"字本应为仄声，误为平声；而王维此五绝中"弹琴复长啸"，"长"字本应为仄声，误为平声。由这两首名诗，我们可以领会非骆宾王、王维不知也，至高手作诗，往往破除戒律，正如罗曼·罗兰之《约翰·克里斯朵夫》中祖父约翰·米希尔对少年克里斯朵夫讲："对于大师是百无禁忌的"，因为克里斯朵夫发现了古典大师乐曲中于对位、和声之小儿科错误。北宋苏东坡写格律诗和词更是漠视平仄规律，致遭南宋李清照之讽刺。余曾祖父范伯子，自称“苏家（指四川眉山苏东坡）发源吾家收”，于平仄声亦视之甚淡。不过既言至此，必需提醒欲为诗者，不当以平仄之错讹而掩其诗学之陋，初学为格律诗，竟冒充大师、天才。当然，读者之所以见谅大师者，非无由也，如杜甫之《秋兴八首》中：“蓬莱宫阙对南山，承露金茎霄汉间。西望瑶池降王母，东来紫气满函关。云移雉尾开宫扇，日绕龙鳞识圣颜。一卧沧江惊岁晚，几回青琐点朝班。”其中“西望瑶池降王母”，第六字本应为“仄”声，而杜公用阳平“王”字，晚清钱谦益谅之，因此处必用“王母”二字也，以杜甫之精审，绝不会于此犯错误，“王母”二字和“瑶池”的联系是不可或改的。谈已至此，可得出如下之结论，平仄宜按格律，然平仄亦可破格律，但须具备两条件：（1）不得不耳；（2）的确是大师手笔，不原谅也得原谅。幸初学者先老老实实地按格律办事，等到你声名显赫之时，再作出人意外之句不迟。

今略画五、七言绝律之最习见之平仄如下：

五绝：

（一）平平仄仄平，仄仄仄平平。

仄仄平平仄，平平仄仄平。

仄仄仄平平，平平仄仄平。

平平平仄仄，仄仄仄平平。

七绝：

（一）平平仄仄仄平平，仄仄平平仄仄平。

仄仄平平平仄仄，平平仄仄仄平平。

仄仄平平仄仄平，平平仄仄仄平平，

平平仄仄平平仄，仄仄平平仄仄平。

五律：

（一）平平仄仄平，仄仄仄平平。

仄仄平平仄，平平仄仄平。

平平平仄仄，仄仄仄平平。

仄仄平平仄，平平仄仄平。

（二）仄仄仄平平，平平仄仄平。

平平平仄仄，仄仄仄平平。

仄仄平平仄，平平仄仄平。

平平平仄仄，仄仄仄平平。

七律：

（一）平平仄仄仄平平，仄仄平平仄仄平。

仄仄平平平仄仄，平平仄仄仄平平。

平平仄仄平平仄，仄仄平平仄仄平。

仄仄平平平仄仄，平平仄仄仄平平。

（二）仄仄平平仄仄平，平平仄仄仄平平。

平平仄仄平平仄，仄仄平平仄仄平。

仄仄平平平仄仄，平平仄仄仄平平。

平平仄仄平平仄，仄仄平平仄仄平。

说明：（1）无论五、七绝、律之第一句，皆可不押韵；（2）以上所列只是最规矩习见的平仄格律，二、四、六、八句之末字必须押韵。

五言、七言为句，其字之组合，则随兴之所至，变化万端，如陆放翁："客从谢事归时散，诗到无人爱处工"，这是六、一之结构；杜甫："织女机丝虚夜月，石鲸鳞甲动秋风"，为四、三之结构；亦有以五、二结构为句者："五更鼓角声悲壮，三峡星河影动摇。"于一首之中，切切注意叠床架屋之病，即如七言，皆用四、三之结构，钱牧斋（谦益）曾对杜工部《秋兴八首》之五、六、七（蓬莱、瞿唐、昆明）首中间两联之动词皆用于第五字，而成四、三之结构，略有微词，当然这不影响钱牧斋对杜甫的激赏。

绝、律之平仄，有必须注意者，有可稍稍忽略者，即平仄之规律，可轻求于一、三、五字，而必着意于二、四、六字，因二、四、六三字之平仄，决定着诗的音韵节奏，如为七律，取其二、四、六字之平仄，以平起者为例，则八句为：—丨—，丨—丨，丨—丨，—丨—，—丨—，丨—丨，丨—丨，—丨—。

由平、仄、平始而以平、仄、平终，音乐回环之美顿生。格律诗之病于平仄上可以拗救，可本句拗救，亦可对句拗救，然以我之意拗了半天，终觉失足持拐、断臂吊带，莫如重新来过，古文人好为奥冥奇妙之行，吾所不欲取也。

又孤平一病必须注意，孤平者，除去押韵之一字为平声之外，其他六字中唯剩一平声，读之必拗口不畅，令人生厌。为诗之又一大病为三连平，谓七言之末三字皆平，念来无顿挫节律之美，有病夫叹息之意，绝对唤不起神采，为诗者必于此注意及之。然有解诗者讽之曰：“今有一诗，君其析之：‘向晚意不适，驱车登古原。夕阳无限好，只是近黄昏。’”此李商隐之名作也，偏列五绝，而非乐府，何第一句为五连仄“仄仄仄仄仄”，岂李商隐名震晚唐，为冠无疑，此亦可谅之乎？余唯摸首挠腮而已，夫复何言。窃以为可改“向晚情何适”，则此千古爱义山者无法为强辩之句，可稍稍过关矣。亦有“深谙”诗道谓：此诗第二句救之，酸腐如此，可叹也矣。

## 诗联偶谈

蜀（后蜀）未归宋之前一年（964）孟昶令学士辛演逊题桃符于寝门，以其词非工，自命笔云：“新年纳余庆，佳节号长春”，此乃是最早之春联，十分平庸。这只作为一种说法，知道可矣。至于联语之滥觞，则其可追溯久远矣。

二千五百年前，孔子所订《诗经》，已着联语之痕迹，至《楚辞》，则联语比比皆是，至汉魏六朝之骈文，更是借联语为文矣，近体诗七律、五律出，联语则是其灵魂所在。

佳联举偶

△ 张廉卿送曾国藩：“天子预开麟阁待；相公新破蔡州回。”

曾云：“蔡，大龟也，与麟同为四灵之属，何云乎欠工，指者自不审耳！”

△ 范曾贺叶嘉莹寿联：“妙手著文章，永托旷怀，论诗肯在钟嵘后；瑶池添瑞霭，遄飞逸兴，捧爵同来女偶前。”

△ 传林则徐：“海纳百川，有容乃大；壁立千仞，无欲则刚。”

陆家骥先生以为雍正时名将年羹尧足当，然以“功高震主，位极必危”。雍正先是赐御书“旌旗所至，如朕亲临”，越四年而赐之死。

△ 古人有集联 王羲之《兰亭序》：“游目骋怀，此地有崇山峻岭，茂林修竹”；《玉茗词》：“赏心乐事，则为你如花美眷（范曾改：大赋豪吟），似水流年。”

△ “志在立诚，可裨游艺；人能弘道，何忧未名。”（范曾作北京大学中国画法研究院门联）

“大木擎天，是为至善；高人处世，当近中和。”（范曾作北京大学中国画法研究院抱柱联）

“谁接千载；我瞻四方。”（范曾作天津盘山书院联）

△ 清人秦小岘题长沙三闾大夫祠联：“何处招魂，香草还生三户地；当年呵壁，湘流应识九歌心。”

慷慨悲歌之事以风华婉转出之。故尔愤悲激昂内敛，于诗歌不必怒目金刚。

李白对崔颢黄鹤楼诗赞而妒之：“一拳打倒黄鹤楼，两脚踢翻鹦鹉洲。眼前有景道不得，崔颢题诗在上头。”此非李白所心甘，故于凤凰台，写出凤凰台诗，或有过之。“凤凰台上凤凰游，凤去台空江自流。吴宫花草埋幽径，晋代衣冠成古丘。三山半落青天外，二水中分白鹭洲。总为浮云能蔽日，长安不见使人愁。”

△　范曾题青云谱：“有士来王府，请息交游，几杵晨钟催昔梦；无言对俗尘，何须应答，一枝简笔许千秋。”

△　范曾题庐山山门联：“入得此门，便忘青山真面；登临峰顶，犹闻白鹿长鸣。”

△　石达开戏题理发店：“磨砺以须，问天下头颅几许；及锋而试，看老夫手段如何。”横额：“快来授首。”

△　范曾题董仲舒读书台：“陟此台从知宏门正学；临高处便觉丽日和风。”

△　彭玉麟至峨眉朝佛寺，有势利和尚在，彭写联以讽其前踞而后恭，“坐，请坐，请上座；茶，泡茶，泡好茶。”

**范评：趣则即事耳，佳则未也。**

△　《司马光续诗话》李贺：“天若有情天亦老”；无人能对，真宗时大理丞石延年对曰：“月如无恨月常圆。”

范评：空灵，旷远。

△ “南通州，北通州，南北通州通南北；东典当，西典当，东西典当典东西。”清末民初时联。

范评：巧则巧矣，终难免俗。

岳飞：“三十功名尘与土；八千里路云和月。”

抗日时杭州王荦（luò）：“天下太平，文官不爱钱，武官不惜命；乾坤正气，下则为河岳，上则为日星。”

范评：气称佳，而对属不工。

又方地山抗日联：“多少豪杰，如此江山。”“更能消几番风雨，收拾起大地山河。”

范评：无限感慨在焉。极佳联，不以对属工否求。

△ 《复斋漫录》：晏殊、王琪游，晏云，得句未尝强对，“无可奈何花落去”，话音未落，王云：“似曾相识燕归来”。

晏殊深感情致缠绵，音调谐婉，乃成《浣溪沙》一词：

“一曲新词酒一杯，去年天气旧亭台，夕阳西下几时回。无可奈何花落去，似曾相识燕归来，小园香径独徘徊。”遂成千古之绝唱。

联语最重顺畅者：

△ 彭玉麟：“骏马秋风蓟北；杏花春雨江南。”

△ 董其昌题西湖飞来峰，最称斫轮老手：“泉自几时冷起，峰从何处飞来。”

皆作疑问状态，而意味隽永。

△ 《永嘉闻见录》，“云朝朝，朝朝朝朝朝朝散；潮长长，长长长长长长消。”

可称千古恶联，竟有以为奇巧者，不入门耳。

△ 五百里滇池，奔来眼底，披襟岸帻，喜茫茫空阔无边，看东骧神骏，西翥灵仪，北走蜿蜒，南翔缟素，高人韵士，何妨选胜登临。趁蟹屿螺洲，梳裹就风鬟雾鬓，更蘋天苇地，点缀些翠羽丹霞，莫辜负，四围香稻，万顷晴沙，九夏芙蓉，三春杨柳。

数千年往事，注到（上）心头，把酒凌虚，叹衮衮英雄谁在。想汉习楼船，唐标铁柱，宋挥玉斧，元跨革囊，伟烈丰功，费尽移山心力。尽玉帘画栋，卷不及暮雨朝云，便断碣残碑，都付与苍烟落照。只赢得几杵疏钟，半江渔火，两行秋雁，一枕清霜。（一片沧桑）

清康熙朝布衣孙老头作，孙翁美髯，后人忘其名，称孙髯翁。清道光间有好事者阮总制滇黔为改数字，尚佳，然似未胜于原句，括号内字为原句。

注意：“沧桑”并列而“清霜”为偏正。

△ 明顾宪成题东林书院：“风声，雨声，读书声，声声入耳；家事，国事，天下事，事事关心。”

**范评：佳则佳矣，唯太质白而少韵味。**

△ 郑板桥：“三绝诗书画；一官归去来。”

**十字自评。范评：快爽！**

△ 嵌字联：古人多以七字联为嵌字之戏，有凤头、

燕颔、鸢肩、蜂腰、鹤膝、凫胫、龙尾。

以二字命题，作七副对联，但命题之字必词性同而平仄异，如藏、舍。

1. 藏诸大邑今生福，舍得奇缘后悔迟。

2. 广舍慈恩存古寺，深藏德泽为来人。

3. 真趋舍是儒家事，大宝藏原释子心。

4. 未敢私藏归佞道，能知大舍即高人。

5. 未必儒商藏大秤，从来硕学舍微名。

6. 济世良臣常舍我，匡时大策敢藏私。

7. 勇士殉身无不舍，贤人学问必知藏。

也可择其一为联者如松、月二字，凤头格（简称一唱）：松高百尺诗人志，月挂千秋佛祖心。

“浪”“云”二字，蜂腰格（简称四唱）：三江叠浪终归海，众岫浮云自绕峰。

△ 诗钟：以杳不相关之二事为联，无论何人何物皆可。如“湘夫人”对“竹”。“愁予北渚，植彼南山。”（范曾）

又如“班禅”对“华山”。“庄严十世梵中友，险绝千山化外云。”（范曾）

△ 范曾巧联：“不知汉晋，无怀葛天；当仰春秋，有若颜子。”（无怀、葛天皆远古圣人，此处“无怀”作副动词，而有若、颜子皆孔子座下贤者，“有若”亦作副动词）

范曾："人相，我相，众生相，寿者相，究竟空相；诗情，文情，孤抱情，苍天情，终归有情。"

范曾："人相，我相，众生相，寿者相，次第朝净土莲花，霍然便见菩提树；风声，雨声，海啸声，伤悲声，轮番造凡尘炼狱，何时能归解脱林。"

△ 联语和诗固有不可分之关系，而于诗，若对仗、连绵、叠音、四声，皆不可或缺者，对仗则有骈俪之美，连绵则有互振之美，叠音则有节奏之美，四声则有音韵之美。"摩挲音韵律，激荡鬼人神"十字，是我对中国律诗和联语的概括。

△ 与诸生游戏，同学出题，范曾当场作。

鱼、佛经（诗钟）

舍君求掌，唯色是空。

## 中国语言文字骈俪之美

伟大的物理学家杨振宁先生说："对称支配自然。"在无际无涯的空间和无始无终的时间中所构成的宇宙对称律，可能是百亿年来自然形成的最宏阔伟大的现象，在这现象的背后是不可言说的人类无法解释的"合目的性"。"合目的性"不是上帝，这是 18 世纪末德国大哲康德所提出的。康德只允许"调节性"使用"合目的性"，而不可"结构性"使用"合目的性"。"调节"意味着

奇文共欣赏

提供解释事物的方法，而“结构”则成为了实存的“目的者”，谁的目的？那便重新堕入 17 世纪大数学家莱布尼兹的理性深渊，因为莱布尼兹说：“上帝是以必然的方式存在于一个必然的地方的必然存在物。”而康德以为上帝的存在无法用理性去证明,他不承认上帝的存在。

“合目的性”使对称成为万物（包括大至星体、小至秕糠）存在的方式，受其绝对的支配。

失去对称便失去平衡，物无以立、人无以生，天地无以存，“宇宙凭着六声部音乐”（开普勒语）运转，宇宙的和声和对位那是大音希声的音乐构成要素；而大象无形则是宇宙的大不可方的状貌。

从动物单音节的呼喊啼叫到人类语言的巧密精微，各族群声调趋舍异途。至今人类有 6000 种语言，最小的族群人数仅千人之谱，而最大的族群当然是中国人。有趣的是那 5999 族群的语言皆是表音字语言，唯独中国人操着表意字语言，既有意矣，则不自觉地使其意走向宇宙的“合目的性”。中国人最早在世界上提出宇宙万有的阴阳二元说，二元不只对称，而且你中有我，我中有你。这是中国古哲本体二元说的灵魂。杨振宁先生重视“对称中有不对称，不对称中有对称”的中国古典前哲学。（前哲学指《老子》之前的《周易》）这种不对称性（或对称破缺）的思想传统使西方的大科学家大为惊讶，1977年获诺贝尔化学奖的普利高津说：“中国文化是欧洲科学灵感的源泉。”

以上所述正是为了说明骈俪之所从来，它来自天地的大美，来源于宇宙本体之根本规律。

不完全对称，则是太极图的最奇妙的思维胜果，恐怕人类发明过无数的图象，以状万类之存在，然而我敢说没有一说可见太极图之项背。最妙不可言的是，中国人绝顶的聪慧，使语言在这图象的笼罩下走上一条卓绝的美妙境域。这对称之基础便是：（一）一字、一音、多音（如：诗思〔shì〕、思〔sī〕想；参〔cān〕加、参〔shēn〕与商）、四声（平、上、去、入，如：帆〔fān〕、凡〔fán〕、反〔fǎn〕、范〔fàn〕、罚，入声字不注）构成骈俪的可能性；（二）单字的词性因所处语境之不同，可以转换，以使对称的规律和不完全对称（对称破缺）灵活运用；（三）由于对称性的选择，使汉语的排列组合具有了使用者的个性；（四）由于上述三点，使中国语言文字成为了诗性的语言文字，似乎中国必然成为一个诗的国度，

“诗”成为中国国学的重要组成部分。

1992年我赴台举行画展，其时使我有机会认识了秦孝仪、高阳、柏阳诸文坛大佬，觉得宝岛果真有人在。高阳对中国古诗的谙熟使我大为惊讶，他对南通范氏诗文世家的历史如数家珍，尤所推重先曾祖范当世伯子先生和先祖范罕彦殊先生，他说出先祖诗稿《蜗牛舍诗》，使我对高阳的博雅由衷钦佩，问及先严，我讲父亲诗颇能克绍箕裘，为斫轮老手，并吟数首，高阳拊掌称绝，今试举先严诗篇，是为了阐明本文之主旨。

杨振宁先生曾用苏东坡的回文诗，来说明中国对称和对称破缺的哲学，今天我近取诸身，用我父亲，精于诗道而又恃守谦虚的范子愚先生的四首悼念我慈爱的母亲的回文诗，来说明我上述的论点。我的母亲缪镜心是厦门大学著名哲学家缪篆（子才）先生的女儿，一生辛劳，但她精神上最大的安慰是我父亲对她的挚爱。母亲死后，父亲刻“独鹤”一印钤于诗稿，除去怀念母亲，不复有其他的诗作，诗心已死，独于母亲，能唤起父亲的诗情。

读东坡回文《菩萨蛮词》殊觉妙义，爰作效颦之举，题为悼亡：

镜同心照孤魂净，净魂孤照心同镜。

天外世谁怜，怜谁世外天。我闻如是可，

可是如闻我。悲我益卿思，思卿益我悲。

水流东去人何似，似何人去东流水。
挥泪望云归，归云望泪挥。仰空悲月朗，
朗月悲空仰。卿有镜为心，心为镜有卿。

晚窗新月窥人倦，倦人窥月新窗晚。
云黑乱斜曛，曛斜乱黑云。问天穷更闷，
闷更穷天问。卿诚我心诚，诚心我诚卿。

枕衾凉意秋来恁，恁来秋意凉衾枕。
人世几回亲，亲回几世人。读书翻止哭，
哭止翻书读。明镜照伶仃，仃伶照镜明。

这远离了文字的游戏，而是感情深挚、动人心弦的诗句，每读父亲诗集至此，我都会潸然泪下。

每两句是前句中有后句，后句中有前句，对称而又有对称破缺，父亲的这四首诗达到前人所未见的深度哀伤。而中国语言文字的骈俪之美，可谓达到极致。这其中词性的转换，历历在目，“读书翻止哭”，翻，副词；而“哭止翻书读”，翻，动词。上句讲读书反能止哭，下句讲哭之既止，翻书自慰。意蕴对称中又有所不同，没有任何国家的文字，可以做到这一点。

骈俪，所从来远矣，这是吾国先民从语言肇始便逐步形成的审美标准，可说是不自觉的，而骈俪意识的觉醒，我们可以追溯到《诗经》和《楚辞》：

牧野洋洋，檀车煌煌。（《诗经·大雅·大明》）
凤凰鸣矣，于彼高岗；梧桐生矣，于彼朝阳。
（《诗经·大雅·卷阿》）
参差荇菜，左右流之；窈窕淑女，寤寐求之。
（《诗经·周南·关雎》）
谁谓河广，曾不容刀（刀，小舟也）；谁谓宋远，曾不崇朝。（身虽在卫，而心在宋也）
（《诗经·卫风·河广》）

至《楚辞·离骚》文字之骈俪，举目皆是矣。

固时俗之工巧兮，偭规矩而改错。
背绳墨以追曲兮，竞周容以为度。
悔相道之不察兮，延伫乎吾将反，
回朕车以复路兮，及行迷之未远。
夫孰非义而可用兮，孰非善而可服。

汉文如司马迁《报任安书》，称骈文之祖亦可，而贾谊《过秦论》则与司马文章可并列。

六朝为骈文之源头，其上溯，于风、骚皆见其端倪矣，沈约（公元5世纪）出而有四声，骈文之平仄，四声始见肇端。

鲍照《芜城赋》，可为骈文代表；而至唐王勃《滕王阁序》，则称骈文之冠。

至唐近体诗出，若杜甫《秋兴八首》，其中联语凡十六，皆臻精绝，宜称“诗圣”。即使汉乐府以及此后历代凡称乐府者，不限章句，而骈俪之美，无不时隐时现。

学习骈俪的方便法门，是以联语或诗钟起步，凡精于近体诗者，无不以此为看家本领。

诗钟两则：

（一）诸葛亮　猿

原殇五丈，泪下三声。（范曾）

（二）楚辞　王维

吟于江汉，集在辋川。（范曾）

嵌字联两则：

（一）青女素娥俱耐冷，名花倾国两相欢。

（二）商女不知亡国恨，落花犹似坠楼人。

以唐人诗句为联，且上联第二字为“女”，下联第二字为“花”。第一副对属甚工，有骈文面貌、诗词韵味矣，而独缺散文风骨；第二副对属亦甚工，而骈文面貌、诗词韵味、散文风骨兼之矣，此乃上乘之作。

骈俪几乎成为中国文字语言优秀的遗传基因，它是哲学的——阴阳二元；它是本然自在的——对称与对称破缺；它是诗意的——可兴、可观、可群、可怨；它渗透在我们民族的灵魂之中，成为全世界任何民族不可阶升而上的语言峰巅，我为海峡两岸全中国人而自豪，因为我们祖祖辈辈以此种语言为凝聚力，这是人类文化史无可替代的瑰宝。

我少年时欲为古文之学，彼时北京巷陌犹存，于斜阳草树间有小屋在焉，居一奇士陈迹父，记忆力之好，可拟汉之伏生。经、史、子、集，一一刻印大脑。室内环堵萧然，破书略有百册之谱。每谈及感兴趣之问题，虽夤夜不觉累。家孤身一人，极清贫，每天唯以糊洋火盒千只二角钱为食指。人以为不堪，而此公满心欢喜。我崇其学、异其人，乃与同学少年趋访。见其貌如古罗汉，乃欣然为之写像，极神似，彼亦大乐。乃从破盂枯砚间觅一无尖秃笔，口咬之，毛以分，乃蘸墨直书题《七律》一首于我画上。词云："闻说江东小范才，相逢还甲在燕台。愧无须发为君助，喜拓心胸上古开。伯子（余曾祖范伯子）旧诗名海内，狷翁（自称）下语破山来。漫劳曹霸丹青手，貌我朱颜酒唤回。"出语豪宕潇洒，虽列于盛唐不让前修。如此情境，今已为不可再之矣。座中有轻薄儿C君者，急火燎星于诗文之术业，迹父先生亦甚护爱之，曾见先生于破包装纸上写《古文法十则》赠之，皆以问答出之。C君问：“我既知文法十则矣，可否干它一家伙？”先生回答：“非也……”，又不厌其烦地为论述云：“文章岂可干出来……”C君轻佻，而陈公端庄，令后之读者不禁失笑，而迹父先生之可爱可敬正在斯。

吾之《诗教篇》既出，不知有无C君辈想“干它一家伙”，吾亦借迹父之语答之：“非也……”，弈为小道，而诗为宏学。必如杜工部“读书破万卷，下笔如有神”，当此之时，诗之脱口如云驰飙作，泉奔湍急，至非理性所可控者之境。是则寄望于今之欲学诗者，必于内美修能积以霜晨雨夜之功，然后不需“干”，只需思而学、学而思，诗之不期来到吟边，当可厚望矣。本篇既竣稿，述旧时趣事为结，读者复回观前文，或更有得矣。

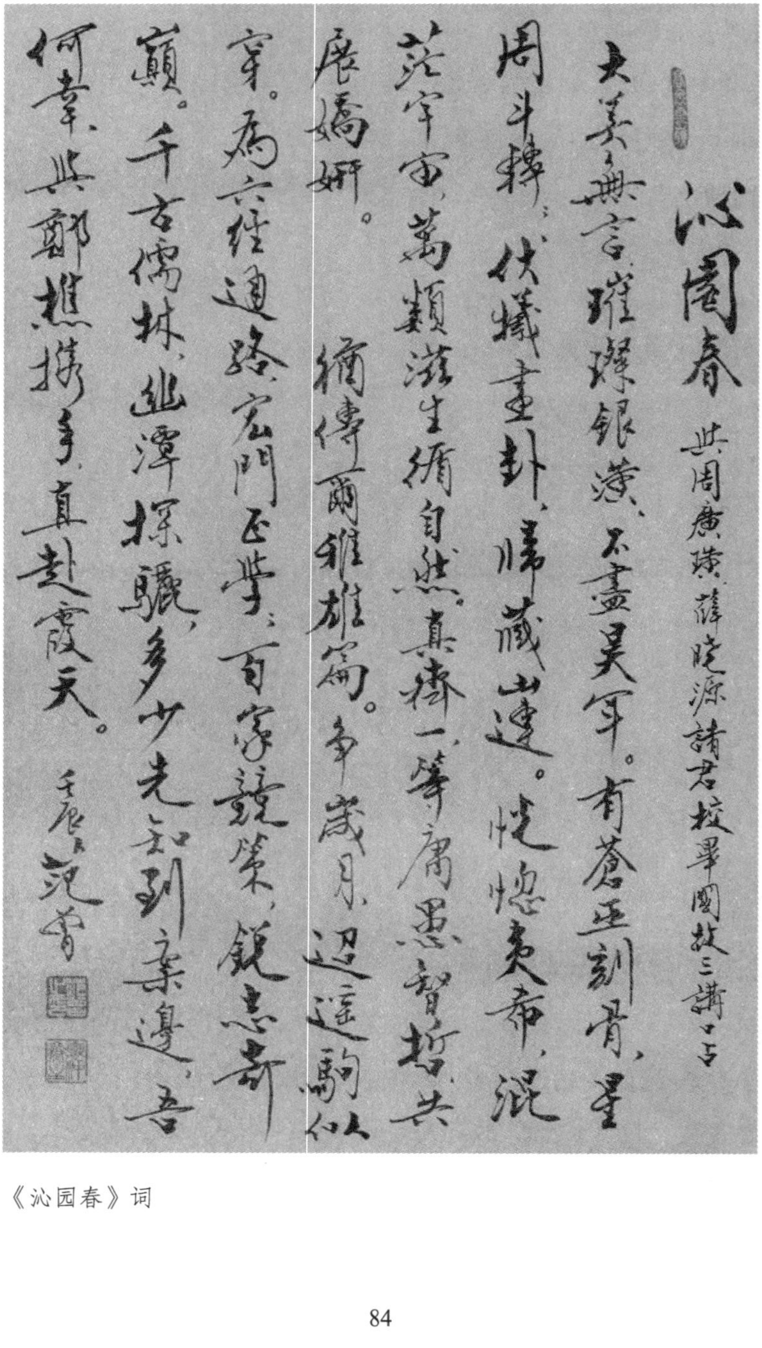


《沁园春》词

# 《尔雅》说略

## 导言：小学源流

秦焚书坑儒，始皇之劣迹也；秦“书同文，车同轨”，不朽之盛事也。中国文字之发轫，起于象形，五千年前仰韶彩陶上有亦图亦字之装饰纹，先民肇创，喑哑朴雅，初无造字之大愿，状自然之形以自娱耳。延至殷商，乃有创造文字之自觉，遂有契文出。商、周时代巫筮于龟甲兽骨上刻其所卜，最初有符号意义，意在记录事件，便于回忆。光绪三十年（1904），孙诒让有《契文举例》出，此甲骨文考释之始。今之考释先秦典籍，有甲骨文之助（甲骨文有四千五百字左右，据《甲骨文编》可辨识者约一千七百字），显然较乾嘉之际的大朴学家增加了辨析古代典籍的利器，此是后话，先存而不论。

汉武帝“罢黜百家，独崇儒术”，应运而生的是对儒学经典即先秦之学的释训之学，有犍为文学者列于先，毛亨列于后，而毛亨之《毛诗故训传》据称上传自子夏。子夏固为孔子之门人，后之学者往往将子夏作为桥梁，上接孔子，下接汉儒，子夏甚至成《易经》之传人，且有专著，纪晓岚以为附会不足信。犍为文学之著述亦已散佚，只是留下了一个遥远的谜团。

“小学”之名盖源起于西汉至莽新之时，彼时称文字学为“小学”。“刘向传经心事违”（杜甫句），违刘向之心事者其子刘歆也。所违指刘歆有篡改古籍以为王莽篡政造舆论之劣迹。然刘歆于古文字（指古籀、虫鸟篆）之研究，功不可没，不可因人而废言。而其挚友、那位被刘禹锡《陋室铭》赞为甘居“西蜀子云亭”的扬雄，于文字之“方言”，识见独称绝伦。而扬雄之人品大概刘禹锡不甚了了，他曾奉《剧秦美新》之媚文以谀王莽。同样，我们不能因人废言。刘歆与扬雄于两千年前的文字学，可并列昆仑。于文字之形、音、义，皆有发明，是最初的里程碑。

《尔雅》，小学梁柱也，初无此书，古代先民于文字创造盖非仓颉一人。仓颉为黄帝之臣，始制文字，不过是传说。先民见一物焉，以习惯定其音读，然后依其形状简约描画，即文字之雏形。此字之含义则包括食之、用之、欣赏之、祭祀之，不一而足，是则音——形——义，在其中矣。中国文字之六义：指事、象形、形声、会意、转注、假借（初见《晋书·卫恒传》），其中指事、象形、形声，与形、音有关，而会意、转注、假借则与义有关，然此不过略而言之，其中有种种错杂或根本与六义无涉者，兹不赘。中国文字根本性质是表意者。表音文字易于本民族传学，自咿呀学语至滔滔其言，只要会拼音，则已初通文字矣。中国则不然，不只形殊声异，一字多音、多义、多词性，而且古不乖古，今字既盛，古字犹存，这是一座人类文字学中极难攻克的堡垒。

中国古代皓首穷经之硕彦大儒，即使于小学上竭尽毕生之力，犹有不及。注《尔雅》之学者不可胜数，其著述之丰，何止千数，今唯举荦荦大者，略窥其一斑。

西汉时有终军者，《汉书·艺文志》有《终军》八篇，少年豪杰，十八岁为博士弟子，于《尔雅》独深其道，著作散佚，死年二十余，深为《尔雅》之学失一英才恸！刘歆、扬雄之后，东汉经学家许慎著《说文解字》，可谓研究秦小篆之拓荒者。三国魏人张揖作《广雅》，清王念孙作《广雅疏证》。王念孙虽称张揖“为功于诂训也大矣”，然以为文字之学最重提领而挈纲，本立而道生。王念孙意欲博考以证张揖之误采，参酌而寤先儒之误说，“以燕石之瑜，补荆璞之瑕”。读此文，似曾相识，乃索查之，原来出自东晋郭璞为扬雄《方言》作之序，序中有云：“余少玩雅训，旁味《方言》，复为之解，触事广之，演其未及，摘其谬漏，庶以燕石之瑜，补琬琰之瑕。”王念孙虽有抄一千五百年前文章之嫌，然改“琬琰”为“荆璞”，终觉文字提高一步，可喜也。当然从张揖到王念孙历一千五百年，从扬雄到郭璞历三百年，后继者较先行者在文字学上的进步是显然的。扬雄之后，东汉郑玄，为汉代集注学之大成者，注《周易》《论语》《尚书》。《十三经注疏》中有其所注毛诗，然略觉可惜者，郑玄以《礼》注《诗》，故附会穿凿多有，为迂儒之通病耳。南朝沈约之子沈旋亦精于小学，惜其著述亡佚。此后唐陆德明为郭璞《尔雅注》增其音义，北宋邢昺为《尔雅注》作疏，以畅其文义。《十三经注疏》中所选即郭璞注本及邢昺疏本。南宋郑樵有《尔雅郑注》，陆佃有《埤雅》，皆入四库，信其名不虚传。

小学至戴震出，于音韵、训诂、名物、方言，无所不精，允为一代宗师，其《尔雅文字考》《音韵考》《方言疏证》《声类表》，皆小学之经典著述。其为乾嘉学派之大纛，或无疑焉。兹后，段玉裁《说文解字注》、王念孙《广雅疏证》、邵晋涵《尔雅正义》、郝懿行《尔雅义疏》、王鸣盛《蛾术编》皆称大手笔。近代以还，甲骨出土，金文日多，有王懿荣、刘鹗、孙诒让、董作宾、王国维、罗振玉、郭沫若、胡厚宣、于省吾、商承祚、容庚、唐兰、李学勤、裘锡圭诸大师相望于学林文字之道。吾友康殷于古文字形发微亦有睿识，惜其骂人甚烈，不容于学界。信夫小学为诸经学之奠基，后之来者一以为幸，一以为忧：幸者，前人之殊勋，足资享用；忧者，文字一事，终非儿戏，不皓首而穷经，而欲前进一步，恐为梦想。

## 郭璞《尔雅注》简析

郭璞在《尔雅注序》（晋郭璞撰，唐陆德明音义，宋邢昺疏）中总论《尔雅》：“夫《尔雅》者所以通诂训之指归，叙诗人之兴咏，总绝代之离词，辨同实而殊号者也。”（训诂者又称训故、诂训、故训。盖以当下人所通用之词语以解释古籍之词义称“训”，以解释古代方言者为“诂”。前者如《尔雅·释水》：“大波为澜，小波为沦”，后者如《尔雅·训诂》：“乔、嵩、崇，高也。”——范批）

所谓“离辞”者，一说连缀词句，一说分析词句。史记称《庄子》：“善属书离辞”，谓庄子善于辨析也。“同实而殊号”则指内容意义一也，而词语则异，词语既异，则音读固殊，而音读随十方国土之不同，同一字，固有方言之殊。训、诂之所以为别者，“训”重在义，而“诂”重在音也。《说文解字》释“训”：“说教也。”“说教者，说释而教之，必顺其理。从言、川声。许运切”（《说文解字注》）。《说文解字注》释“诂”：“故言者，旧言也，十口所识前言也。训者，说教也；训故言（古人所用之音，古人如此言也——范批）者，说释故言以教人是之谓诂”，正音之意也。

王念孙《尔雅疏证》之“疏”者，开浚也，疏导也，古人所用词语，今人读而不能明者，则疏而导之也。注，给古代书中字句作解释，所谓“注疏”（亦可称“疏注”——范批），乃注文和解释注文的文字的合称，而传、笺、解、章句等词，其义皆同，而疏又有义疏、正义、疏义等词，其义皆同也。

唐国子博士兼太子中允赠齐州刺史吴县开国男陆德明于《经典释文·尔雅序录》中云：“尔雅者，所以训释五经，辨章（章句也——范批）同异，实九流之通路，百氏之指南，多识鸟兽草木之名，博览而不惑者也。尔，近也；雅，正也。言可近而取正也。《释诂》一篇，盖周公所作，《释言》以下，或言仲尼所增，子夏所足，叔孙通所益，梁文所补，张揖论之详矣。前汉终军始受豹鼠之赐，自兹迄今，斯文盛矣。先儒多为亿（臆——范批）必之说，乖（乖戾、背戾、背离常道——范批）盖阙之义。唯郭景纯（郭璞），洽闻强识，详悉古今，作《尔雅注》为世所重。今依郭本为正，犍为文学（一以犍为文学为人名，一云犍为郡文学卒史臣舍人，汉武帝时待诏——范批）注三卷，刘歆注三卷，樊光注六卷，李巡（后汉）注三卷，孙炎注三卷，郭璞注三卷。”“梁有沈旋（沈约之子），集众家之注，陈博士施乾、国子祭酒谢峤舍人顾野王并撰音，既是名家，亦采之，附于郭本之末。”

陆德明所述《尔雅》之始作者周公、所增者仲尼诸说，皆为臆测，已不足取。至三国张揖，始有书流传，其余皆佚，无从考。陆德明之功绩在于张揖之后，又荟萃三国、晋、南朝诸名家之说，以附郭璞之书后，使犍为文学等人之著述不于时光流逝中湮没，功不可没也。

朱熹所订之《十三经》中，所用为东晋郭璞《尔雅注》和北宋邢昺《尔雅疏》，所以然者，以邢昺之著传至南宋，为当时疏注中最详赅者，苟彼时有王念孙、段玉裁之著，则邢昺之著其陋必见。然历史不可假设，自朱熹至王、段，《尔雅》之学始大备之矣。今略述《尔雅》成书原始、传流、大备，深感中国于文字学领域，仰之弥高、钻之弥深，今之读者唯择要以领略可矣。尔，迩也，近也；雅，正也，庄也。识得《尔雅》，然后知中国语言之典丽博雅，近取诸身，与流俗之市廛秽语划一界限。中国是不缺少文字的伟大国度，唯今之世，动荡浮躁之徒以极其恶浊之词入口语，或标以英文字母，或以谐音错杂用之，俗世以为时髦者，正国学之大敌，雅言之贱贼也。

## 《尔雅》郑注要旨

郑樵（1104—1162），福建莆田人，不应科举，刻苦力学三十年，访书十年。因不满空谈心性、讲究辞章的风气，于史学主张广博会通，故尊通史而抑断代，褒司马迁而贬班固，生平著作丰富，有《氏族志》《动植志》等八十余种。而著作多亡佚，存者除《通志》外，仅有《尔雅注》《夹漈遗稿》《诗辨妄》及一些零散遗文。

郑樵克服了南宋诸儒崇义理而疏考证的毛病，甚至诋汉儒毛亨、郑玄，于是遭到诸儒的攻击。郑樵孤踪独往，不尚空谈，于南宋空谈心性甚嚣尘上之世，可谓巍巍其一人耳。他以博洽而傲睨一世，对《诗经》研究的辨妄，功绩尤著，清纪昀称其所为文“通其所可通，阙其所不可通，文似简略而绝无穿凿附会之失”。郑注，《尔雅》家以为善本。

郑樵《尔雅注序》曰：“《尔雅》逸，而笺注劳。……《尔雅》者，约六经而归《尔雅》，故逸；笺注者，散《尔雅》以投六经，故劳。”

郑樵又曰：“有《诗》《书》而后有《尔雅》，《尔雅》凭《诗》《书》以作注，往往出自汉代笺注未行之前，其孰（何能）以为周公哉！《尔雅》释六经者也，《尔雅》明，百家笺注皆可废。”

典籍上有之，《尔雅》有之；笺注则非，网罗天下名物，附以义理，《尔雅》无之。逸、劳指此。

郑樵曰：“《尔雅》，应释者也；笺注，不应释者也。人所不识者，当释而释之，曰：应释；人所不识者，当释而不释，所识者，不当而释之；曰：不应释。古人语言于今有变，生今之世何由识古人语？此《释诂》所由作；五方语言不同，生于夷何由识华语？此《释言》所由作；物有可以理难言者，以理言之，有不可以理言，但喻其形容而已。形容不可明，故借言之利以为证，此《释训》

所由作；宗族、婚姻，称谓不同，宫室、器乐，命名亦异，此《释亲》《释宫》《释器》《释乐》所由作；人之所用者，人之事尔，何由知天之物？此《释天》所由作；生于此土而已，九州之远、山川丘陵之异何由历？此《释地》《释丘》《释山》《释水》所由作；动物、植物，五方所产各有名，古今所名亦异谓，此《释草》《释木》《释虫》《释鱼》《释鸟》《释兽》《释畜》所由作。”

这是郑樵以为《尔雅》作为经书，应将人们所不识者释之，郑樵名之为“应释者”。反之，“当释而不释”，“不当释而释之”名之为“不应释者”。

《尔雅》，应释者也，释人所不识者释之，此《尔雅》所以为郑樵所酷爱也。

注笺家之通病，——舍经（不应识者，孟子所谓“不虑而知”者，天然自在者也。——范批）而从纬（应识者，对自在之物附显以义理——范批），背实（早为长物——范批）而应虚（附加之义理——范批），致后学者昧其所不识（经也）而妄其所识也（纬也）……不应识者经也、实也。

郑樵，对“不应识者”（即本来识者）特重，它们不凭文字而后显，不借训释而后知，以为这才是经学之本，不能舍经而求纬。

郑樵曰：“言读百篇理自见，何谓释则不显？且如《论语》‘学而时习之，不亦说乎’，无笺注人岂不识？《孟子》所谓‘亦有仁义而已矣，何必曰利’，无笺注人岂不识？《中庸》所谓‘天命之谓性，率性之谓道’，无笺注人岂不识？此皆义理之言，可详而知，无待注释（本然也，不待释而后然。——范批），有注释则人必生疑（天下自在之物，本无可疑。——范批），疑则曰，此语不徒然也，乃舍经之言而泥注解之言，或者复舍注解之意，而泥己之意以为经意，故去经远。”

郑樵鞭辟先儒注家之陋习，六经岂可注我乎？

郑樵曰：“正犹入夜必寝，旦必食，不须告人也［而陋儒于此‘不应识者’（即不借而后知者）则详，愈详则愈迷，正所谓迷而妄者——范批］，忽而告人曰，吾夜已寝，旦已食矣，闻之者岂信其直如此耳，必曰，是言不徒发也，若夜寝旦食又何须告人，先儒笺解虚言，致后人疑惑，正类此。因疑而求，因求而迷，因迷而妄，指南为北，俾日作月，欣欣然以为自得之学，其实沉沦转徙可哀也哉。此患无他，生于疑而其疑无他，生于本来识者（即前指长物）而作不识者解耳。”

实者，非外加义理而后有，此经之所以不应识者。先儒迷障于泥己之见，应识者，虚也，迷也。

《尔雅》训释《六经》，极有条理，然只是一家之言，又多徇于理（即前义理，应识者。——范批）而不达乎情状（即长物，不应识者，自在之物——范批），故其所释《六经》者，《六经》本意未必皆然。

郑樵爱《尔雅》，然以为《尔雅》亦有陋，故以注之。不迷信是郑樵之最大美德。

“樵酷爱其书得法度（即前所赞其书极有条理——范批）。今之所注只得据《尔雅》意旨所在，因采经以为证，不可叛之也。其于物之名大有拘碍处，亦略为之摭正云耳。”

郑樵以为不可叛经以求虚，然而可摭正经书（指《尔雅》——范批）之病。

恃才傲物，目空古今，固为郑樵的毛病，纪昀称其“偏僻之过，习气犹未尽除，别白观之可矣”。别白观之者，作另类观也，以纪昀之博雅，内心有特赏郑樵之处，尤其指出郑樵“驳正旧文”，皆极精当。纪昀举了若干例证（亦即郑樵自谓摭正经书处），表彰其功，择其三于下：

一、郑樵于《释天》“四时”章中引文：“春为青阳，夏为朱明，秋为白藏，冬为玄英，四时和为之玉烛（余曲中曾有‘霸业烟销，玉烛长调’句，即用此意）。春为发生，夏为长赢，秋为收成，冬为安宁，四时和为通正。□□□□，□□□□，谓之景风；甘雨时降，万物以嘉，谓之醴泉。”郑樵依据中国文章所时有之骈文韵味，指出“谓之景风”之前必丢失八字，这是一针见血、斫轮老手之眼力；二、又于《释亲》“母党”章中，郑樵以《公羊传·庄公十九年》为证，以为《尔雅》注中“女子同出（同一母所生也），谓先生为姒，后生为娣”为误。

郑樵以为“同出”指俱嫁一夫，诸侯嫁女时陪嫁的女子称“媵”，正《公羊传·庄公十九年》曰：“诸侯娶一国，则二国往媵之，以侄、娣从。”“娶一国，则二国往媵之”，切勿误解何以娶国，古文简略，娶国之一女，则国之另一女陪嫁之意。这是郑樵又一次显露了断狱老吏的睿识；三、郑樵又以《左传》正“生曰父、母、妻，死曰考、妣、嫔”的解释为误，以《左传》之意，不过是统称而已，与生死无关，此见于本人后文之释“考”“妣”“嫔”，读者当知最初之发现人为郑樵。以上三例，正郑樵“摭正经书”处，亦纪昀之所激赏处。

## 王念孙《广雅疏证·自序》要旨

王念孙云：“博士张君稚让（三国魏张揖）……其自《易》《书》《诗》、三《礼》、三《传》经师之训，《论语》《孟子》《鸿烈》《法言》之注，《楚辞》《汉赋》之解，谶纬之纪，《仓颉》《训纂》《滂喜》《方言》《说文》之说，靡不兼载。盖周秦两汉古义之存者，可据以证其得失；其散佚不传者，可借以窥其端绪，则其书之为功于训诂也大矣。”此王念孙对张揖《广雅》所作的概述。有清一代，对前人之著作是极难作如此公允而肯定的评价的。这是王念孙作为学人所具备的美德。王念孙，固谦逊博雅之士也，先盛赞张揖之功，唯其有张揖书在，乃有自己所以广之之可能，文人治学之诚，于此可见矣。

王念孙又云："窃以训诂之旨，本于声音，故有声同字异，声近义同，虽或类聚群分，实亦同条共贯，譬如振裘必提其领，举网必挈其纲（此已隐然有批评张揖之意矣——范批）。……此之不寤，则有字别为音（所谓念别字也），音别为义（非原义也），或望文虚造而违古义，或墨守成训而鲜会通。易简之理既失，而大道多歧矣。……其或张君误采，博以证其失；先儒误说，参酌而寤其非，以燕石之瑜，补荆璞之瑕（直指《广雅》通病——范批）。"

王念孙于学术一事，绝不囿于先儒之说，只眼独具，言之凿凿。然学者本性谦揖，亦在其中焉。

据王念孙对张揖《广雅》一书之疏证，主要归为两类：一、张揖本人之误（即前"误采"或"误说"者）；二、年代久远，必有书在流传过程中之"讹脱"，则非张揖之过。总一千零八处，用心之苦，于此可见。王念孙详以开列如下："又宪（隋之曹宪也）避炀帝讳（名广），始称《博雅》，今则仍名《广雅》……盖是书之讹脱久矣……凡字之讹者五百八十，脱者四百九十，衍者（漶漫之意）三十九，先后错乱者百二十三，正文误入《音》者十九，《音》内字误入正文者五十七，辄复随条补正，详举所由。"

既前文赞《广雅》之功德焉，至于其错讹，则毫不吝情，痛加审问、明辨，王念孙之《春秋》笔法，于此令人拊掌矣。张揖本人于九泉有灵，深应感谢一千五百年后之知音王念孙。

## 张揖《上广雅表》要旨

唐人陆德明《经典释文序录》云："《释诂》一篇，盖周公所作，《释言》以下，或言仲尼所增，子夏所足，叔孙通所益，梁文所补，张揖论之详矣。"

此论已为历代注家所否定矣。盖周公时所无之文，《尔雅》有之，周公则何能与《尔雅》有缘哉？故而，张揖《广雅》为始作者，盖彼时社会所流传者，手抄口传，所误固多也。

徐朝华教授有云："《尔雅》的作者和成书年代，从古到今说法不一，尚无定论（恐永远无定论矣——范批）。最初说是周公所作（见张揖之《上广雅表》），或说是孔子门人所作。宋代以后认为周公、孔子门人所作，都是依托之词，从而否定了圣人所作的说法……有人认为是西汉末年刘歆伪撰（故而一人不能作恶，刘歆亦有被后人作箭靶式人物之悲剧——范批）……汉武帝时，犍为文学（一说复姓"犍为"，"文学"名也；一说"犍为"为地名，文学，武帝时官职——见前范批）的《尔雅注》出，可见《尔雅》之成书亦不会在汉代，因此，大体上可以断定，《尔雅》最初成书当在战国末年……并非一人之作。”此论是也。

《尔雅》成书之年代，当在战国之末。秦焚书坑儒，《尔雅》飘零，是其必然。至汉武帝罢黜百家、独崇儒术而后，犍为文学乃有《尔雅注》，此时注本当较稍后三国张揖之注错讹更多。

《尔雅》之地位，自《汉书·艺文志》《隋书》，直至唐、宋，地位步步升高，至南宋《十三经》，由群经之中跃然而出，成重要经典。辞书本是工具书而成经典，亦足见中国人之于形、音、义之重视。

徐朝华先生有云：“而且今文经学家的注释多侧重于阐明经书中的‘微言大义’”，此正清代大儒王念孙所不取者，亦为南宋郑樵所深恶者。郑樵的经、纬之说，鞭辟入里（经——本然——不应识者，纬——附会——应识者），深宜读经者慎诸。后之来者于读《尔雅》之时，正应于本然之“不应识者”加意，而不当于“应识者”为历代酸儒所惑也。

## 段玉裁《广雅疏证序》要旨

王念孙与段玉裁同为戴震之高足，是乾嘉朴学之翘楚。王念孙《广雅疏证》是清代训诂学的重要著作，书成后，段玉裁为之制序。在《广雅疏证序》中，段玉裁首先将小学之本义简明概括为文字之形、音、义，而于“古”“今”之名称区别，又有时间先后辩证之看法：“小学有形、有音、有义，三者互相求，举一可得其二。有古形，有今形，有古音，有今音，有古义，有今义，举一可得其五。三代者，不定之名也。三代为古，则汉为今（如伏生之《今文尚书》，即以汉为今也——范批），汉魏晋为古，则唐宋以下为今。”

以段玉裁之博学，其所评王念孙，可谓一言九鼎，而其文简而赅，论小学之纲领也。段云：“圣人之制字，有义而后有音，有音而后有形。学者之考字，因形以得其音，因音以得其义。治经莫重于得义，得义莫切于得音。《周官》‘六书’：指事、象形、形声、会意四者，形也；转注、假借二者，驭形者也，音与义也。”段玉裁论义、音、形之所从来，似可推求。窃以为义者，事物本性也，先民必有音以呼之，然后造字以状之（见前文）。

段云：“三代小学之书不传（夏、商、周小学之书有之而佚矣，西汉末刘歆，始有‘小学’之名——范批），今之存者，形书《说文》为之首，《玉篇》以下次之；音书《广韵》为之首，《集韵》以下次之；义书《尔雅》为之首，《方言》《释名》《广雅》以下次之。”

段玉裁略述形书、音书、义书之首、次，可见《尔雅》一书，成书只可能为周末战国之世，而“小学”之名则为汉刘歆、孔安国之后开始流行，条理清晰而分类有序。

关于文字六义中，“转注”“假借”两义，段玉裁之说法简洁明了：“义属于形，是为转注；义属于声，是为假借。”此转注与假借二义之要旨，前之人述焉不详也。

“稚让（张揖也）为魏博士，作《广雅》，盖魏以前经传谣俗之形音义荟萃于是。不孰（熟也，《荀子》：‘凡虑事欲孰而用财欲泰，夫是之谓五权。’——范批）于古形、古音、古义，则其说之存者无由甄综，其说之已亡者无由此例推测。形失，则谓《说文》之外字皆可废；音失，则惑于字母七音犹治丝棼之；义失，则梏于《说文》所说之本义，而废其假借，又或言假借，而昧其古音；是皆无与于小学者也。”

此段文字于张揖之《广雅》，有微词焉，然亦不甚詈詈。而其切当有胜于垢骂，此段玉裁、陈明、王念孙所以注疏《广雅》之必要也。当然，张揖的“荟萃”之功亦不可没也。

“怀祖氏（王念孙）能以三者互求，以六者互求，尤能以古音得经义，盖天下一人而已矣。假《广雅》以证其所得，其注之精粹，再有子云（扬雄），必能知之。敢以是质于怀祖氏，并质诸天下后世言小学者。”此段玉裁对王念孙《广雅疏证》的最高评价，“一人而已”，指乾嘉之际，注家蜂起之时，能独尊于士林者，舍怀祖无第二人也。

王念孙以精微敏妙之方法研究《广雅》，于义、音、形三者，古义今义、古音今音、古形今形六者辨析审问，则其功至巨而足为后世学人之规矩也。

## 释诂第一

邢昺疏云："释曰：释，解也。诂，古也。古今异言，解之使人知也。……此篇相承以为周公作，但其文有周公后事，故先儒共疑焉。"

周公后事，周公固不可得而闻，以云周公所作，故先儒疑之。而《释诂第一》所载，周公时所有者，则不足怪。《尔雅》注者大体依先秦典籍，若《左传》《公羊》《谷梁》《礼记》《书经》《易经》《论语》《孟子》《国语》，尤以《诗经》所引最多。郭璞后之注家，更扩充之，则汉后之著录者如《汉书・艺文志》中之《尸子》二十篇原文虽佚，而辑录有之。又如晋代发现之汲郡战国时魏安釐王墓中之先秦古书《汲冢书》，其史料后之注家当可用之。《尔雅》注，是先有《尔雅》本身之解，语极简约，郭璞以注释之，邢昺更扩充之，邢昺于前人"书名僻异，义旨隐奥处，则具载彼文以祛未寤者"。是则《尔雅》于形、音、义愈晰。后之视今，亦犹今之视昔，邢昺后之注家如郑樵，则观邢昺之疏漏处，中国文字学之前进，正所谓艰难苦恨，实非易事。

《尔雅》之所录字数凡13113，今之所可用者十之三，习见者十之一，而已于使用上不复见亦不须见者则为文字之古董，然其可贵在古代典籍上苟见之，则读者豁然大朗，以知《尔雅》及其注疏非为当下之日常实用，实专供学者研探古籍所必备，其为用则大矣。

今试举《释诂第一》中数例为证：

第一例：“初、哉、首、基、肇、祖、元、胎、俶、落、权舆，始也。”

“初”，许慎《说文解字·刀部》：“初（初），始也，从刀衣，裁衣之始也。”段玉裁注：“见《释诂》。会意，楚居切。……《衣部》曰：制衣以针，用刀则为制之始，引伸为凡始之称。此说从刀衣之意。”以余之意，人类自野蛮而文明，始制衣裳，或以鱼骨，或以兽骨磨以为针；或以兽筋、细藤以为线而连缀为衣。所谓衣者，聊以遮羞而已，非如今之有领有袖。知羞矣，则文明之初矣，故“初”为始也，极其切当也。

“哉”字，今为语气词，往往用于句尾，与“初”义无涉，邢昺疏云：“哉者，古文作才，《说文》云：‘才，草木之初也’，以声近借为哉始之哉。”《说文解字·才部》：“才，草木之初也。”段玉裁注：“引申为凡始之称。《释诂》曰：‘初、哉，始也。’哉即才，故‘哉生明’亦作‘才生明’。凡‘才’‘材’‘裁’‘纔’字，以同音通用。”

《说文》更以象形、会意以解"才"字："从丨上贯一，将生枝叶也。一，地也。"以我之见，一（地也）上植以草木（丨）矣，（丿）枝叶之渐生也。故段玉裁注云："草木之初而枝叶毕寓焉，生人之初而万善毕具焉，故人之能曰才，言人之所蕴也。"《说文》为郭璞所重，故于《释诂》中往往引述之。俗语所谓才人者，人之生始已蕴之矣。

"首"，邢昺云："首者，头也，首之始也。"这句话颇为费解者，"首"如何为"首之始"？语焉似不通，乃于《说文》中找到答案。原来这源于"巛，象发"。段玉裁注："说百上有巛之意，象发形也，小篆则但取头形。"那么，首之始殆为发也。此段玉裁之睿识，倘于古籀、小篆无深刻之研究，是无法对《说文》作注的，正所谓"于许氏之说，正义借义，知其典要，观其会通"矣。

"基"者，《说文·土部》云："墙始也。"段氏以为："墙始也，本义也，引申之为凡始之称。《释诂上》《周语》《毛诗》传皆曰：'基，始也。'"

"肇"者，《说文》作肁，𢼊，许慎原书无此字篆体，以讳汉和帝之名也。《后汉书》作"肇"。段玉裁以为古有"肈"无"肇"，这是他考证了伏无忌之《古今注》、李贤《后汉书注》，以为伏侯作《古今注》时断无从文之"肇"，李贤也断不会以为"肈""肇"为二字，汉人用"肈"作"始"解，则成定论。

“祖”者，宗庙之始也。《释诂上》云：“祖，始也”，为宗庙引申之义，则古切。［中国古籍，或有注音，皆用反切，所谓反切者以第一字之声母配第二字之韵母也，如祖为则（zé）之声母与古（gǔ）之韵母相配为 zǔ。余皆类推。《镜花缘》中有腐儒唐敖者至女儿国，不知反切，而众姝皆以反切之音相问答，唐敖一头雾水，以此讽古之文人之陋者，亦不知反切为何物也。要之，用反切之法拼音，所用之字必简于被注之字，俾使学人以简而入繁，苟“祖”字注为“狰”（zé）“杚”（gǔ）切，则滑稽甚矣，“祖”且不识，何论“狰”“杚”哉？又古文字或不用反切，直接以简单之字注较生僻之字，如“凫”音“伏（fú）”，则不可反是，若注“伏”音“凫”，则学人愈入五里雾中矣。］

“元”，邢昺疏：“元者，善之长也。长即始义。”（《尔雅注疏》）段玉裁引《九家易》曰：“元者，气之始也。”《易经·乾卦》首句“元亨利贞”之“元”倘作气之始释，则天地未见之时，有至大之气，冥冥然在焉。元者，始也；亨者，顺也；利者，宜也；贞者，正也。有此四者（非指物质，朱熹所谓天地未见，先有理在之意），然后鸿蒙开，天地生，万物滋，“元”释为“始”，不亦宜乎？

“胎”，邢昺疏：“胎者，人成形之始也。”（《尔雅注疏》）“始”者引申之义也。佛十二因缘中之“有”

也，成形必三月，故《说文解字》作胎，会意而象形者也。

“俶”，邢昺疏：“俶者，动作之始也。”（《尔雅注疏》）许慎《说文·人部》：“俶，善也。从人叔声。”并引《诗经》中“令终有俶”（《大雅·既醉》），以为善训之证。段玉裁则以为“俶有两说，一曰善，一曰始”。窃以为此中含人之初皆蕴善也，如此则二说合一矣。

“落”，邢昺疏：“落者，木叶陨坠之始也。”（《尔雅注疏》）许慎《说文·艸部》云：“落，凡草曰零，木曰落。”盖凡木之始生，有抽丝吐绿之渐进过程，而木之落，则大体一阵秋风便“无边落木萧萧下”，故而木落之过程短暂，开始即结束。“陨坠之始”，缘“始”与“陨坠”皆为过程，乃以“落”字征“始”字，会意而已，并非十分确凿。今之人已绝对以“落”为结束，如“落成”“落幕”等皆是。

“权舆”，邢昺疏：“权舆者，天地之始也，天圆（权）而地方（舆），因名云，此皆造字之本意也。及乎《诗》《书》雅记所载之言，则不必尽取此理，但事之初始，俱得言焉。”（《尔雅注疏》）段玉裁之意，“权舆”造字之本意，确有天地之始意，然“不必尽取此理”，亦可用于他处。而“初”“首”“基”“肇”“祖”“元”数字则见于《诗》《书》，故曰“义之常行”。扬雄有言，各地方言“皆古今语也，初别国不相往来之言也，今或同”（《方言》卷一）。此郭璞所作《释言》之由也。

以上以郭璞所注、邢昺所疏之《尔雅》为基础，复参照许慎《说文》于形、音、义之剖析，加上段玉裁之《说文解字注》所作的考证。自4世纪始（郭璞《尔雅注》）至19世纪初叶（段玉裁《说文解字注》），已一千五百年矣，中国文字销镕镳铸，是一漫长的积渐过程，从这一点上论，中国于文字学之探求，很少有他国文字可比肩者。

我们再就郑樵《尔雅注》略辨其与邢昺《尔雅注疏》之区别：如“肇”字，邢昺：“肇者……始开也。”郑樵：“始辟户也。”显然，郑樵言“开”指开门也。而“权舆”，邢昺云：“天地之始也。天圆而地方，因名云。”郑樵则释曰：“胚胎未成，亦物之始。”并未对“权舆”作天圆地方诸解释。郑樵有如下看法，或正对邢昺之批评：“可以文义求他，因音借字，不可以文义求者，难专泥此旧注。”

《释诂上》中，多字以言“始”，其中“初”，今常于文章之首用之；“哉”则转换为语尾感叹词；“首”“基”“肇”，通常用为“始”义；“胎”“俶”“权舆”则已沉寂不复用矣。“落”则与今之解相悖（见前文）。

《释诂第一》第二例：

“黄发、齯齿、鲐背、耇（gǒu）、老，寿也。”郭璞注云：“黄发，发落更生黄者；齯齿，齿堕更生细者；

鲐背，背皮如鲐鱼；耇犹耆（qí）也。皆寿考之通称。”文字一事，远古所留，倘为后之大文人所用，则传之弥久，则此字（词）之幸也。如晋陶渊明《桃花源记》用“黄发垂髫，并怡然自乐”；宋苏东坡《浣溪沙》“谁道人生无再少，门前流水尚能西，休将白发唱黄鸡”，意指我虽白发矣，不欲白发而变黄也。“鲐”者，鲭科鱼类，背呈青色，且有深蓝色波状条纹，颇类老年人皮肤老化后之状貌，“鲐背”一词盖源于此。古人亦有于诗文中用之者，如唐郑嵎《津阳门》诗：“笑云鲐老不为礼，飘萧雪鬓双垂颐。”指驼背之老人，其状已鞠躬如也，不须更为礼也。《宋书·谢灵运传》载《撰征赋》：“驱鲐稚于淮曲”，“鲐稚”犹言老幼也，然今人已不复用。耇，郑樵注中引扬雄《方言》云：“秦晋之郊，陈兖之会，谓老曰耇。”郭璞注：“耇犹耆也。”音读为 shì，则通“嗜”，爱好也。《庄子·齐物论》：“鸱鸦耆鼠。”苟“耇”字音读为 zhǐ，则作致使、达到解，《诗经·周颂·武》：“胜殷遏刘，耆定尔功。”（《毛传》：“刘，杀；耆，改”）后两种音读（shì 和 zhǐ），不仅字义杳不相干，读音亦全然不同，而皆见于先秦典籍，而不见于《尔雅注疏》，故《尔雅》虽万三千余字，亦不能囊括天下字也，虽经郭璞、邢昺、郑樵诸家注疏，亦不可以为天下之能事毕矣。

《释诂第一》第三例：

“敆、郃、盍（胡腊切）、翕、仇、偶、妃（音配）、匹、会，合也。”这些字大体与“合”字同义，唯一“仇”字，盖与今日之字义正相反。《左传》有云：“怨耦曰仇”，“耦”同“偶”，相对合也。此正所谓“怨无大小，生于所爱”，“爱”与“仇”为孪生，以“仇”作“合”解，今人往往不能理解，而民间称对偶为“怨家”，似可以于此作一旁证。《尔雅·释诂上》又一相近之例：“仇、雠、敌、妃、知、仪，匹也。”邢昺疏云，“仇者，孙炎云‘相求之匹’。雠者，俦、侣、辈、类之匹也。敌者，相当之匹也”。《诗经·周南·关雎》：“窈窕淑女，君子好仇”，此苟望文生义，不通《尔雅》，必作荒唐之解。“君子好仇”，今皆作“君子好逑”，其实古文“仇”与“逑”同，好仇者，好逑也，好的伴侣也。这是《尔雅》提供我们的最佳“索隐之方”的例证。

第四例：

“卬、吾、台、予、朕、身、甫、余、言，我也。”卬，《诗经·邶风·匏有苦叶》：“人涉卬否。”原诗描写爱情之女方，等待男方，虽有舟可渡河而不登，所谓“招招舟子，人涉卬否。人涉卬否？卬须我友！”郭璞注，“卬，犹姎也”，而《说文·女部》云：“姎，女人自称，姎我也。从女央声。”此诗本是卫国流行已久的爱情民歌，《诗序》则必称此诗“刺卫宣公及其夫人宣姜”，又有王先谦者解为“贤者不遇时而作也”。此正所谓好事者强解民歌。董仲舒云“诗无达诂”，诗之含蓄，固无确凿不二之解。反之，倘强为解人穿凿附会，则必成盲人之扪象，瞎子之断匾矣，此与“诗无达诂”盖非一义也。

此例中，“吾”“予”“身”“甫”“余”，今人尚偶以用之，而“卬”“台”“言”不见用，“朕”则自秦始皇起专为皇帝之自称，太后听政时亦自称朕，先秦则皆用以自称。如屈原《离骚》：“朕皇考曰伯庸”，即我的父亲（皇考）的名字叫伯庸。

第五例：

“诏、亮、左、右、相，导也（郭璞注：‘皆谓教导之’）。诏、相、导、左、右、助，勴（音虑，谓赞勉）也。亮、介、尚，右也（绍介、劝尚，皆相佑助）。左、右，亮也。”郭璞注：“反复相训，以尽其义。”《诗经·周南·关雎》：“关关雎鸠，在河之洲。窈窕淑女，君子好逑（逑同仇，见前文）。参差荇菜，左右流之。窈窕淑女，寤寐求之。求之不得，寤寐思服。悠哉悠哉，辗转反侧。参差荇菜，左右采之。窈窕淑女，琴瑟友之。参差荇菜，左右芼之。窈窕淑女，钟鼓乐之。”这本是一首天然朴素的爱情民歌，后人必解为：“《关雎》，后妃之德也。《风》之始也，所以风天下而正夫妇也。故用之乡人焉，用之邦国焉。”

（古文《诗大序》）又“参差荇菜，左右流之”，因为译者往往不读《尔雅》，解为“参差不齐的荇菜，在左右漂流”，这也属望文生义。其实此诗三段，首段言美好的女子，正是君子的佳偶，二、三段则诗之“比”也，那参差不齐的荇菜，“左右流之”，流，选择也。男女相互扶持以选择所采之荇菜也。男欢女爱包含着朴素的相依为命的内心诉求，真挚感人之处正在于此，其中穿插着哀而不伤的描述，有一波三折之感。这一切与后妃之德何涉哉？

今日口语之“相夫教子”，相者亦帮助之意，口语中有极高典雅者，唯今人不知其所出耳。

又：“战、栗、震、惊、戁（女板切）、竦、恐、慴（即慑也），惧也。”这其中除“戁”字今所不用，其他各字皆为习见常用字。“痡（pū）、瘏（tú）、虺颓（huī tuí）、玄黄、劬（qú）劳、咎（jiù）、顇（cuì）、瘽（qín）、瘉（yù）、鳏（guān）、戮（lù）、癙（shǔ）、癵（luán）、痽（lǐ）、痒（yǎng）、疷（qí）、疵（cī）、闵（mǐn）、逐、疚（jiù）、痗（mèi）、瘥（cuó）、痱（fèi）、擅（dǎn）瘵（zhài）、瘼（mò）、癠（jí），病也。”其中“玄黄”一词，郭璞以为孙炎之解不能弘通：“而说者便谓之马病，失其义也。”郭璞以为是“皆人病之通名”。然谓马之病，亦有所据，《诗经·周南·卷耳》：“陟彼高冈，我马玄黄。”古人用词亦往往借用，此处非指人之病，是马之病也。后人尤应注意者，“天地玄黄”（指高天之深青与大地之黄色），言天地之色，非指病也。此中言病之字，今除劬劳、咎、顇、痒、疚、瘼数字，几已绝迹，然古代典籍既有，则《尔雅》必备，这是一本考据学家所用的字典，不可因少用于今而忽之也。

在《释诂》中，我们发现有一处，或为近代学界所从未有人提及者：“俨（yǎn）、恪、祗（zhī）、翼、禋（yīn）、恭、钦、寅、熯（rǎn），敬也。”其中“恪”字，见于近代大学人陈寅恪、或吾之姑祖父大画家陈衡恪之名，徐朝华先生《尔雅今注》上注音为kè，举《国语·周语中》：“以恪守业则不懈”为例。而郭璞注则为“恪，虚各切”，即“虚”字声母x与“各”字韵母uè相配念，则为谐谑之“谑”，世人皆称陈寅恪、陈衡恪为陈寅恪（xuè）、陈衡恪（xuè），而未闻念陈寅恪（kè）、陈衡恪（kè）者。凡是陈寅恪先生自己在用外文签名时则签kè音，这就使人疑其所以。以吾之见，以陈寅恪父亲陈散原（三立先生，先曾祖范伯子当世先生之亲家）之渊博，取“恪”必用古音，而古人用“恪”于名，如五代之画家石恪，从来皆念石恪（xuè），而未闻念石恪（kè）者；而《尔雅》则唯有xuè音（虚各切），这就更使人不解，陈散原不可能不告诉陈寅恪、陈衡恪应念虚各切即xuè，而以陈寅恪之渊博亦不可能不读《尔雅》，这就表现了陈寅恪对读音的灵活掌握，见外国人则念kè，讲深了他们也茫然。而于国中，则从来皆用陈寅恪（xuè）。从而联系五代画家石恪（xuè），自古皆念石恪（xuè）。由此可知，凡用于名必读xuè。这在《尔雅》上未及详述，作为十翼范曾读《尔雅》之一心得可也，谈不上发明。

再谈“翼”字，邢昺疏曰：“小心之敬也。”顺便提及本人之字“十翼”，此文燕堂翁所赐字也。《十翼》者指战国至汉孔子门人伪托孔子之名所作之《易》疏十篇文章：上下《象》、上下《彖》、上下《系辞》《文言》《序卦》《说卦》《杂卦》也，其对《易》有“小心之敬”在焉，故称“十翼”，虽为伪托孔子文，然已成《易经》不可分割之主要内容。古人有但留其言，不留其名的雅量，不似今日之但求浮名而不务实学者。“翼”字于日常生活中有“小心翼翼”之语，谨慎重于敬仰，与《尔雅》中“小心之敬”有分量上之差异，“小心之敬”则敬之唯恐不周，而“小心翼翼”则为事处处恐有所失也。前者出于心，而后者慎于事。

至于“俨”字，郭璞注：“俨然，敬貌”，敬外更有庄在焉。《离骚》：“汤禹俨而祗敬兮，周论道而莫差”，极言商汤、夏禹与周初对天道的敬仰。王国维《人间词话》第十八则论李煜词：“后主则俨有释迦、基督担荷人类罪恶之意。”是云李煜词中所包含的广大慈悲，其庄敬不在词内而正在词外，此所以宋徽宗所不及处。

古与今，乱与治，能相反而兼通，此亦中国文字之妙，

《尔雅·释诂下》举两例："肆、故，今也。"邢昺释云："即以肆之一字为故今，因上启下之语，郭氏字别为义云：'肆既为故，又为今。今亦为故，故亦为今，此义相反而兼通者，事例在下。''在下'者，谓在下文'徂、在，存也'注。"我们往文后索查之，果见《释诂下》："徂、在，存也。"郭璞注："以徂为存，犹以乱为治，以曩为曏（shǎng），以故为今。此皆诂训，义有反覆旁通，美恶不嫌同名。"邢昺之疏则云："释曰：《郑风·出其东门》云：'匪我思且'，郑笺云：'非我思存也。'徂、且音义同，在训存者，常语也。上云：'徂，往也'，往则非存，故郭氏列类以晓人也。云'美恶不嫌同名'者，案，隐七年《公羊传》云：'贵贱不嫌同号，美恶不嫌同辞。'何休云：'若继体君亦称即位，继弑君亦称即位，皆有起文，美恶不嫌同辞。'是也。若此篇往也、死也，亦称徂，是恶也；存也，亦称徂，是美也。各首其义，故云'美恶不嫌同名'。"范按：郑樵《尔雅注》与郝懿行《尔雅义疏》皆以《诗经·郑风·出其东门》为例同意邢昺之注，而朱熹之《诗集传》、杨树达《词诠》以为"且"无"存"义。以邢、郑之学，或有古籍以证其说，朱、杨之说亦待考。

前引文中"以乱为治"，于先秦诗文中亦有见之，《离骚》结尾："乱曰……"，指全诗舒肆愤懑，极意陈词，或去或留，文采纷华，正所谓"纷总总其离合兮，斑陆离其上下”。至此，“乱曰”以下实总言之、统言之之意，亦“以乱为治”，发理词指，撮其总要也。读上古之文，尤应于此加意，稍一疏忽，词义正相反也。

人之亡，今日曰“死”，然《尔雅》所释略录如下：邢昺疏云：“《曲礼》曰：‘天子死曰崩，诸侯曰薨，大夫曰卒，士曰不禄，庶人曰死。’”则不分尊卑，如尧曰“徂落”，徂，往也，即今日口语“人已走矣”，“往落”，若草木之叶落也。

以上仅举例说明《释诂》的意义：“生今之世何由识古人语，此《释诂》所由作。”

## 释言第二

郑樵于《尔雅注序》中称：“五方语言不同，生于夷何由识华语？此《释言》所由作。”又邢昺于《尔雅·释言疏》中云：“释曰：《说文》曰：‘直言曰言。’仲尼曰：‘言以足志。’介子推曰：‘言，身之文也。’”（非纹身也，自身之文，则指发于此身言也——范批）古人有以一句为一言者，有以一字为一言者，要在《释言》所解决的问题，正是方言而已。扬雄《方言》云：“皆古今语也，初别国不相往来之言也。”邢昺疏云：“今或同，而旧书雅记，故俗语不失其方，而后人不知，故为之作释也。是曰《释言》。”邢昺重在释方言之义，而未一一实指其方。

扬雄虽西汉人，早邢昺千余年，然其著足补邢昺之不足。扬雄《輶轩使者绝代语释别国方言》，正昔年郭璞所谓“巡游万国，采览异言”者矣。

更上溯《方言》之所从来，西汉扬雄与刘歆来往书信，商研“别国不相往来之言”，原十五卷，今本十三卷。仿照《尔雅》体例，将古今各地方言中的同义词以聚合之，作一通释。大部注明通行地区或范围，此正《尔雅》所缺者也，因之其《释诂》与《释言》似无大别，而《輶轩使者绝代语释别国方言》则必标明地域或国名。如前文所述《诗经·周颂·武》“胜殷遏刘，耆定尔功”之“刘”字，《毛传》：“刘，杀；耆（zhǐ），致。”《诗经·周颂·武》并未涉方言。而于扬雄《方言》中则明确指出：“虔、刘、惨、㨆，杀也（今关西人呼打为㨆，音廪，或洛感反）。秦、晋、宋、卫之间谓杀曰刘，晋之北鄙亦曰刘。秦、晋之北鄙，燕之北郊，翟县之郊谓贼为虔（今上党潞县即古翟国）。晋、魏、河内之北谓㨆为残，楚谓之贪，南楚江湘之间谓之欺（言欺㨆难猒也）。”

《尔雅注疏》中所不见之字如“嫽”（liáo），“嫽”亦作“僚”，《尔雅》中亦不见，美好也。《文选·傅毅〈舞赋〉》：“貌嫽妙以妖蛊兮，红颜晔其扬华。”李善注引《毛传》曰：“嫽，好貌。”而于扬雄《别国方言》（以下《輶轩使者绝代语释别国方言》皆简称《别国方言》）

中则有“釥（错眇切）、嫽（洛天反），好也。青、徐、海岱之间曰釥，或谓之嫽（今通呼小姣洁喜好者为嫽釥）。好，凡通语也”。由此一例，《尔雅》虽万三千余字，以扬雄之意，《方言》所含者，非必为《尔雅》所有，后之真欲读通古典书帙者，必于《尔雅》《方言》《说文》诸著述中通驿互联，然后知《昭明文选》中《舞赋》词义，否则，即使通《尔雅》一部，亦不能畅达古籍之旨也。《尔雅》中无“嫽”与“僚”，而《诗经·陈风·月出》中有“月出皎兮，佼人僚兮，舒窈纠兮，劳心悄兮”。《尔雅》郭注邢疏因《尔雅》中无嫽（僚）字，皆通释为“好”义。明末清初经学家张尔岐云：“《月出》一篇用字多不可解，姑以意强释之。男女相悦，千痴百怪，诗可谓能言丽情矣。”（《蒿菴闲话》）朱熹《辨说》云：“此不得为刺诗。”意即此为一纯粹之爱情诗，不必强解为讽喻之诗。然独有不然者，《诗义折中》（乾隆御定，孙嘉淦等纂）、《诗古微》（魏源著），皆以佼人指斥陈灵公所淫其大夫陈御叔之妻夏姬，而以诗中“舒”字，指实为夏姬所生之子夏徵舒（夏南），牵强附会如此，亦可谓腐儒矣。

所以举以上一例者，仅为陈明一种观点：《尔雅》于诗，先秦典籍亦不能万无一失，而后之来者，对《诗经》一首《月出》即有种种解释，“诗无达诂”一以知诗之涵容广大，不宜一言以蔽；一以读诗本是读者自家事，鲁迅所谓：“看人生因作者而不同，看作品因读者而不同”，是为睿识。

## 释训第三

邢昺疏云：“此篇以物之事、义、形貌告道人也，故曰‘释训’。案此所释，多释《诗》文，故郭氏即以《诗》义解之。”南宋郑樵又云：“物有可以理难言者，以理言之，有不可以理言，但喻其形容而已。形容不可明，故借言之利以为证，此《释训》所由作。”这段话的意思是“释训”在文字上的作用，乃指苟物之事、义、形，有以理喻不足明者，然以形容喻之则足以明，如李清照之《声声慢》“寻寻觅觅，冷冷清清，凄凄惨惨戚戚”理何在哉？而其孤寂苦寒之状貌，宛然纸上；“梧桐更兼细雨，到黄昏点点滴滴”，“点点滴滴”理何在哉？然其难煎难熬之情，隐然句外，此郑樵所谓“但喻其形容而已”，“借言之利以为证”也。

中国文字于叠字（同样一字叠而重之）之为用大矣。崔颢“晴川历历汉阳树，芳草萋萋鹦鹉洲”，此处“历历”“萋萋”真所谓借言喻形，生动、蕴藉，非言理可达者矣。《尔雅·释训》中所引叠字凡百数，且多为《诗经》之用字，所以这一篇是读《诗经》不可或缺的经典文章。如《诗经·卫风·淇奥》：“如切如磋，如琢如磨……有匪君子，终不可谖兮（道盛德至，善民之不能忘也）。”

此处用四“如”字，以言君子之修为如切磋象骨以成器，以喻人须学问以成德，顺从规谏以自修。这首诗是足以流芳百世、以昭千秋的杰构。

叠字于《诗经》中之所以常用，诗之节奏感所需也。今举例如下：惴惴，《诗经·秦风·黄鸟》：“惴惴其栗”（言危惧也）；肃肃，《诗经·大雅·思齐》：“肃肃在庙”（言恭敬也）；穆穆，《诗经·周颂·雝》：“天子穆穆”（言谨敬也）；斤斤，《诗经·周颂·执竞》：“斤斤其明”（言明察也）；兢兢业业，《诗经·大雅·召旻》：“兢兢业业”（言危惧也）；矫矫，《诗经·鲁颂·泮水》：“矫矫虎臣”（言壮勇也）；烈烈，《诗经·小雅·黍苗》：“烈烈征师”（言严猛也）；薨薨，《诗经·周南·螽斯》：“螽斯羽，薨薨兮”（言众多也）；委委，《诗经·鄘风·君子偕老》：“委委佗佗”（言美貌也）；镳镳，《诗经·卫风·硕人》：“朱幩镳镳”（言盛饰也）；迟迟，《诗经·豳风·七月》：“春日迟迟”（言安徐也）；赫赫，《诗经·大雅·常武》：“赫赫明明”（言盛疾也）；跻跻，《诗经·大雅·板》：“小子跻跻”（小人得志也）；邈邈，《诗经·大雅·抑》：“听我邈邈”（邈邈同藐藐，烦闷也）；居居，《诗经·唐风·羔裘》：“自我人居居”（相憎恶也）；忉忉，《诗经·桧风·羔裘》：“劳心忉忉”（心忧也）；峨峨，《诗经·大雅·棫朴》：“奉璋峨峨”（盛壮也）；子子孙孙，《诗经·小雅·楚茨》：“子子孙孙”（世世昌盛也）；嘤嘤，《诗经·小雅·伐木》："鸟鸣嘤嘤"（鸟鸣以和也）；燕燕，《诗经·小雅·北山》："或燕燕居息"（优闲也）；谑谑，《诗经·大雅·板》："无然谑谑"（乐祸助虐也）；秩秩，《诗经·大雅·假乐》："德音秩秩"（德音也）。以上二十二例今人亦往往用之，皆有形容生动之致，有不可言尽之理在焉。

亦犹如《释诂》郭璞注之"贵贱不嫌同号、美恶不嫌同名"者，即字面相反，义则相同者，如邢昺疏："勿念，勿忘也。"亦有仅为解释一个字，而不似《释诂》中多字一义者，如"美女为媛"，"美士为彦"，"之子者，是子也"，"婆娑，舞也"，"鬼之为言归也"（人死为鬼，若归去然，古者谓死人为归人）。

与《释诂》不同者，非多字一义，一字一义也；与《释言》不同者，与方言无涉也。然《释诂》《释言》《释训》，皆以明文字之形、音、义，其致并无根本之龃龉，唯侧重之不同耳。

## 释亲第四

《释亲第四》，无所谓考证，世所公称者耳，于《尔雅》之中亦仅聊备以查而已，更无微言大义在，今仅举父系为例开列于次：

高祖王父之姐妹为高祖王姑；

曾祖王父之姐妹为曾祖王姑；

曾祖王父之考为高祖王父；

曾祖王父之妣为高祖王母；

王父之考为曾祖王父；

王父之妣为曾祖王母；

王父之姐妹为王姑；

王父为祖父；

父之从父晜（音昆）为从祖父；

父之从父姐妹为从祖姑；

父之从祖姐妹为族祖姑；

父之从父兄弟之母为从祖王母；

父之从祖兄弟之母为族祖王母；

父之兄妻为世母；

父之弟妻为叔母；

父之从父兄弟之妻为从祖母；

父之从祖母兄弟之妻为族祖母；

父之从祖祖父为族曾王父；

父之从祖祖母为族曾王母；

父之妾为庶母；

祖，王父也；

晜（音昆），兄也；

王母为祖母；

父之世父、叔父为从祖祖父；

父之世母、叔母为从祖祖母；

父为考；

母为妣；

父之兄弟先生为世父；

父之兄弟后生为叔父；

父之姐妹为姑；

父之从祖兄弟为族父，其子相谓为族兄弟；

族兄弟之子相谓亲同姓；

先生为兄（指男）；

后生为弟（指男）；

兄之子、弟之子相谓为从父兄弟；

先生为姐（指女）；

后生为妹（指女）。

以上所列表仅父系上溯者，已繁缛如此，足证古人于家族世系序列之精细及称谓之苛严，开列之表仅上溯四世，即自父、祖父、曾祖父、高祖父，连同男自身共五世耳。

以下所开列者为男之后世，为便于阅读计，亦排比如下：

子；

子之子为孙；

孙之子为曾孙；

曾孙之子为玄孙；

玄孙之子为来孙；

来孙之子为晜孙（晜，在此作“后”解，与前之“从父晜”之“晜”，字同而义殊）；

晜孙之子为仍孙；

仍孙之子为云孙。

于今之世，自子以下称下延四世，至玄孙可矣，来孙、晜孙、仍孙、云孙，则可称下嗣五、六、七、八世孙，正不必泥古也。邢昺之疏中，有一处，对《礼记》之释有异议，云《礼记》曰，生曰“父、母、妻”，死曰“考、妣、嫔”者，邢昺以为此乃“一家之说尔，学者胶柱，遂为生死定称，非也”。并举《尚书·康诰》之文云：“大伤厥考心”，考为生者，方可伤心；举《尚书·酒诰》之文云：“聪听祖考之彝训”，此言祖考犹健在，故能对后人训之；《尚书·舜典》之文云：“如丧考妣”，考妣健在，故称“如丧”，设考妣已死，何称“如丧”？以上三部经典，皆以生称考妣也。

《释亲第四》中犹有母系之称谓系列，以其词今已所用甚少，其重要性在远古之世似亦不如父系，兹从略。读《尔雅》重在训、诂，而不重于此，读者深宜知之。

## 释宫第五

此章所述，最称琐杂，而其名号皆循周初之制。然则制随时移，则未见述其演化，除宫室而外，兼及道路、行走诸词，于今亦所用极少，或早非旧义。姑且留此一节，勿使《尔雅》结构有损也。

今略举其当注意处，以免徒枉费神。“宫谓之室，室谓之宫”，郭璞以为“同实而两名”。邢昺进一步谓：“古者贵贱所居皆得称宫……至秦汉以来，乃定为至尊所居之称。”

《尔雅》所述屋宇，大体为周制，夏、殷杳远，恐无此复杂，而其名于今亦毫无意义。如“牖（yǒu）户之间，谓之扆（yǐ），其内谓之家。东西墙谓之序，西南隅谓之奥，西北隅谓之屋漏，东北隅谓之宧（yí），东南隅谓之窔（yào）”。然，东汉至三国之大儒郑玄、孙炎已然模糊，邢昺评其对“屋漏”之解释，谓“郭云‘其义未详’者，以孙、郑之说皆无所据，故不取也”（即孙炎望文而杜撰其义曰：“屋漏者，当室之白日，光所漏入。”足见时称东州大儒孙炎者，亦有疏漏处，更无论其他矣）。以此，下边仅举其确切者以论。

一般屋宇今犹日用者，如“枢，枢者门扉，开阖之所由也”。墙谓之墉；阇谓之台；有木者谓之榭；埘，鸡栖于穿墙也，见《诗经·王风·君子于役》；连谓之簃（yí），指楼边小屋，近人自谦其居不大，如徐世昌自称其书房为“晚晴簃”；观谓之阙，邢昺于疏中引刘熙《释名》云：“阙在两旁，中央阙然为道也。”因忆少年时供职中国历史博物馆，所分配余之住房正端门内、午门前之西阙门偏南一室，时已破败，“算只有殷勤，画檐蛛网，尽日惹飞絮”矣。南北两室，中间确是阙然过道。

至于人之路行，古人亦分之详矣，《释训》云：“室中谓之时，堂上谓之行，堂下谓之步，门外谓之趋，中庭谓之走，大路谓之奔。”除“时”字今已不用，其他亦皆用于人与动物之走，然其义已非畴昔矣，即使先秦之文人恐亦参差用之，非为定则。如屈原《离骚》：“步余马于兰皋兮，驰椒丘且焉止息”，非指堂下也；“忽奔走以前后兮，及前王之踵武”，非唯指大路也，亦言其急追之速也。按图索骥，骥或可得；而按字索句，恐其义多乖。《尔雅》或其后注疏笺解，皆为提供一种或多种解释，而中国文字所特有的丰富性，正如严羽所谓“字字古人所有，句句古人所无”（《沧浪诗话》），正极言字于句中排列组合之地位不同，则其境界、意味顿殊，切不可胶柱鼓瑟，刻舟求剑也。

《释训》云：“室有东西厢曰庙，无东西厢有室曰寝，无室曰榭，四方而高曰台，狭而修曲曰楼。”此皆周制，所维系之时间至晚为战国，且也诸侯纷争，各有标榜，正不必依周制造屋，历史有其名，彼时或有其专用，知之可矣。

## 释器第六

《说文解字》有“㗊”字，小篆㗊，众口也；而“器”小篆为器，《说文·皿部》曰：“皿，饭食之用器也。”（《传世藏书·语言文字》第106页）然则皿专谓食器，器乃凡器统称。唐陆德明曾论“器”“械”两字，谓“有所盛曰器，无所盛曰械”。原始先民最初之造器，大体为饮水、食物、储粮之用，是为众人口之所需物也，犬所以守之。可见属于新石器时代，私有财产渐渐有之，不过陶罐、陶盆之类，亦须有犬守之矣。故“器”字为会意字。此段玉裁之说，足可信也。

其中提及“豆”“缶”，豆为礼器，而制豆之材料和图像则有分教：“中大夫以上画以云气，诸侯以象，天子以玉。”而民间作为祭祀、享燕所用者，“豆实四升，用存菹醢”，屈原之《离骚》有“后辛之菹醢兮，殷宗用之不长”。而据王逸《楚辞章句》谓“藏菜谓菹，肉酱曰醢”，以我之意，“后辛”两句指商纣王残忍暴戾，菹醢非谓其藏菜与肉酱，而指对忠良之残害杀戮以为肉酱状也。与后边“不量凿而正枘兮，固前修以菹醢”是同样写忠良不度君之贤愚，竭其忠信，反被罪过而身殆也。缶，盆也。邢昺引《诗经·陈风·宛丘》云“坎其击缶”，则缶是乐器。邢昺又举《易·离卦》：“九三：日昃之离，不鼓缶而歌，则大耋之嗟。”《史记·廉颇蔺相如列传》：“蔺相如使秦王击缶”，缶是乐器无疑也。庄子妻殁，彼则鼓盆而歌，非击缶也。此庄子之潇洒，缶可击，独盆不可击乎？当然，缶也可以为盛水、盛酒、汲水之器。

犹有一词：緵（zòng），罟网，细密之鱼网也。又云：鸟罟谓之罗，兔罟谓之罝（jū），麋罟谓之罞（máo），彘（zhì）罟谓之羉（luán），用捕野猪也，鱼罟谓之罛（gū），大网也。以捕鸟、兔、猪，皆以一只为目标，不须大张罗网也。鱼则不然，其于游也，如过河之鲫，成群结伙，故网须大而所捕获多也。

又彝、卣、罍（léi）三者皆为酒器，彝则分鸡彝、鸟彝、斝彝、黄彝、虎彝、蜼彝，盖以形状名之也。邢昺疏云：“孙炎云‘尊，彝为上，罍为下，卣居中’……罍者，尊之大者也。”因此，尊、彝、罍、卣，形制大小有别，非使用者之地位有殊也。

鼎绝大谓之鼐，近代研究青铜之学者有郭鼎堂（郭沫若）、夏鼐者，其于青铜之情感可谓深矣。若论青铜器一项，《尔雅》所载，亦仅择其要者，《尔雅》之众多作者所见之商、周青铜器，绝不只十数事。仅就本人所知，如爵、盉（hé）、觚（gū）、簋（guǐ）、甗（yǎn）、壶、瓿（bù）、觥（gōng）、觯（zhì）、罐、釜、瓿、盘、俎、角、盂、簠（fǔ）、禁、敦、匜、鉴、樽、镐、于、虎子、杯、鍪等等，或为酒器，或为贮器，或为冥器，或为饰物，不一而足。所有此等器物，皆殷、周所常见，《尔雅》之所以不载者，因《尔雅》毕竟不是万物皆备，凡所载者是作者举例，故不能责其不全也。又如青铜之兵器（陆德明所谓“无所盛者，械也”），若戈、钺、刀、剑、匕、矛、斧、戟，乐器若铙、编钟等等，不在陆德明所论器之范围，更不须于此节苛求。《尔雅》中所提之青铜器有甑者，《方言》云“甑，自关而东或谓之‘甗’”，见前文以为所缺之“甗”，实因方言之不同，故《尔雅》未之录也。

至于制造不同质之器物，所用字亦异，《尔雅》云：“象谓之鹄（hú），角谓之觷（xué），犀谓之剒（cuò），木谓之剫（duó），玉谓之雕。金谓之镂（lòu），木谓之刻（上边之‘剫’，砍木也，下边之‘刻’，制作也），骨谓之切，象谓之磋（此处与前‘象谓之鹄’之不同，窃以为‘鹄’乃细工，使色如鹄之白；而‘磋’乃粗工，使成器形也），玉谓之琢，石谓之磨。”邢昺皆有详疏于注后，如举《论语·学而》郑注：“切磋琢磨，以成宝器”，是极言孔子对君子修为之重视，一如造就宝器之琢造磨砺也。

此节中有“黄金谓之瑬（dàng），其美者谓之镠（liú）。

白金谓之银，其美者谓之镣（liáo）”。此处两点当引起兴趣：一、上古之世，恐尚未见今之白金，今之白金较黄金为昂，古之银（白金）固较黄金为廉。二、又此“镣”字，不免想起上数节之“月出皎兮，佼人僚兮”，皆言美也，忆昔于长安参加社教运动，其地土语称美皆“僚”（亦嫽）。方言历三千年而不变，足见中国文字语言音读之稳定性，读扬雄之《方言》，此类例证极多，往往为之感喟久之。

## 释乐第七

《释乐》一篇于《尔雅》中最短，郑樵一言概之曰：“乐器命名亦异”，仅略述乐器之名。

然而《尔雅注》于中国所论五音宫、商、角、徵、羽之所从来述焉不详，称“皆五音之别名，其义未详”。所幸邢昺略考其事，引汉人之说而有疏焉，即郑玄所说亦甚略，似彼时《乐经》已亡佚，即解释一“宫”字，案孙叔然（前文所提三国时魏经学家孙炎）云：“宫浊而迟，故曰重也。”（《尔雅》称：“宫谓之重。”）邢昺以为“孙氏虽有此说，更无经据，故不取也”。所以“宫”字以下：“商谓之敏，角谓之经，徵谓之迭，羽谓之抑。”邢昺云：“未见义所出也”，当然也在“更无经据”之列，然今之人皆知声音之由洪大嘹亮而至幽微细小之排列为宫、商、角、徵、羽，如此而已。

文中所列举古代之乐器瑟、琴、鼓、磬、笙、篪（chí）、埙（xūn）、大钟、大萧、大管、大籥（yuè）皆有别名，兹不赘。

而于奏乐或歌唱中专有之词，如“步”，今之诗人读古人或近人之诗而赏之，复感其声韵佳美入耳，则不觉技痒，曰步某某诗用原韵。而“和乐”则又另有释之，邢昺疏云：“八音克谐，无相夺伦，谓之和乐。乐和则应节。《乐记》云：‘治世之音安以乐，其政和。’”这是乐为礼辅亦所谓礼乐相佐，这便是一种太平盛世的景象。

## 释天第八

《释天》一篇虽于《尔雅》中字数不多，然所涉及凡十二类，其中四时，仅言“天”于春、夏、秋、冬之名称。谓：“春为苍天，夏为昊（hào）天，秋为旻（mín）天，冬为上天。”其实皆可为天之代称，并无绝对之界限。亦有尊称其为“皇天”者，如《离骚》：“皇天无私阿兮，览民德焉错辅。”远古先民皆以“天”为至高无上，《说文·一部》：“天，颠也。至高无上，从一、大。”《说文》段注云：“至高无上，是其大无有二也，故从一、大，于六书为会意，凡会意合二字以成语。”先外祖父缪篆于《老子古微》中释“大”字，以为“一”指天，而加上负阴抱阳之人则成“大”（缪子才《老子古微》，国立中山大学文学院印，中华民国二十六年出版）。《老子》书云："有物混成，先天地生，寂兮寥兮，独立而不改，周行而不殆，可以为天下母。吾不知其名，字之曰道，强名之曰大。"盖字，赞其名也，如三国张飞，名飞，字翼德。其意指"大"字亦即是无可穷极之"道"。强名之曰"大"。强者，实指人之认识本无能力名之也。"人法地，地法天，天法道，道法自然"，此处，人、地、天是目所能见者；而道、自然则目所不能见者。《礼记》云："大道之行也，天下为公。"指循道以行，则"天下为公"的盛世方会来到人间。天之下为人间，而天之上则为道，道之上更有"自然"。以我的解释："自然者，自在而已然之存在也。"自在，言其无处不恰如其分，这是无始无终的至大无二的存在，是为一。一与人合，是为"大"，"大"即"道"之名，道上加一，则为天，这其中所包含的哲理可谓交错而不紊，奥繁而显易。

天—道—自然，笼罩着自然万物、社会人生。孔子曰："人能弘道，非道弘人。"（《论语·卫灵公第十五》）意指人类是可以依循天所垂象，依之弘扬；而"天"则其大无涯，其所具之伟力唯展示"道"而已，不能必使人弘扬之。这是孔子对认识主体——"人"的潜力的无限信赖。天是无所不知的，但不是无所不能的，"能"还得凭借人类自身。这就是在天人关系上，中国所固有的无穷智慧。许慎所注"天，颠也"，巅顶之意，极言天之高不可攀，微予人类，自当仰瞻烟霞，伏唯再拜，然后努力行事，庶可弘道。

夏、商、周皆重祭祀鬼神，彼时虽无实际意义上的宗教，而来自原始社会人类对天地、节候、生命之神秘敬仰，遂有种种的祭奠。类别之繁杂，不可胜数。《十三经》中《礼记》《周礼》《仪礼》，皆是引述其有关这方面的活动内容，包括仪式、服饰、司职等等，如《尔雅·释天》中，郭璞、邢昺所引用之古籍即有《周礼》《仪礼》《礼记》《诗经》《论语》《公羊传》《谷梁传》等等。随手择其一项如祭马，因马为农耕、战伐所必备，则《诗经·小雅·吉日》有“既伯既祷”，邢昺则引《毛传》：“伯，马祖也。重物慎微，将用马力，必先为之祷其祖。祷，祷获也。”而郭璞注云：“伯，祭马祖也。将用马力，必先祭其先。”邢昺疏之云：“知伯是祭马祖者，为马而祭，故知马祖谓之伯者，伯，长也，马祖始是长也。”考据之周详，固令人敬佩。

祭祀之名，古亦区别甚严甚谨甚细：春祭曰祠，夏祭曰礿（yào 或 yuè），秋祭曰尝，冬祭曰蒸。

由于朝代更替，殷改夏制，周改殷制是必然发生的事情，否则不足以显新桃换旧符之气象，其中本无大义宏旨，后之学者，皓首穷经于此，不亦迂阔甚矣！另如田猎一项，《尔雅》则于季节区别命名：“春猎为蒐（sōu），夏猎为苗，秋猎为狝（xiǎn），冬猎为狩。”《谷梁传》

则有所改动曰："春曰田，夏曰苗，秋曰蒐，冬曰狩。"东汉郑玄解一"苗"字："言择取不孕任（妊）者，若治苗去不秀实者。"三国孙炎亦仍其说。邢昺对此类解释，颇为不满，余甚以为然，尤其对《谷梁传》《白虎通义》之释，称之为："微言既绝，曲辨妄生。"击中要害之评如："案苗非怀任（妊）之名，何云'择去怀任'？"范曾评曰，邢昺之说是也。田猎之时，兽奔于前，猎随于后，发射之际，瞬息万变，何能辨其孕与不孕？夏猎为"苗"，邢昺之意，夏猎所取无多，为苗除害耳。邢昺又云：秋兽尽皆不瘦，何云"蒐索取肥"，以为"虽为通义（指《白虎通义》），义不通也"。

至于此章中讲武、旌旂，述焉极简，与祭祀同样是附录文末者。疏曰：祭名、讲武、旌旂，俱非天类，而亦在此者，以皆王者大事，又祭名则天曰燔柴。（"燔柴"，于《周礼·大宗伯》中有"以禋祀祀昊天上帝"，郭璞云："既祭，积薪烧之"；郑玄云："禋之言烟"，而且周人对气味有特别之敏感，于燔烧时，积柴之上更加以牲体玉帛，使烟气直迫云天，古人之迷信若此，亦足征其既诚且愚也。——范批）讲武则类于上帝，旌旗则日月为常，他篇不可摄，故系之《释天》也。

邢昺《尔雅疏》释天中列举"天"之六解，六解者非关天体之科学运行，大体远古之冥想玄思，仅略作介绍如下：一曰"盖天"，文见《周髀》，如盖在上；二曰“浑天”，形如弹丸，地在其中，天包其外，犹如鸡卵白之绕黄。扬雄、桓谭、张衡、蔡邕、陆绩、王肃、郑玄之徒，并所依用；三曰“宣夜”，此称出于殷，不详所指；四曰“昕天”，昕读为轩，吴时姚信所说，以为天北高而南下若车轩然，亦属强为解人耳；五曰“穹天”，仅称有“穹隆在上”，非其名亦不知其名也，亦如俗言“上有天”耳；六曰“安天”，晋时虞喜所论，郑玄注《考灵耀》：“天者纯阳，清明无形，圣人则之。”指出“天”本无形体，可称大虚，诸星运转之处所是为天也。所有这种种名称和解释都是东方式的感悟思维，与近代之天文学大异其旨。

其更有“地则中央正平，天则北高南下”之说，北极南极之说、地之升降说、星辰随地升降说、二十八宿之考等，大体出于郑玄所注之《考灵耀》及《周髀》文，繁缛而荒诞，殊不足观。而邢昺亦觉“先儒因自然遂以人事为义，或据理是实，或构虚不经”，其所感受亦与吾相同。

《尔雅》于释天所作的贡献是提出了“太岁”一词，直至18世纪王引之《经义述闻》出，“太岁”一词的意义才真正彰明于世。

“太岁”一词是因先有“岁星”出于前，殷人为记日方便，以十天干为岁阳（岁星）、十二地支为岁阴（太岁）相配，十天干者：甲、乙、丙、丁、戊、己、庚、辛、壬、癸也；十二地支者：子、丑、寅、卯、辰、巳、午、未、申、酉、戌、亥也。郭沫若先生于《释支干》中所云：十天干纯属十进位基说记数法的观念衍化，其中多半是殷人所创制，大抵其文其事皆出自然发生，而无丝毫神秘及外来之痕迹。此说是也。然而于十二地支，郭老则幻化出“外来之痕迹”说，以为中国地支十二源于巴比伦的黄道十二宫，而创十二生肖，汉武帝通西域之时来到中土。然而我们在《甲骨文合编》中看到编号为37986的卜骨，殷人以60天为一周期，用作纪日，兹后，殷人继续利用这60之数为一周期以纪年，这就是干支纪年的发轫。天干纪年在前，干支纪年在后，而以十二地支以与人之生年相合，则是更后的事。郭老之地支十二西来说至此败绩。

天干与地支的原始岁阳和岁名（岁阴），岁阳以记十天干，而岁名则记十二地支。远古先民仰观星辰，见一星焉，十二年一周，这就是今人天文学上的“木星”，遂用以纪年，木星右行于天，岁行三十又十六分之七度，人类为了应和其轮行一周为十二年，虚拟了左行在地的太岁星，至此，十二年一周的岁星纪年，转化为六十年一轮回的干支纪年，这种纪年殷末周初已然普及，而我们民族引以为荣的最早准确纪年为公元前841年即共和元年庚申。

南宋渊博的学者洪迈（1123—1202）在《容斋随笔》中则有如下之说：“岁阳、岁名之说，始于《尔雅》。”《尔雅·释天》云：“太岁在甲曰阏逢，在乙曰旃蒙，在丙曰柔兆，在丁曰强圉，在戊曰著雍，在己曰屠维，在庚曰上章，在辛曰重光，在壬曰玄黓，在癸曰昭阳。谓之岁阳（范按：即指木星—岁星“右行于天”的十个称谓）。大岁在寅曰摄提格，在卯曰单阏，在辰曰执徐，在巳曰大荒落，在午曰敦牂，在未曰协洽，在申曰涒滩，在酉曰作噩，在戌曰阉茂，在亥曰大渊献，在子曰困敦，在丑曰赤奋若。”谓之岁名（范按：即指人类虚拟之太岁星“左行在地”的十二个称谓）。以我之见，今人所惯用的“岁在”二字，是包含着岁阳之“岁”（天干）和岁名之“岁”（地支）这双重意义的。

因了这名称的奇谲不测，加上后来的使用者如司马迁之《史记·历书》，又有种种的变异，如“阏逢”为“焉逢”（范批：《史记·历书》载：“太初元年，岁名‘焉逢’”；《汉书》又载作“阏逢”。下述名称之变异，皆类此），“旃蒙”为“端蒙”，“柔兆”为“游兆”，“强圉”为“强梧”，“著雍”为“徒雍”，“屠维”为“祝犁”，“上章”为“商横”，“重光”为“昭阳”，“玄黓”为“横艾”，“昭阳”为“尚章”，“大荒落”为“大芒骆”，“协洽”为“汁洽”，“涒滩”乃为“汭汉”，“作噩”为“作鄂”，“阉茂”为“淹茂”，“大渊献”“困敦”更互，“赤奋若”为“赤夺若”，由于和上文所开列之名称有的音近而司马迁似有所意蕴寄托，因之，译方言之音的可能性是存在的。以洪迈之博闻强记，大感一头雾水，乃有“此盖年祀久远，传写为讹，不必深辨”之喟叹，并斥之为“强解事者所作”，非无由也。

由于近人与古代语言之阻隔，误以太岁即木星，又误以为太岁非太阴，实是不知道“岁在”二字中的“岁”字，代表着“岁阳”和“岁名”两词，即天地俱在其中，这是本人纵览古今诸家之说后的结论，并不迁就辞书之解释（如1999年上海辞书出版社之《辞海》第2050页“太岁”条之解释即大错），也许，本文所陈是迄今关于干支纪年的一个最通达的讲法［以上各节摘自本人《天干地支的迷雾》，《北京大学学报》（哲学社会科学版），2009（5）］。

《尔雅》有云：春为苍天，夏为昊天，秋为旻天，冬为上天。郭璞之注：春，万物苍苍然生；夏，言气皓旰；秋，愍万物凋落；冬，言时无事，在上临下而已。王先谦于《释名疏证补》所疏春、夏、秋与郭璞大体相同，唯于“冬”则释疏为：“冬曰上天，其气上腾与地绝也，故‘月令’曰：‘天气上腾，地气下降’”，中国古代天文学感悟多于理性，但觉言之有理，亦且有趣，未必如近代西方天文学之精审也。

## 释地第九

邢昺疏云：“此篇释地之所载四方，中国州、府、陵、薮之异，故曰释地。”《说文》云：“元气初分，轻清阳为天，重浊阴为地，万物所陈列也。”

盖欲释地，必从九州论起，《尚书·禹贡》，《夏书》之首篇也。自大禹治水谈起，谓：“禹敷土，随山刊木，奠高山大川。”此处之高山指五岳，而大川指四渎。

《禹贡》九州大体指今之长江、黄河所经之地域，河北称冀，河南称豫，晋、陕称雍，江苏称徐，浙江称扬，湖北、湖南称荆，四川称梁，山东称兖、青。这不过是一个大体的位置，大禹治水的范围便囊括上述所有地区，西自三危山、弱水，东至大海，北起冀州而下至于荆州。《尚书正义》（唐孔颖达）之疏：“条说所治之山，言其首尾相及也。……条说所治之水，言其发源注海也。”又传“禹制九州贡法”，九州之设的目的是赋与贡，这是十分现实的经济利益问题，所谓“水土既平，贡赋得常之事也”。

大禹治水，历史上定有此事无疑，而后之描述不免神奇化。《孟子》曰，“禹三过门不入”，吾犹信之，所谓舍一己家室之业而赴公家之难也，这是大禹治水成功的意志力。然则尧、舜、禹之时，处于部落联盟之社会发展阶段，生产力之低下是可以想见的，生产力的标志之一，是生产工具，我们有幸看到一幅汉代画像石刻，大禹手执一木石工具，作扬手指挥状，想彼时纵使万众一心，亦很难将如此广漠土地从导西北之弱水而导洛以注海。当时没有推土机，没有起重机，没有水利学，而将大禹神化“定其高山大川”。《尚书正义》云：“《礼》定器于地，通名为‘奠’，是‘奠’为定也。山之高者，莫高于岳；川之大者，莫大于渎；故言‘高山、五岳’，谓嵩、岱、衡、华、恒也；‘大川、四渎’，谓江、河、淮、济也。”《尚书正义》又谓《王制》所云“五岳视三公，四渎视诸侯，其余视伯子男”。天下之大山大河被大禹制服后，皆封以西周始见之封，称公、侯伯、子、男矣。论述无稽、时代错乱，苟以此为信史，则正如孟子称“尽信书不如无书（指《书经》，即《尚书》）”矣。即以现代而言，倾一国之力，为实现“一定要把黄河的事情办好”，“一定要把淮河治好”，“我们一定要根治海河”的伟大目标，已然半个世纪过去，水患日亟，非无大禹也，人定胜天应该作为我们自勉的目标，而断不能以为四千年前之大禹即可胜天，而今不如昔。神话毕竟是神话，口号也只能视为决心，对自然，我们过分夸大人类的征服力，绝对会成为笑话。

至于巨浸大泽，《尔雅》则云：鲁有大野（《地理志》云大野泽在山阳巨野县北），晋有大陆（今巨鹿北），秦有杨陓（今扶风汧县之西），宋有孟诸（今睢阳县东北），楚有云梦（《左传》载楚子与郑伯田有江南之艳梦，司马相如亦有《子虚赋》云：“云梦者，方九百里。”），吴越之间有具区（今吴县南太湖，即震泽是也），齐有海隅（海滨之广称耳），燕有昭余祁（今太原邬陵县北丸泽是也），郑有圃田（今荥阳中牟县西圃田泽），周有焦护（今扶风池阳县瓠中是也）。读者请注意，以上所述地名及释、疏，所谓“今”者，南宋邢昺时也，非指今犹然在，除“大野”“云梦”二词遗存至今，而词义亦非畴昔矣，所以不厌其繁罗列者，读者知古人治学之恭谨也。

我们十分有趣地看到，在此节之中，谈天下珍奇之所出：“东南之美者，有会稽之竹箭焉。南方之美者，有梁山之犀象焉。西南之美者，有华山之金石焉。西方之美者，有霍山之多珠玉焉。西北之美者，有昆仑虚之璆琳琅玕焉。北方之美者，有幽都之筋角焉。东北之美者，有斥山之文皮焉。”以上释八方名山所产珍奇也，今亦略有相似者，如昆仑之玉，大概即今市场视为奇珍之和田玉也。

《尔雅》有词至今亦葆美妙者云：“东方有比目鱼焉，不比不行，其名曰鲽。南方有比翼鸟焉，不比不飞，其名曰鹣鹣。”本至此可矣，而《尔雅》不神乎其说，不足显其奥深不测，则狗尾续貂之文出焉：“北方有比肩民焉，迭食而迭望。”郭璞注云：“此即半体之人，各有一鼻、一孔、一臂、一脚，亦犹鱼鸟之相合，更望备惊急。”“中有枳首蛇焉。”郭璞又注云：“岐头蛇也。或曰：今江东呼两头蛇。为越王约发，亦名弩弦。”邢昺大有更异其说的愿望，乃捧出《山海经》之说，谓鹣鹣又名蛮蛮：“似凫，青赤色，一翼一目，相得乃飞”，正所谓以蛮荒之臆言而入经典矣。《尔雅》于地名之称谓，则尚有意义："邑外谓之郊，郊外谓之牧，牧外谓之野，野外谓之林，林外谓之坰。下湿曰隰，大野曰平，广平曰原，高平曰陆，大陆曰阜，大阜曰陵，大陵曰阿。可食者曰原（与前原但论地形不同，可植物以食之地也），陂者曰阪（陂陀不平之地也），下者曰隰（《公羊传》曰：'下平曰隰'，与前'隰'不同者，此处言其平，彼处言其湿而不燥耳）。"

另外，此节所论四方极远之国，四方昏荒之国，皆为一时一说，不足为典据。又九夷、八狄、七戎、六蛮，谓之四海等等，亦某家之说非为定论，故亦不传。邢昺之疏则笃笃其言，而所据又多为《山海东荒经》《山海西荒经》（战国时所著传，有风物亦有神话）、《穆天子传》（晋时发现之先秦古本《汲冢书》之一，写周穆王西游故事。可视为小说之雏形），此皆陶潜于乡居作闲书与邻翁奇文共赏、疑义相析者，不可信以为真，文至此可煞之矣。

## 释丘第十

邢昺疏云："此下云非人为之丘。然则土有自然而高，小于陵者名丘也。其体虽一，其名则多。或近道途，或因水泽，所如则陵亩各异，其重（chóng）则再三不同，通见《诗》《书》。此篇具释，故名《释丘》。"是则邢昺已有感于其繁缛再三，然典籍有之则必须详为之记载也。

“丘”，重之为“敦丘”。(《诗经·卫风·氓》：“送子涉淇，至于顿丘。”顿即敦)再重之为“陶丘”(见于《尚书·禹贡》)。三重之为融丘(古籍无此称)，四重之为昆仑丘，昆仑丘即昆仑山。丘、山、最高之山，混杂至极。以高度论，昆仑山为最，然后山，然后陵，然后丘。屈原：“忽反顾以流涕兮，哀高丘之无女。”指屈原远游，尚未至昆仑，于阆风山上，哀叹时代之无人(贤良)，阆风山不高，故可下望人寰而有此感。中国古文字之复杂以至混沌，后之来者幸勿过分相信其仅此一解，《尔雅》对古籍诚惶诚恐，唯注疏者尚有发异见者，能申申其詈之文尚不多见，南宋郑樵约略似之。

又举一例：“水潦所止，泥丘。”邢昺释曰：“丘形顶上污下，雨水停止而成泥泞者，名泥丘。”此则今之所谓泥石流也。

逦迤，今指绵延，而《尔雅》则称“沙丘”，然细思之，沙丘之蜿蜒绵长亦有逦迤(今释)意象，吾随感而发，不必古人作如此想。

释丘之名，亦至少二十数，今所可用者三二耳。《尔雅》又云：“天下有名丘五，三在河南，其二在河北”，郭璞疑之曰：“说者多以州黎、宛、营为河南，潜、敦为河北者。案，此方称天下之名丘，恐此诸丘碌碌，未足用当之。殆自别更有魁梧杰大者五，但未详其名号、今之所在耳。”意思是说者五大名丘，滥竽充数，根本不可能是这些名不载经传者，至于伟者何名、何在，郭璞亦不知之也。邢昺很赞同郭璞的说法：“此郭氏破先儒说天下名丘未当也。……近自更有魁梧然桀大者五，但名号所在，今所未详知也。”

## 释山第十一

郑樵云：“九州之远、山川丘陵之异何由历？此《释地》《释丘》《释山》《释水》所由作。”于《释地》一节中论及大禹治水之后，定其高山大川，甚至于《尚书正义》有封五岳四渎之奇闻，今姑作古人趣谈，幸勿以为确凿，四千年前亦决无此事，孔安国（汉）、孔颖达（唐）之注疏，欲详而备，至无稽谬说亦或载录，聊备一格则可，要非史籍之宜。

至于《释山》中五岳者所谓河南华、河西岳、河东岱、河北恒、江南衡，此《尔雅》之历代笺注中，早经否定。《周礼·职方氏》、郑玄注、《禹贡》所云歧见迭出，兹不一一，今一依《尚书正义》之说（见前）：“‘高山，五岳’，谓嵩、岱、衡、华、恒也。”

山因其形貌势状，各有其名，至今犹有偶用者。“山大而高，崧（今中岳嵩也）；山小而高，岑；锐而高，峤；

卑而大，扈（山形卑下而广大名扈）；小而众，岿；小山，岌；大山，峘（山之体积虽小而高度在大山之上者）……山脊，冈（《诗经》‘陟彼高冈’是也）；未及上，翠微（谓未及顶上，在旁陂陀之处，名翠微。杜工部‘千家山郭静朝晖，日日江楼坐翠微’，则知其所居小楼——白帝城西阁，不在山顶。今西阁中犹有我所绘之杜甫大瓷砖壁画）。”

昔年孔颖达所疏者，其中与今日对此词之解释大异者，实缘时光递流，词义之改，势在必然。如“崔嵬”，今固当解为山势之伟岸雄奇也，讵料《尔雅·释山》云：“石戴土谓之崔嵬”，《诗经·周南·卷耳》云：“陟彼崔嵬”，毛亨则云“崔嵬，土山之戴石”，与郭璞之释正相反。清王先谦于《释名疏证补》中云：“石戴土曰岨（jū）（《辞海》释为‘戴土的石山’，与此疏证同）。岨，胪然也。土戴石曰崔嵬，因形名之也。”王先谦取毛亨之说。戴土之石山，不见其嶙峋高峻，而戴石之土山，则往往见其荦确嵯峨，王先谦“因形名之”，斯之谓也。

又《尔雅》前文以河之东西南北称五岳，后文又称泰山为东岳，华山为西岳，霍山为南岳，恒山为北岳，嵩山为中岳，邢昺云：“是解衡之与霍，泰之与岱，皆一山而有二名也”，此汉武帝前之说法也；三国魏人张揖《广雅》云“天柱谓之霍山”，则又与“一山二名”之说起异，缘汉武帝移岳神于天柱，又名天柱亦为霍，故汉武帝之后，霍、衡二山也，非“一山二名”矣。此说犹有辩也。邢昺疏：“而云衡、霍一山二名者，本衡山一名霍山。汉武帝移岳神于天柱，又名天柱，亦为霍，故汉以来衡、霍别耳。郭璞云：‘霍山，今在庐江潜县西南，别名天柱山。’”学者多以霍山不得为南岳，是则汉武帝岂在《尔雅》书出之前乎？信夫郭璞之注为定论：衡山，即霍山，而霍山之本名为天柱山，不只“一山二名”“一山三名”也。三国孙炎以霍山为误，当作衡山。邢昺疏责之云：“案《书传·虞夏传》及《白虎通》《风俗通》《广雅》并云：‘霍山为南岳。’岂诸文皆误？明是衡山一名霍也。”

关于山之形态体势名目繁多至近三十事，如“左右有岸，厒（kē）”等等，注疏中皆未提及其见于古代何典籍，则此类字之生命终结，唯于《尔雅》中余一痕迹，更无现实与查阅古籍之意义。

## 释水第十二

“水”在许慎《说文解字》中，小篆为，释义为“准也”。段玉裁云：“天下莫平于水”，这是对水之本性的一种解释。而《尔雅》释水，重在水之势态、名称、地理位置等等，今略举例如下。

《尔雅·释水》云：“水注川曰溪，注溪曰谷，注谷曰沟，注沟曰浍（kuài），注浍曰渎（dú）。”溪、谷、沟皆水自山间流出之名也，流入田间，则称浍、渎，此处之渎与前文所论之江、河、淮、济四渎则大不相同，前边则可谓大江大河，此处则田间小浍耳。故中国文字所在之语境，大大影响其词义，正不可一以类推。

水之动势不同，其词亦不同。《诗经·秦风·蒹葭》：“溯洄从之，道阻且长”，“溯洄”者，逆流而上也；“溯游从之，宛在水中央”。“溯游”者，顺流而下也。爱情一事，当顺势推移，正不可强以求之也。

大禹治水之后，古黄河之支流皆定以名，然则非唯大禹所创，或已固有之者曰：徒骇、太史、马颊、覆鬴（fǔ）、胡苏、简、絜、钩盘、鬲津。为何有此名称，《汉书·沟洫志》中载河堤都尉许商上书云：“古说九河之名，有徒骇、胡苏、鬲津，今见在成平、东光、鬲县界中。”此已是西汉末年事，其余不复知也。夏至西汉末，两千余年过去，其间河流不知几经变化矣，《尔雅》书成之时，或皆在焉，而至郭璞之时，又四五百年过去，所可验于地理者必较《汉书》为更少。故《尔雅》一可为辞典，亦可称古字、词之归藏也。

至于黄河，《尔雅》有一段，颇有趣，其论水之色也：“河出昆仑虚（山下基也），色白。”是矿物质甚多也。余尝游阿尔卑斯山，有矿泉水艾维昂（Evian，即今国内市场称“依云”者）之出处，河水皆乳白之色，此其验矣。

## 释草第十三、释木第十四、释虫第十五、释鱼第十六、释鸟第十七、释兽第十八、释禽第十九

唐陆德明《经典释文序录》云："《尔雅》者，所以训释五经、辩章同异，实九流之通路，百氏之指南。"是称《尔雅》一书于五经之学，乃有训诂而知其原委之效。郑樵所以对某些笺注家痛加贬斥者，是由于笺注之劣者，舍经而从纬，背实而应虚。积习相沿，则妄加义理于经书，致有以为《诗经·陈风·月出》，本为写男女相悦，千痴百怪之丽情，而《诗义折中》《诗古微》则以为是刺诗，指斥陈灵公淫行之牵附，此实背离《尔雅》远矣。此类毛病亦不免于汉儒，前文皆有本人之批判。于本然应识者，不须详以自作解人，故读《尔雅》之疏注正应于此加意，不使陷入沉沦转徙之迷途。

《尔雅》第十二篇以前，凡所载天地山川皆自然之物，宗族亲姻、宫室、器物、音乐皆人为之物，其中有古今称谓之异，亦含五方方言不同；十二篇以前凡所谓释训、释言、释诂，则为《尔雅》注笺之重点。郑樵云："《尔雅》明，百家笺注皆可废。"然《尔雅》成于战国之季，语焉简质、时代杳远、方言阻隔，是以《尔雅》有不明处，故注笺所由生。《尔雅》十二篇之后，凡指释草、释木、释虫、释鱼、释鸟、释兽、释畜，则较此前者简单，

释文多见于东周、西汉至东晋古籍，如《诗经》《尚书》《山海经》《穆天子传》《白虎通》《方言》《尸子》《公羊传》《谷梁传》《周礼》《归藏》，其中有亡佚而传其于后人著录所遗只言片语者，如《尸子》《归藏》。譬某书中载一花焉，释其名可矣；某书中述一虫焉，亦指其状可矣。“简单”云者指此，不必详为训诂耳。陆德明所谓“多识鸟兽草木之名，博览而不惑者也”。故《尔雅》第十二篇以后称博物辞典也宜。

首先，《尔雅》所列鸟、兽、草、木无科学之分类，若今之生物学以界、门、纲、目、科、属、种诸等级，列叙其次，大有随手择而言之的类书性质；其次，历二千余年，物类消长，不可逆料，书中所有，世上所无者甚多；再次，中国处北半球温带气候，所录之动植物大体皆温带所产；最后，《尔雅》之作者于上古之世，不能似达尔文、拉马克之周游世界，其书所述皆为亲见。而《尔雅》所录有古籍所载者、传说所闻者、臆说为据者，集典籍、传说、神话之大成。虽然，《尔雅》之勋绩不可以此而略有轻忽，无论如何，它是上古之世一部最丰富的辞典性质的巨著。

所以第十二篇以后合为一章者，缘其皆名谓之解释。本文之宗旨在言明《尔雅》之阅读法，所谓审问、慎思、明辨各章之内容，而鸟兽草木之名，多识可矣，正毋庸作审问、慎思、明辨之功夫。为知所从来，下文拟举《诗经》为例，略作论述，文中亦有本人质疑与发明处，不足定论，以发读者之思而已。

《释草第十三》举例：

椴（duàn）、榇（chèn），舜（shùn）、木槿（jǐn）。《诗经·郑风·有女同车》："有女同车，颜如舜华"，言女之美貌，如舜（木槿）之花也。

菉（lù），王刍。《诗经·卫风·淇奥》："瞻彼淇奥，绿竹猗猗。"菉，即绿也。

茹藘（rú lǘ），今之茜草也，可作染绛之用。《诗经·郑风·东门之墠》："茹藘在阪。"

荼（tú），苦菜。《诗经·邶风·谷风》："谁谓荼苦，其甘如荠。"

瓠（hú）栖，瓣。"瓠栖"即"瓠犀"。《诗经·卫风·硕人》："齿如瓠犀，螓首蛾眉。"

戎叔谓之荏（rěn）菽。《诗经·大雅·生民》："艺之荏菽，荏菽旆旆。"

萍，蓱。其大者蘋。《诗经·召南·菜》："于以采蘋？南涧之滨。"

唐、蒙、女萝。女萝，菟（tù）丝。《诗经·鄘风·桑中》："爰采唐矣，沬之乡矣。"《诗经·小雅·頍弁》："茑与女萝，施于松柏。"

蒹，薕（lián）。葭，芦。《诗经·秦风·蒹葭》："蒹葭苍苍，白露为霜。"

蕨，虌（bì），可食之菜也。《诗经·召南·草虫》：“言采其蕨。”

《尔雅》于《释草》中，凡引《诗经》六十余处，今仅举十例如上。

《释木第十四》举例：

栲（kǎo），山樗（chū），漆树也。《诗经·唐风·山有枢》：“山有栲，隰有杻。”

楙（mào），木瓜。《诗经·卫风·木瓜》：“投我以木瓜，报之以琼琚。”

椐（jū）樻（kuì），肿节可以扶老之木也。《诗经·大雅·皇矣》：“其柽其椐。”

榇，梧。今梧桐。《诗经·大雅·卷阿》：“梧桐生矣，于彼朝阳。”

唐棣（dì），栘（yí）。《诗经·小雅·唐棣》：“棠棣之华，鄂不韡韡。”

樕（sù）朴（bú），心。“樕朴”亦作“朴樕”。《诗经·召南·野有死麇》：“林有朴樕，野有死鹿。”

桧，柏叶松身。《诗经·卫风·竹竿》：“桧楫松舟。”

灌木，丛木。《诗经·周南·葛覃》：“黄鸟于飞，集于灌木。”

瘣（huì）木，苻娄。蜷曲之病木也。《诗经·小雅·小弁》：“譬彼瘣木。”

杞，枸檵（jì）。今枸杞也。《诗经·小雅·四牡》："集于苞杞。"（苞杞同枸檵）

《尔雅》于《释木》中，凡引《诗经》达三十处，今仅举十例如上。

《释虫第十五》举例：

蜩（tiáo），蜋蜩。螗蜩。蚻（zhá），蜻蜻。蠽（jié），茅蜩。蝒（mián），马蜩。蜺（ní），寒蜩。蜓蚞（tíng mù），螇螰（xī lù）。《诗经·大雅·荡》："如蜩如螗，如沸如羹。"《诗经·卫风·硕人》："齿如瓠犀，螓首蛾眉。"郑玄注："螓谓蜻蜻也。"

土螽，蠰谿。《诗经·召南·草虫》："喓喓草虫，趯趯阜螽。"

蟋蟀，蛬。《诗经·唐风·蟋蟀》："蟋蟀在堂，岁聿其莫。"

蜉蝣，渠略。《诗经·曹风·蜉蝣》："蜉蝣之羽，衣裳楚楚。"毛亨传："蜉蝣，渠略也。朝生夕死。"

螒（hàn），天鸡。邢昺疏曰："螒……一名莎鸡。"《诗经·豳风·七月》："六月莎鸡振羽。"

蜤（sì）螽，又名蚣斯。《诗经·周南·螽斯》："螽斯羽，诜诜兮。宜尔子孙，振振兮。"

《尔雅》于《释虫》中凡引《诗经》十处，以上举其六事如上。

《释鱼第十六》举例：

鳣（zhān）。《诗经·卫风·硕人》：“河水洋洋，北流活活。施罛濊濊，鳣鲔发发。”《诗经·周颂·潜》：“有鳣有鲔，鲦鲿鰋鲤。”

鰋（yǎn）。《诗经·周颂·潜》：“有鳣有鲔，鲦鲿鰋鲤。”

鳢（lǐ），鲖也。《诗经·小雅·鱼丽》：“鱼丽于罶，鲂鳢。”

鲨（shā），鮀（tuó）。《诗经·小雅·鱼丽》：“鱼丽于罶，鲿鲨。”

鲵（bì），鳟(zūn)。《诗经·豳风·九罭》：“九罭之鱼，鳟鲂。”

鲂，魾（pī）。《诗经·齐风·敝笱》：“敝笱在梁，其鱼鲂鳏。”

蝾螈（róng yuán），蜥蜴；蜥蜴，蝘蜓。蝘蜓，守宫也。《诗经·小雅·正月》：“胡为虺蜴。”

《释鱼》中所引《诗经》仅七八事。

《释鸟第十七》举例：

雎（亦作“鴡”）鸠，王鴡。《诗经·周南·关雎》：“关关雎鸠，在河之洲。”

燕燕，鳦（yǐ）。《诗经·邶风·燕燕》：“燕燕于飞，差池（参差）其羽。”

鸱鸮（chī xiāo），鸋鴂。《诗经·豳风·鸱鸮》：“鸱鸮鸱鸮，既取我子，无毁我室。”

鸩（mí），沉凫。《诗经·大雅·凫鹥》：“凫鹥在泾，公尸来燕来宁。”

皇，黄鸟。《诗经·秦风·黄鸟》：“交交黄鸟，止于棘。”

鹭，舂鉏。《诗经·周颂·振鹭》：“振鹭于飞，于彼西雝。”

《尔雅》于《释鸟》中，凡引《诗经》二十六处，今仅举六例如上。

《释兽第十八》举例：

麋（mí）：牡，麔（jiù，公麋）；牝，麎（chén，母麋）；其子，麇（yǎo，幼麋）；其迹，躔（chán）；绝有力，狄（强有力之麋）。《诗经·小雅·吉日》：“瞻彼中原，其祁孔有。”祁，母麋也。

狼，牡，貛（huān）；牝，狼；其子，獥（jiào）；绝有力，迅。《诗经·齐风·还》：“并驱从两狼兮，揖我谓我臧兮。”

虎窃毛谓之虦（zhào）猫，色浅之虎也。《诗经·大雅·韩奕》：“有熊有罴，有猫有虎。”

貔（pí），白狐。其子縠（hù）。《诗经·大雅·韩奕》："献其貔皮，赤豹黄罴。"辽东人谓貔为罴。

《尔雅》于《释兽》中，凡引《诗经》十八处，今仅择其四例如上。

《释畜第十九》举例：

骊（lí）马白跨，驈（yù）。跨白之黑马也。《诗经·鲁颂·駉》："有驈有皇，有骊有黄。"

騋（lái）：牝，马七尺以上曰騋；骊：牡。《诗经·鄘风·定之方中》："騋牝三千。"既差我马，差，择也。《诗经·小雅·吉日》："吉日庚午，既差我马。"

未成羊，羜（zhù）。五月羊为羜。《诗经·小雅·伐木》："既有肥羜，以速诸父。"

邢昺疏《尔雅》，集大成者也，然前人所说或乖异不伦，彼亦录以求全。如释"兔子"所引王充《论衡》之说："兔舐毫而孕，及其生子，从口而出。"不亦荒谬甚矣。读《尔雅》亦不可尽信书，其宜作古人趣谈耳。

《尔雅》中《释畜》，及于《诗经》者十七处，择两例。

以上七节之用意，在说明仅《诗经》一书，于《尔雅》中所占有的不可忽视之意义。孔子云："不学《诗》，无以言""《诗》三百，一言以蔽之，曰思无邪。""迩之事父，远之事君，多识于鸟兽草木之名。"足见《诗经》是国学不可分割的一部分。《尔雅》本为读经的必备词典，我仅以《诗经》为例，而择《尔雅》中鸟兽草木之名一项以检阅之，凡涉《诗经》者竟达158处之多（包括注疏），足见读《诗经》而无《尔雅》之助，那将会踬石于道，举步维艰。

然不能不提醒读者，《尔雅》距今两千多年，词之形、音、义变化亦层出不穷，正不可泥古而不化，譬如上文释鹈、鲽之时亦已及之，今复于释鸟兽草木之名方面略陈此理。如《释鱼第十六》中称“鳖三足，能。龟三足，贲”，则是《山海经》中奇谈，《尔雅》用之。又如“鶠凤，此雌皇”。郭璞之注：“鸡头，蛇颈，燕颔，龟背，鱼尾，五彩色。”《诗经·大雅·卷阿》有“凤凰于飞，翙翙其羽”。《释兽第十八》有：“麐（同‘麟’），麕身，牛尾，一角。”三国东州大儒孙炎曰：“灵兽也”，西汉房京亦大儒也，好谈怪异灵奇，故有疏“麟”如下：“麟，麕身，牛尾，狼额，马蹄，有五彩，腹下黄，高二丈。”《诗经·周南》亦有《麟之趾》一篇，这些非目之所见者，加上个人想象与历史传说混而为一，作解释神话则可，欲以为实有其物，唯今不存，则大谬矣。

又若《释鱼第十六》中前所提及之“鲨，鮀”，邢昺疏中引：“陆机云：‘鱼狭而小，常张口吹沙。’故郭氏云：‘今吹沙小鱼，体圆而有点文。’”《尔雅》作者彼时尚不知今日海中之巨无霸鲨鱼，吹沙之“狭而小”者，显为内陆之河鱼。物类之变，不会由河中小鱼，历二千多年成之海上霸王，想为后之生物学家于定名时借用，与狭而小者绝无亲缘关系。

今有一名词：“鼫，一名天蝼，一名硕鼠。”余唯于《尔雅注疏》中仅见。其于历代诸笺注、《方言》《释名疏证补》（清王先谦撰集）皆未之提及者。《释虫第十五》中“鼫，天蝼”，郭璞注曰：“蝼蛄也。”邢昺疏曰：“鼫，一名天蝼，一名硕鼠，即今之蝼蛄也。”邢昺之疏，令余忽生奇思，《诗经·魏风·硕鼠》古今之注疏者，皆以为大鼠，然则蝼蛄专食农作物之根与嫩茎，其为农害之烈、披覆田亩之广，有使颗粒不收若蝗灾者，故我怀疑《硕鼠》所指或非仓廪中之大鼠，而即指蝼蛄。大鼠可治，而蝼蛄不可治，三年之大灾，农民固不堪其苦，“逝将去汝”，非无由也。自古文《毛序》以至今之所有注家，皆视《硕鼠》为《诗经》中刺其君重敛，重敛由井田之九取其一，至十取二，甚或三取其二，大鼠做不到者蝼蛄可也。吾之所释，亦有古今所未见之奇趣在焉。而周人以蝼蛄之害比之鼠，且为硕鼠，亦有道理。若为诗之韵计，即改为“蝼蛄蝼蛄，无食我黍，三岁贯汝，莫我肯顾”，亦无不可。

《释草第十三》中所引《本草》颇多，“本草”者，初见《汉书·郊祀志》。中药之古称皆为“本草”。中药所谓药石者，缘药中有玉石、草木、虫兽，而以草类为最多，故名。《尔雅注疏》成书之时，“本草”未确指何书，至明李时珍始有《本草纲目》，所谓纲举而目张，则为系统的药物学与植物学，这是邢昺所未见之书。

《尔雅说略》谨止于此。“说略”者提其纲、挈其领，知其精、识其粗耳。古人之高论妙语则从之，古人之乖舛错讹则明之，此“说略”之所为作也。然则古籍浩繁，学《尔雅》之初，苟无以导之，必坠深渊而不可自拔，此“说略”之有所用也。惟读者深宜慎诸，则作者亦不负积年之辛劳矣。

二〇一二年深秋于巴黎

# 附：

《〈尔雅〉说略》参考书目

| | |
|---|---|
| 诗集传 | [宋]朱熹撰 |
| 诗古微 | [清]魏源撰 |
| 尚书正义 | 旧题[汉]孔安国传[唐]孔颖达疏 |
| 白虎通义 | [汉]班固等编撰 |
| 毛诗正义 | [汉]毛亨传[汉]郑玄笺 |
| | [唐]孔颖达疏 |
| 楚辞章句 | [汉]王逸 |
| 周礼注疏 | [汉]郑玄注[唐]贾公彦疏 |
| 春秋公羊传注疏 | [汉]何休注[唐]徐彦疏 |
| 春秋谷梁传注疏 | [晋]范宁注[唐]杨士勋疏 |
| 论语注疏 | [三国·魏]何晏集解 |
| | [宋]邢昺疏 |
| | (见《十三经注疏》) |
| 孟子注疏 | [汉]赵岐注[宋]孙奭疏 |
| | (见《十三经注疏》) |
| 史记 | [汉]司马迁 |
| 汉书 | [汉]班固 |
| 周髀算经 | [汉]佚名或非一人一时所著 |
| 庄子集释 | [清]郭庆藩 |

方言（《輶轩使者绝代语释别国方言》）
[汉]扬雄

| | |
|---|---|
| 广雅 | [三国·魏]张揖撰 |
| 广雅疏证 | [清]王念孙 |

广雅义疏（附卢文弨《广雅释天以下注》）
[清]钱大昭撰
（收在《静嘉堂丛书》中）

| | |
|---|---|
| 尔雅正义 | [清]邵晋涵 |
| 经义述闻 | [清]王引之 |
| 尔雅音义 | [唐]陆德明 |
| 尔雅注疏 | [晋]郭璞注 |
| | [宋]邢昺疏 |
| | （见《十三经注疏》） |
| 尔雅义疏 | [清]郝懿行 |
| 蛾术编 | [清]王鸣盛 |
| 释名疏证补 | [清]王先谦 |
| 说文解字注 | [汉]许慎著 |
| | [清]段玉裁注 |
| | （上海古籍出版社 1981 年版） |
| 本草纲目 | [明]李时珍撰 |
| | （见《传世藏书·子库·医部》） |
| 诗义折中 | [清]孙家淦 |
| 方言疏证 | [清]戴震 |

| | |
|---|---|
| 人间词话 | [近人] 王国维著 |
| 国故论衡 | [近人] 章太炎 |
| 甲骨文编 | 中国社会科学院考古研究所编<br>（中华书局 1982 年版） |
| 尔雅今注 | 徐朝华 |
| 山海经校注 | 袁珂点校 |

［声明］：文中所引述或提及上述诸书（除近代与当代者）皆取文渊阁《四库全书》或《传世藏书》（海口，海南国际新闻出版中心，1996）

# 干支与生肖的迷雾

干支，天干地支，中国古代纪年、月、日、时之法也；生肖，以十二地支用征个人出生之年龄，生于某年则属某物也。前者与古代之天文学、历史学有关，而后者则唯与个人之年龄有关。看似简单，却成了中国历史学、民俗学、天文学史、图腾史的永远说不清的问题。从清初的大学者，至乾嘉的朴学家，到近世国学大师章太炎、刘师培、郭沫若，《楚辞》权威游国恩，以至坊间命书、算卦先生都各执一词。有些是天才的幻想和臆测，有的则纯属迷信与杜撰。然而，干支与生肖的问题还会继续研讨下去，永无十全的结论成为其尽期。于是我将此文名之为“迷雾”而不敢称之为“明辨”，即本文旨在说明迷雾之所在，而不奢望拿出言之凿凿的绝对正确的答案。在迷雾中的漫行，将是有趣的诗意的历程。

## 一、从《楚辞·离骚》谈起

《楚辞·离骚》开篇，屈原即高其身价：“帝高阳之苗裔兮，朕皇考曰伯庸。摄提贞于孟陬兮，惟庚寅吾以降。”

这里诗人亦与帝王自称天子、西方人称上帝之子一样不能免俗，十分确切地称自己是五帝之一高阳——颛顼的苗裔。他的唯一依据是楚之先是来自北方的祝融部落的一支。“朕皇考曰伯庸”一句有两种解释：其一，皇，美也，父称考，故此句可译为“我的有美德而富令名的父亲字伯庸”；洪兴祖《楚辞补注》引东汉蔡邕说：“朕，我也。古者上下共之，咎繇与帝舜言称朕，屈原曰‘朕皇考’。”可为此说之佐证。其二，唐注《文选》以为屈原为人子，岂敢妄称其父名而自称“朕”？我以为“皇考”不必确切指其父，而是笼统赞颂其有嘉功懿德的父祖先辈，而“伯庸”则或为族名。“朕”似也可理解为自己族群的泛称，不必一定解释为“我”。“朕”在没有成为帝王专用之时，如秦代之前的用法，还有待细考。

屈原是极重视天生的“内美”的，因此在自报家门之后，便把自己奇妙的生辰托出：“摄提贞于孟陬兮，惟庚寅吾以降。”用两句诗隆重申述生辰，足见奥妙必在其中。按王引之著《经义述闻》之考，“摄提”即太岁之名。据《尔雅》称“太岁在寅曰摄提格”。《淮南子·天文训》云：“太阴在寅，岁名曰摄提格。”又据《开元占经·岁星占篇》称：“摄提在寅”，此“寅”年无异义也。（范按：史界有以为“摄提”为“摄提格”之略称者，又称“摄提”为岁星名，而“摄提格”为年类名者，非关本文之旨，故略其考）“贞”，正也，正在也。“孟陬”，正月之春也。那么“男始生而立于寅”（《楚辞章句》），此处之正月，便是“寅”月无疑义也。“惟庚寅吾以降”，此“庚寅”置于年、月之后，固为“寅”日无疑义也。“寅”之义三见于此两句诗，则简译之当为“我生于寅年、寅月、寅日”。清初顾炎武判断此两句诗应该年、月、日俱全，然未言及详，是考家慎思细密家数，能谈到“年、月、日俱全”已是不易，不应苛求。至于进一步有人称屈原生于“虎年、虎月、虎日”，则不免所据阙如，不可贸然以为定论，因为文章至此，我尚未有一句提及地支与生肖之关系。在屈原看来，寅年、寅月、寅日已是生时不凡了，至于屈原之时是否确切知道自己属虎，那还是一个悬疑。

我们可以零星地在早于屈原的《诗经》中看到一些诗句，如《诗经·小雅·吉日》中“吉日庚午，既差我马”，已将“午”与“马”对应。而在公元前217年湖北云梦睡虎地十一号墓秦简中《日书》有《盗者》篇，以作占卜盗者相貌特征之用，载云：“子，鼠也，盗者兑口，希须……丑，牛也，盗者大鼻，长颈……寅，虎也，盗者壮，希须，面有黑焉。卯，兔也，盗者大面……辰（原文脱漏）盗者男子，青赤色……巳，虫也，盗者长而黑，蛇目。午，鹿也，盗者长颈，小胻，其身不全……未，马也，盗者长须耳。申，环也，盗者圆面……”

这是屈原死后五六十年下葬的一座墓中出土物，不过将十二生肖中的大部分动物列叙其次（其中亦有不相合者，如午、未），以作为捕盗之佐，略类今之公安为搜捕犯人据口述想象素描像，与十二生肖之神圣性似有相忤。以此之故，我们暂不将屈原生于“寅年寅月寅日”称作“虎年虎月虎日”，虽然后者更显得虎虎有生气，也说不定屈原更加以为神奇高贵。

## 二、王充《论衡》之《物势篇》和《言毒论》

这已是屈原之后三百年的著作，三百年中有关十二生肖的记载可谓一片空白，有论者以为《论衡》之《物势篇》和《言毒篇》两篇，十二生肖之动物完全罗列，应是生肖最早而最完备的记载。这里有两点必须弄清：（一）王充所以提十二种动物，目的是不是说明人类之生肖？（二）“物势”本义究竟如何？第一点，王充列举十二种动物，目的是说明天并非故生万物，一切都是偶然。他说：“传曰：‘天地不故生人，人偶自生。’”所以当他看到万物相互贼害之时，同样以为天地不故生万物。他说：“天自当以一行之气生万物，令之相亲爱，不当令五行之气反使相贼害也。”他有一段文字，不可断章取义，虽累赘缛繁，亦请录于下：“且五行之气相贼害，含血之虫相胜服，其验何在？曰：寅木也，其禽虎也；戌土也，其禽犬也……巳火也，其禽蛇也；子亦水也，其禽鼠也；午亦火也，其禽马也。水胜火，故豕食蛇；火为水所害，故马食鼠屎而腹胀。曰：审如论者之言，含血之虫，亦有不相胜之效。午马也，子鼠也，酉鸡也，卯兔也。水胜火，鼠何不逐马？金胜木，鸡何不啄兔？亥豕也，未羊也，丑牛也，土胜水，牛羊何不杀豕？巳蛇也，申猴也。火胜金，蛇何不食猕猴？猕猴者，畏鼠也。啮猕猴者，犬也。鼠水，猕猴金也。水不胜金，猕猴何故畏鼠也？戌土（犬）也，申猴也。土不胜金，猴何故畏犬？”“夫物之相胜，或以筋力，或以气势，或以巧便。”（王充《论衡》卷第三《物势篇》）而这物物相胜的根本在于物势：“蚊虻之力不如牛马，牛马困于蚊虻，蚊虻乃有势也。”由于物势之缘故，能以小制大、以小胜大，而强大则降服于羸弱。这是《物势篇》一文浅陋不足训的本义。王充这段文字无深刻之内涵，无澄明之道理，更无骈俪之雅韵，读之生厌而已。苟有书蠹者流，从中发现了王充首次提出了十二生肖，则正可谓欺世甚矣。其实王充《物势篇》只提到子、丑、寅、卯、巳、午、未、申、酉、戌、亥十一种相应之动物（文中“东方木也，其星苍龙也”，与“辰龙”无关），其他蚊虻之类，与十二生肖更无关系。相隔万言以后，王充在《论衡》卷第二十三《言毒篇》中提及龙蛇：“辰为龙，巳为蛇，辰巳之位在东南。龙有毒，蛇有螫，故蝮有利牙，龙有逆鳞。”至此，十二种动物算是完整了。然而这与

《物势篇》中谈的十一种动物有什么关系？如果说这是完备的十二生肖说，是完全违背学理的一种做法，断不可如此作浮泛肤浅之功夫。我们仅仅看到王充在《论衡》中提到十二种动物（或更多），并与地支相配，王充依据什么将它们与地支相配？虽然在《诗经》的章句中偶得吉光片羽，然而在没有历史的实证材料之前，十二地支配十二种动物只能是个谜。

## 三、生肖的发轫

当十二地支应对着十二种动物的时候，我们还不能说这叫作十二生肖，必须应对人之生年才是生肖的本义。那么，生肖之制，何代斯兴？起于何人？见于何典？至今没有任何人敢作断语。然而，我们可以大概测定一个与事实相去不远的时间表。自东汉之《论衡》（公元 1 世纪）至南朝齐约四百年，至北朝周约五百年，这期间，我们找不到有关生肖的材料。这更可见王充以十二种动物应对十二地支，与生肖无关。奇迹总会发生，《南齐书》卷十九《志第十一》有文载曰："永元中，童谣云：'野猪虽嗃嗃，马子空闾渠。不知龙与虎，饮食江南墟。七九六十三，广莫人无余。乌集传舍头，今汝得宽休。但看三八后，摧折景阳楼。'识者解云：'陈显达属猪，崔慧景属马'，非也。东昏侯属猪，马子未详，梁王属龙，萧颖胄属虎。崔慧景攻台，顿广莫门死，时年六十三。乌集传舍，即所谓‘瞻乌爰止，于谁之屋’。三八二十四，起建元元年，至中兴二年，二十四年也。摧折景阳楼，亦高台倾之意也，言天下将去，乃得休息也。”这是记载的南齐末年东昏侯时的一次变乱，词涉谶纬，殊不足观，而值得学者庆幸的是，其中竟然明确地记载了陈显达、崔慧景、东昏侯（萧宝卷）和梁王等的生肖，可资生肖史之一证。

另一奇迹则见于《周书》卷十一《列传第三·晋荡公护》，有文载曰：“汝与吾别时，年尚幼小，以前家事，或不委屈。昔在武川镇生汝兄弟，大者属鼠，次者属兔，汝身属蛇。”这是周、齐交战之时，齐王扣留晋荡公宇文护之母阎姬，并命人代阎姬写给宇文护的信中的句子。小朝廷之争，且置而不论，这封信对研究生肖史同样提供了又一确证。

我们终于可以认为，自东汉至南北朝，人们逐渐地确认了十二地支与十二种动物相对应的关系。由于干支纪年，人们很容易将十二地支的相应动物与人的生年相合，于是生肖成为人们记载生年的简易而便于记忆的方法。如《周书》所载诸子的年龄，阎姬记得的当不是帝王的纪年，而是诸子的生肖，这是既准确而又方便的方法。尤其在战乱频仍的三国至南北朝之世，王位纪年驳杂混乱，而又没有天文学家告诉他们星岁纪年法和太岁纪年法，于是生肖纪年为混乱之世普遍所使用。如果是大一统的太平盛世，王位纪年就会被普遍使用，甚至生人之年也不例外。

自屈原的“惟庚寅吾以降”到南北朝史书记载生肖经历了八百年，我们才恍兮惚兮看到了一些光明，这就是迷雾的诗意存在。以郭沫若先生之天才妙悟，在生肖的面前，显得有些束手无策，然而他终于在1929年有《释支干》一文发表，以为中国之十二生肖源于巴比伦的黄道十二宫而创十二肖，汉武帝通西域之时来到中土。然则前文所述之湖北云梦睡虎地秦简《日书》的出土，使郭说完全败绩。然而郭沫若先生以为十二地支是从观察天象而诞生的思路，则有一部分符合，另一部分则不免牵强拼凑，兹不赘述（请参阅郑文光《中国天文学源流》）。

## 四、干支创制刍议

天干地支以纪年、月、日、时的传说，所从来远矣。《史记》卷二十六《历书第四》有云：“神农以前尚矣。盖黄帝考定星历，建立五行，起消息，正润余。”对“考定星历”一说，《系本》及《律历志》作如此索隐：“黄帝使羲和占日，常仪占月，臾区占星气，伶伦造律吕，大桡作甲子……”更早的战国时史官所撰的《世本》记黄帝以迄春秋时的历史，有“容成作历，大桡作甲子”。

大桡，黄帝之臣也，以作甲子，亦若仓颉为黄帝之臣也，以制文字一样，不过是个代号式的人物。天干地支的创制也同样是一个漫长的渐进过程。这一点，我赞成郭沫若《释支干》中所云：十天干纯属十进位基说记数法的观念衍化，其中多半是殷人所创制，大抵其文其事皆出自然发生，而无丝毫神秘及外来之痕迹。我想，在夏、商之时，中国十进位记数法已使用相当纯熟。据考古学之发现，中国在山顶洞人生活的年代，已开始了十进位值记数之法，距今竟是三万年之遥。中国人对全人类最伟大的贡献，不仅是火药、指南针、印刷术等，这是大数学家吴文俊先生在《吴文俊论数学机械化》一书中作如是说，这真是石破天惊之高论。因为人们如果不知道逢十进一，加上每个数码既有其自身的绝对值，又有其所在位数的十进制的值，那么我可以猜想，人类跨不进数码化的时代。

十天干甲、乙、丙、丁、戊、己、庚、辛、壬、癸这十个字，和十二地支子、丑、寅、卯、辰、巳、午、未、申、酉、戌、亥十二个字构成数的世界，是殷人最初以六十日为周期纪日，而这种干支配合用以纪年，是殷人后期纪年至美至善的创制。十和十二是六十的两个公约数。六十是它们最小的公倍数，有了这样的十进位记数系统，加上六十循环的干支表（我们在《甲骨文合编》中看到了一篇编号为 37986 的卜骨，上面刻有完整无缺的干支表，起于甲子，止于癸亥，正好是一轮甲子），我们中国的历史，理应比任何国家的历史记载得更清晰。

夏代的天干为帝王名的有孔甲和癸（桀），而商代的天干为帝王名的几是全部，从商汤之子太丁到商的亡帝辛（纣），无一例外用天干为帝号，足见天干十字在公元前16世纪至前11世纪于中国人心目中的至尊地位。而且我们可以断言，天干的产生早于地支，准确地说（不是“大桡作甲子”式的传说），以天干地支纪年应是殷商后期、周初之后的事，而最准确的纪年应该是公元前841年庚申共和元年。李学勤先生等一批卓越的考古学家、古文字学家和历史学家，正将中国之准确纪年向前推移，这将是一件功德无量的学术上的大事。

前面提到郭沫若先生十二生肖西来说，岂止十二生肖。在章太炎先生的《訄书·序种姓》中称，巴比伦人东逾葱岭而战九黎、三苗的是太昊，太昊之后的十九代的葛天氏，即巴比伦“加尔特亚”将“尔”“亚”等余音除之，剩下“加特”二字，即“葛天”二字，这就是陶渊明《五柳先生传》中远古高人葛天氏了。而巴比伦语中“萨尔宫”者即“神农”，“尼科黄特”者即“黄帝”也，其教授文字称“仓格”者，“仓颉”也。这些今天看来都是近乎笑话的考据，绝不可为世界文字学和中国文字学所承认者，然则彼时以章太炎于国学中的地位，加上刘师培、蒋智由诸大师之支持，颇成气候。郭沫若的十二生肖源于巴比伦黄道十二宫，正是在这种气候之下应运而生的。试想，原始的部落有天大的本领也不能轻易翻过喜马拉雅山、越葱岭而东，送来一个黄帝。再大的学者，也会偶尔开玩笑，这是难免的。

## 五、图腾说之悬疑

中国远古之世有无图腾之信仰，尚待考古学对上古图案、符号、出土物或岩画的科学解释。至于夏商文化中出现的龙凤，那是距图腾文化十分晚见的事物了。闻一多先生也作如此说，但他承认从"鲧死……化为黄龙，是用出禹"和"'天命玄鸟（即凤）'，降而生商"两个神话中，可以认为龙是原始夏人的图腾，凤是原始殷人的图腾。十二生肖出现和使用的年代则距原始人的图腾信仰时代太遥远了（参见闻一多《龙凤》）。

如果一定要找出十二这个数目的渊源，我则以为十二地支乃是为了和岁星十二岁为小周天相应合有关。岁星岁行三十又十六分之七度，十二岁而周，与中国数字学上的伟大创造十进位数天干循环，一周六十年为甲子，周而复始，以纪亿万斯年，这是一个比较清晰而了然的解释。

十二种动物的选择似乎找不到特别有力的证据以证明其必然。如果是古代先民的图腾，那一定是比较大的部落的祖先徽号，否则，为何闻一多先生视为原始夏人商人的龙凤图腾中，没有一点儿老鼠、兔子、马、羊、猴、狗、猪的痕迹？如果夏、商已成为部落联盟的时候，那每一部落的徽号都应在共同徽号之中有一席之地，譬如龙之牛鼻、鹿角、蛇身、鱼鳞、兽爪等等，这是十分显而易见的事。可见十二生肖与三千年前原始氏族的图腾信仰无关。

我们不必去寻找这十二种动物存在的严密的逻辑关系和排列次序，也不必从少数民族舞蹈溯源，更不必像有的学者那样从古文字的象形、会意中找理由，那往往是其出弥远，其知弥少，走得越远，于十二生肖之真知则越少。

## 六、亲切的方便法门

在我们接触到太多的深刻述说之后，我们似乎可以做一件有意味的工作，使天干地支与十二生肖有一个通达和顺适的解释。天干地支之纪年，在中国有五千年的传说记载，到底起于何年？大桡是否确有其人？那是历史的浓雾之中，伸手不见大桡之五指了，先搁一边待考。60可作为10和12的最小公倍数，而又可为1、2、3、4、5、6所约，实在是一个亲切的数字，和十二年的小周天挂钩，很容易成为中国历算的甲子循环法，为历代统治者所乐用。以人的寿数而言，人生七十古来稀，大体是以六十岁一轮为下限，而以两甲子一百二十岁为上限。岁月递嬗迅捷，记忆跟不上是常有的，则以生肖记人之年龄是最准确无误的一种方法，亦若前文提到晋荡公护的生母阎姬，只记其三兄弟分别属鼠、兔、蛇，而年龄在其中矣。当时没有公历纪年，王室又短暂多变，岁星、太岁纪年又为人们所不甚了了，于是生肖纪年是最方便的法门。

其实在生活中，我们得益于生肖纪年处正多，只是我们习见不怪而已。记得上世纪60年代我在长安“社教”之中做人口普查工作，农民们不知道耶稣，公历是不用的，而又不知道天干地支，问年龄便只有问生肖。问生肖可能有十二年的误差，则于其左近之人如妻子、友朋核对之，一份最准确的农民生卒年表便在很短的时间完成。自王充至南北朝几百年里，这种约定俗成之便，当然很容易普及。这既不是严重的有关社稷存亡的问题，大体不会出于朝廷，而是民间生发的俗文化。

生肖渐渐有趣而丰富起来，一是宿儒硕学之不甘心，二是算命先生的稻粱谋。龙虎不能相配、苟生肖何物则形貌必肖之等等荒诞有趣的事，自上而下，不一而足。其实远处走来一人，龙行而虎步，广额丰颡，审问之，则生肖鼠耳。算命先生之卦辞与宿彦之高论，虽趣舍万殊，而距实相益远则一也。

# 再拨迷雾

王引之（1766—1834）的《经义述闻》是迄今为止对“太岁”一词考证最详的一本古代训诂研究著述。他认为：“太岁所以纪岁也，其名有六：太岁一也，太阴二也，岁阴三也，天一四也，摄提五也，青龙六也。”据他说《淮南子·天文训》称“青龙”“天一”“太阴”，皆有赞颂“天神之贵者”之意。《尔雅》谓之“太岁”，《史记·天官书》谓之“岁阴”，《甘石星经》谓之“摄提”。至此，太岁的六种名称之出处，一一陈明。我们讲屈原《离骚》之“摄提贞于孟陬兮”，这“摄提”正是指的太岁。而王引之的综论古籍，指出太岁作为星名，称谓有异而实一，厥功至巨，也为我们研究天干地支提供了精审的法门。

王引之又进一步提出：“岁星为阳，右行于天；太岁为阴，左行在地。”这就是天干与地支的发轫。而许慎《淮南鸿烈解诂》则称，岁星在天为雄，太岁所以名太阴者，“正取在地之义，安得谓太阴非太岁乎？”则于前人“太阴非太岁”之伪说，彻底颠覆之。以纪年者，在天为岁星，在地为太岁之义遂彰明于世。

我们知道岁星在天，而太岁在地。岁星即木星，由西向东运转，所谓“右行于天”。而太岁则是人类为应和岁星岁行三十又十六分之七度，十二岁为周所虚拟的“左行在地”的星辰，由东而西运转。至此，仅以岁星在天体中运行一周约十二年的岁星纪年，则转化为六十年一轮回的干支纪年，它的一切优点在我的《干支与生肖的迷雾》一文中有所阐述。

天干与地支的原始岁阳和岁名（岁阳以记十天干，而岁名则记十二地支）的怪诞奇谲，成了一个不解之谜。而南宋渊博的学者洪迈（1123—1202）在《容斋随笔》中，则有一段精辟之说：“岁阳、岁名之说，始于《尔雅》。太岁在甲曰阏逢，在乙曰旃蒙，在丙曰柔兆，在丁曰强圉，在戊曰著雍，在己曰屠维，在庚曰上章，在辛曰重光，在壬曰玄黓，在癸曰昭阳，谓之岁阳（范按：即指木星——岁星“右行于天”的十个称谓）。在寅曰摄提格，在卯曰单阏，在辰曰执徐，在巳曰大荒落，在午曰敦牂，在未曰协洽，在申曰涒滩，在酉曰作噩，在戌曰阉茂，在亥曰大渊献，在子曰困敦，在丑曰赤奋若，谓之岁名（范按：即指人类虚拟之太岁星“左行在地”的十二个称谓）。”以我之见，今人所惯用的“岁在”二字，是包含着岁阳之“岁”（天干）和岁名之“岁”（地支）这双重意义的。

因了这名称的奇谲不测，加上后来的使用者如司马迁之《史记·历书》，又有种种的变异，如阏逢为焉逢（范批：《史记·历书》载："太初元年，岁名'焉逢'"；《汉书》又载作"阏逢"。下述名称之变异，皆类此），旃蒙为端蒙，柔兆为游兆，强圉为强梧，著雍为徒雍，屠维为祝犁，上章为商横，重光为昭阳，玄黓为横艾，昭阳为尚章，大荒落为大芒骆，协洽为汁洽，涒滩为汭汉，作噩为作鄂，阉茂为淹茂。大渊献、困敦更互，赤奋若乃为赤夺若，由于和《尔雅》所开列之名称有的音近而司马迁似有所意蕴寄托，因之，译方言之音的可能性是存在的。以洪迈之博闻强记，大感一头雾水，乃有"此盖年祀久远，传写或讹，不必深辨"之喟叹，并斥之为"强解事者所作"，非无由也。

由于近人与古代语言之阻隔，误以太岁即木星。又误以为太岁非太阴，实是不知道"岁在"二字中的"岁"字代表着"岁阳"和"岁名"两词，即天地俱在其中，这是本人纵览古今诸家之说后的结论，并不迁就辞书之解释（如1999年上海辞书出版社之《辞海》第2050页"太岁"条之解释即大错）。也许，本文所陈是迄今关于干支纪年的一个最通达的讲法。

"文史星历近乎卜祝之间，固主上所戏弄，倡优畜之，流俗之所轻也。"（司马迁《报任安书》）司马迁对自己的卑微处境是深有所感的，古代的天文历法，不是一般人可以言说的，因之带有卜巫的神秘性。明代学者杨升庵以为"汉世术学（范按：此处称'术学'，有贬义），创为此名，藏用隐字，以神其说”，汉人又多迷谶纬之学，于仰天俯地之际，则更宜“神其说”。

由于岁阳、岁名的怪异，古人已有种种的疑窦和种种“神其说”，而今人不甘落后，更有郭沫若之巴比伦说，竺可桢的印度说和岑仲勉的伊朗说，类皆瞽者摸象，殊难圆其创说。自司马迁至今二千多年，破解的可能性越来越少，我们当然寄希望于来者。然而我想，本文的解释已然可称再拨迷雾矣。

其实本人画十二生肖，并无意于研究十二生肖之起源，更无意于对中国古代天文历法的研讨，只是感到学术一事，终不可人云亦云，草草了事，故而生发了稍稍言述之愿望，由此看到了一些颇有趣的学术现象，免不了略考其事，综其始终，写了两篇短文（即本篇与前篇）。关于干支已是不胜其繁，而关于生肖则更是谜中之谜、雾里之雾。这生肖不只为汉族所独有，如彝族亦有之，且不同地区的彝族有不同的十二生肖：深山老林中的彝族，生肖中有蚂蚁和穿山甲；靠近汉人的川滇黔彝族和蒙古族，则与汉族的十二生肖全同。海南黎族，则改虎为虫，倒也和《水浒传》中称虎为大虫相类。傣族则有象庞然而在。维吾尔族则改龙为鱼，“鱼龙”二字倒是时时连用，几乎成联绵字者，有趣的是柯尔克孜族有以狐狸为生肖者。总之，凡属约定俗成的东西是说不清太多的道理的，在此领域中的“神其说”不会少于干支纪年。因为民俗学又是一个众说纷纭的领域，与本人作画、写诗时爽籁发而清风生的状态大异其趣。必欲写之，亦未尝不可，然则自己写来索然，以飨读者，读者必食之如鸡肋。子曰：“礼，与其奢也，宁俭。”请住笔！

# 童心论

因了明代出了一位桀骜不驯的奇才李贽，著了一篇名标千古的《童心说》，五百年来争议论说不断。李贽是一个汪洋恣肆的人，对先贤往哲的不恭，大似战国时的庄周，于是重礼而主敬的大儒们，对李贽的“不敬”往圣是有些恼怒了。我们知道，李贽是一位爱骂人的先生，但他自己似乎也知道社会上的物议，干脆著《三蠢记》以描述当时的岁寒三友：定见、深有和李贽。此三人者，李贽皆称之为“蠢物”。李贽爱骂人，而定见、深有不唯不恨李贽，反而亲善之，李贽则自诩，“以我口恶而心善，言恶而意善也”。

细审之，李贽的《童心说》有几点确乎是他敏锐而智慧的创见：

一、“童子者，人之初也；童心者，心之初也”。

二、童心是会遽而丢失的，当此之时，“童心既障，于是发而为言语，则言语不由衷；见而为政事，则政事无根柢；著而为文辞，则文辞不能达”。

第一点是界定童子和童心。李贽以为，童子是年龄之界标，是“人之初”，而“童心”则与年龄无关，李贽说童心乃是“绝假纯真，最初一念之本心”。

既敦既纯

李贽此处所强调的是童心本真说，与孟子性善之说本无龃龉。孟子以为那不学而能的为“良能”，不虑而知的为“良知”。在他论述恻隐之心——仁、羞恶之心——义、恭敬之心——礼、是非之心——智的时候，以为这是“性”中已具其端的“根本善”，乃“性”之所固有，非本来无有而勉力得之者。李贽的“最初一念之本心”——童心之丧失，与荀子的性恶说则殊途而同归。荀子以为人生就的本性是恶，是“不事而自然”的存在，那是已经完成了的自在之物。恶向善的转化则须要学习。李贽说，如果你遇到的不是“真正大圣人童心未曾失者”，那你便会遇到三种不测的危机：第一，“方其始也，有闻见从耳目而入，而以为主于其内而童心失”。第二，“其长也，有道理从闻见而入，而以为主于其内而童心失”。第三，“其久也，道理闻见日以益多，则所知所觉日以益广，于是焉知美名之可好也，而务欲以扬之而童心失；知不美之名之可丑也，而务欲以掩之而童心失”。也就是孟子所谓“良知”“良能”的丧失，即那人生已具其端的“根本善”的丧失。李贽所说的三种不测的危机，则是荀子“不事而自然”的罂粟之花、魔鬼之果。

荀子讲，人性之初本身已恶矣，向善则须学习，不学习则恶果是自然的，李贽则说，人心之初——童心是善的，然则学而不当则恶——童心失。荀子是不学则恶，李贽是学而不当则恶，虽本初径庭，而后果则一。中国古人学未尝不博，所缺者往往是逻辑，影响了他们审问的精当和明辨的准确。孟子、荀子、李贽之间，恐怕本质上都有相通之处。

如果我们将童心理解为本真之性，那么在此领域谈得最彻底的还是东周时代的老子和庄子。他们共认为当下的自然状态即绝对之善。天下之所以有"善"与"不善"，乃是混沌的大朴已散、大道废除之后，滋生出仁、义、礼、智，都不是善果，都是本真之性的丧失。在他们心目之中，至善乃是任其性命之情，性命之情是自然的，而仁义之类则是人为的。庄子在《骈拇》中讲："夫待钩绳规矩而正者，是削其性者也；待绳约胶漆而固者，是侵其德者也。"他又在《马蹄》中说："及至圣人，蹩躠为仁，踶跂为义，而天下始疑矣。"因此，道家的终极目的是复归，复归于婴儿，复归于无极，复归于朴；是知其白而守其黑，知其雄而守其雌，知其荣而守其辱；是以柔弱而胜刚强。因循"致虚极，守静笃"的天道，则归本根，在老庄看来，本根之性便是婴儿、无极和朴。

或云，以《老子》之辩证法观古往今来之治乱兴亡、成败得失，后发制人，所有"无为"后面隐含的"无不为"巨大功利目的，显然离"自然状态"的"绝对的美"的境界不可以道里计，何以在有关童心的论述中竟会发现老子的透辟和周赡？固然《老子》是一部不可比量的大策略的著述，他的"挫其锐，解其纷；和其光，同其尘"(《老子·第四章》）；“天地之间，其犹橐乎？虚而不屈，动而愈出。多言数穷，不如守中”（《老子·第五章》）；“圣人处无为之事，行不言之教，万物作焉而不辞”（《老子·第二章》），此中固有种种处世为人的透彻之说，可谓慧智；又如“唯不争，故天下莫能与之争”（《老子·第二十二章》）；“大直若曲，大巧若拙，大辩若讷”（《老子·第四十五章》）；“将欲歙之，必固张之；将欲弱之，必固强之；将欲废之，必固兴之；将欲取之，必固与之”（《老子·第三十六章》），这一切简直证明了老子是一位老谋深算的大策士，治国平天下，老子绝不会稍稍让孔子专美于世。正因为老子深知物极必反，故提出“柔弱胜刚强”，“人之生也柔弱，其死也坚强。万物草木之生也柔脆，其死也枯槁。故坚强者死之徒，柔弱者生之徒”（《老子·第七十六章》）。老子看清了宇宙万有包括社会人生的发展，他发现，生命的婴孩时期，虽然柔弱，但却包含着无穷的活力，未来绝对属于他，柔弱必然取代坚强，而宇宙万物在坍塌垂危或老朽衰败的时节绝对是坚硬而枯槁的。我们所应做的是甘于居卑而处微、功成而身退。复归于婴儿者，乃阅尽人间春色之后的返璞归真，使自己真正做到“为而不争”（《老子·第八十一章》），老子所谓“婴儿之未孩”者，童心也，无争之心、混沌之心也。“我愚人之心也哉！沌沌兮！俗人昭昭，我独昏昏”（《老子·第二十章》），也许郑板桥爱题的“难得糊涂”正是这种老子式的大慧智。“慧智出，有大伪”，我们很容易误以为这种聪明之后的糊涂是“大伪”的所在，我想，这种理解是不公正的，倘若然，老子正可以不说，郑板桥正可以不写，免俗世置喙。学会看古人之文，知其良苦之用心，是会看书、看懂书的基本条件。

在此我们就可以仔细地鉴赏我画的《老子出关》了。老子慈眉善目，潭壑碧水似的眼神，表明他无与伦比的智慧，正所谓情深而不诡、风清而不杂者也。而天下第一等的难事，是既有大智慧而又避免了大伪的浸染。从那飘拂的须眉和身在化外的情态，我们似乎可以回忆那《道德经》八十一章的全部内容。这些内容无异是一部心灵的实录，它终极的皈依，乃是“人法地，地法天，天法道，道法自然”的根本回归。那于牛侧踏歌的童子，神情清纯，气质非凡，那是具备了孟子“善之端”的少年，也可以说是克除了荀子本然自在的“恶”，经历了善的修为的一种当下的至善。你们不难看出，一幅好的中国画，必须根植于民族文化的沃土，它是历史的、哲学的而又是高度笔墨技巧的展示。

初心—童心，在孟子和荀子那里的区别是可以统一的。孟子说的是“善之端”，并未保证其永善，而荀子也不曾否认已然的恶向善的转化。西方古代民谚说上帝造人时，一半是魔鬼，一半是天使。而近代科学研究的

老子出关

DNA 和 RNA，未来必可分析出善的和恶的构成基因之不同。孟子和荀子如果在战国之时，有如此高度的生物学修养，他们会携手而笑。孟子说，当我称性善的时候，那恶的 DNA 和 RNA 在休眠。荀子说，当我痛恨本然存在的恶的时候，那善的 DNA 和 RNA 也在休眠。今天，人类最大的修为，不在身外的一切，而在身内，在于心，让恶的基因休眠吧！时间孔亟，不能久待，一旦全人类在核武器的轰鸣中同归于尽，那就还得再等亿万斯年，出现新的物类，那和人类当然不是一回事，等待他们善的基因再来扼制恶的基因，那已是不用我们着急操心的事了。人类，难道我们不能同心同德地将身内的基因趋向于善？这已是拯救地球和人类的唯一通道。契约？世界曾有这样那样的契约，即使将来有全世界的和平宪章，而它对于“道法自然”的伟大皈依，不过是废纸。心灵的事只有用心灵的方法去解决，你会相信那些契约吗？因为签订那些契约的有天真的浮士德，也有穷凶的靡菲斯特。

主宰宇宙的永远是善，惟其如此，才会有天地之大美展现在我们眼前。“恶”，即使会得逞于一时，但宇宙的大规律是使它速朽，不得永年。“飘风不终朝，骤雨不终日。孰为此者？天地。天地尚不能久，而况于人乎？”（《老子·第二十三章》）所以老子希望人们能做与天地道德同步的事，过一种“见素抱朴，少私寡欲”

（《老子·第十九章》）的生活。

至此，我们大体知道此文之标题“童心论”的含义。“童心”二字只为方便明晰而摘取之，且代有贤者使用，似已然有甚多附加之深义在。其实，“童心”可以视为中国亘古至今一个不朽的永恒命题，“童”与大人、圣人，“童”与天地、宇宙、本初、朴、无极有并列不悖之义，可谓同性而异名。古人就心、性、情（张载）、性善（孟）、性恶（荀）的种种议论发明，都有张载所见到的大气迁流、万象纷陈，“民吾同胞，物吾与也”“无一物非我”的感慨。童心者，大人之心也，圣人之心也，岂其有他哉？那是无瑕无疵、无邪无垢的心灵境域，那是一个纯粹高洁的代号，是追逐之象征，而非辩说之结果，亦宛若孔子之“仁”，也是一种道德的标示，即人生最高的当然准则，也是无须辩说而后的存在。

论及“童心”，必论及中国作为士的阶层道德的构建，在此我们必须提及的有宋明理学家张载、朱熹和王阳明。

谈及张载，我们当然知道他是宋代理学划时代的大师，他的成长过程，似乎与我们范家有着一定的渊源。年轻时，张载崇拜先祖范仲淹，他啸聚了几个有血性的哥们儿弟兄，要与党项人一拼，收复洮西失地。范仲淹大概看出这书生还是回去读书为好，这次的劝阻，的确为中国史留下了一个大哲学家，而少了一介匹夫之勇的武士。从这件事却看出了张载的童心。

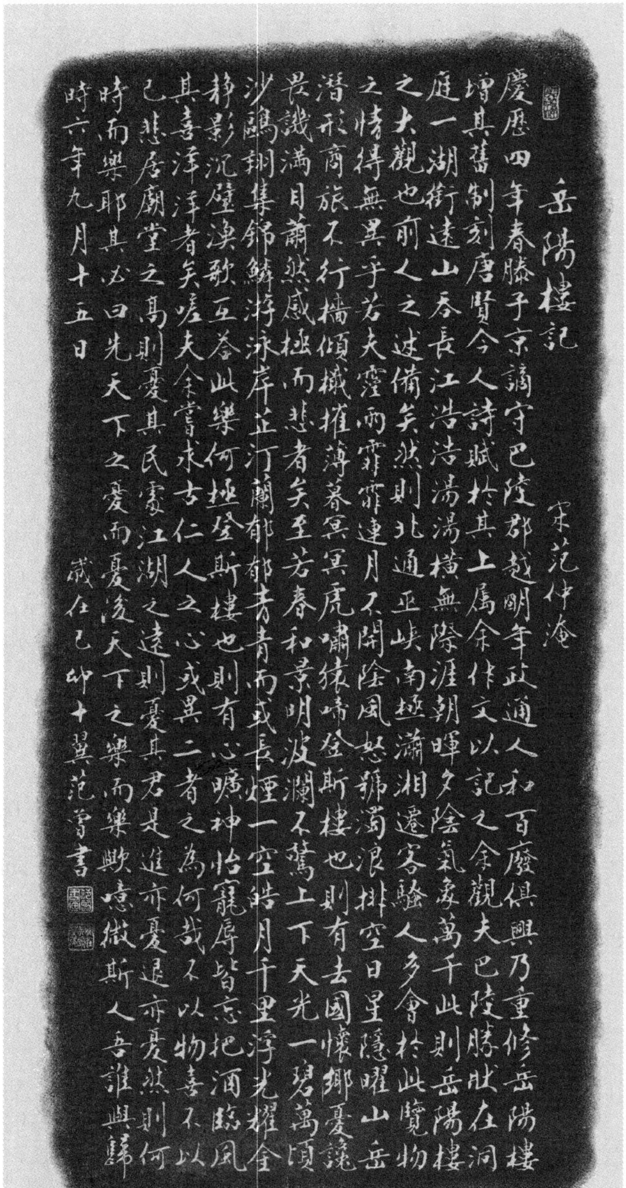
岳陽樓記
宋范仲淹
慶歷四年春滕子京謫守巴陵郡越明年政通人和百廢俱興乃重修岳陽樓
增其舊制刻唐賢今人詩賦於其上屬余作文以記之余觀夫巴陵勝狀在洞
庭一湖銜遠山吞長江浩浩湯湯橫無際涯朝暉夕陰氣象萬千此則岳陽樓
之大觀也前人之述備矣然則北通巫峽南極瀟湘遷客騷人多會於此覽物
之情得無異乎若夫霪雨霏霏連月不開陰風怒號濁浪排空日星隱曜山岳
潛形商旅不行檣傾楫摧薄暮冥冥虎嘯猿啼登斯樓也則有去國懷鄉憂讒
畏譏滿目蕭然感極而悲者矣至若春和景明波瀾不驚上下天光一碧萬頃
沙鷗翔集錦鱗游泳岸芷汀蘭郁郁青青而或長煙一空皓月千里浮光躍金
靜影沉璧漁歌互答此樂何極登斯樓也則有心曠神怡寵辱皆忘把酒臨風
其喜洋洋者矣嗟夫余嘗求古仁人之心或異二者之為何哉不以物喜不以
己悲居廟堂之高則憂其民處江湖之遠則憂其君是進亦憂退亦憂然則何
時而樂耶其必曰先天下之憂而憂後天下之樂而樂歟噫微斯人吾誰與歸
時六年九月十五日
歲在己卯十翼范曾書

《岳阳楼记》

在张载看来，人性有二：一曰本然之性，这是天地宇宙的全体之性，是一种“纯善”之性；一曰气质之性，在宇宙大气迁流中（或如现代天体物理学之大爆炸所引致的冲击波），各种物类形成，“纷总总其离合兮，斑陆离其上下”，物类既异，气质且殊，因此气质之性有善有不善，而这种有善有不善的气质，同样存于人性之中。在张载看来，以上所述之性是根本的，有性矣，复有知觉，便成为心。这心包含了性（纯善之性和气质之性——有善有不善之性），性之发为情，情亦在心中。这时我们还不可以认为这“心”便可称“童心”，在气质没有修为之前，称之为“童心”还过早。他在《经学理窟·气质》中说：“人之气质美恶，与贵贱夭寿之理，皆是所受定分。如气质恶者，学即能移。”在张载心目中，人生头等大事是变化气质，这变化的是“气质之性”。而与此同时，要悉心呵护天地之性，人人都有与宇宙全体之性同在的纯善之性，这种反省自明的作圣的工作，能使“天道合一，存乎诚”（《正蒙·诚明》），这与天道合一的性，便是我们要证明的“童心”了，“童心”原来便是天人合一的伟大胜果。当人性中保持住了张载所称的天地本然之性，又诚恳地进行了气质的变化，那就做到了洛阳二程所说“天人本无二，何必言合”（《河南程氏遗书·卷六》）的无间隙的天即人、人即天的境界。在这里，“童心”化成了一种宇宙最本然的存在，体现了这种大存在的是为大人、圣人。

由此引出一位大人、圣人，那就是南宋的大理学家朱熹。在奸佞当道、残害忠良的时代，宋宁宗朝发生了“庆元党禁”，首当其冲的是良臣赵汝愚和大儒朱熹。党禁迫害变本加厉，朱熹之学由“伪学”而为“伪党”，由“伪党”而为“逆党”，群丑蹀躞跳荡，丑态毕现，而于风云之中有两位足具“童心”者在焉：朱熹和辛稼轩。辛稼轩虽与党禁之祸无涉，但他是朱熹的好朋友，习相远而性相近，而且都具备着一颗“含德之厚，比于赤子”的纯粹不染的童心。有了这样的童心，他们就柔弱胜刚强，“毒虫不螫，猛兽不据，攫鸟不搏。骨弱筋柔而握固”（《老子·第五十五章》）。朱熹处变不惊，临危不惧，在险境中安坐教席，拂麈而谈经，在从容地应对时变中去世。迟暮英雄辛稼轩哭拜于朱熹墓前，写下了“所不朽者，垂万世名，孰谓公死，凛凛犹生”（《宋史》卷四百）的名句，还写下了“算不如闲，不如醉，不如痴”（《行香子》）的痛疾时弊的词句。《老子》有云，“赤子”终日“号而不哑，和之至也”，辛稼轩为了朱熹所作的愤怒呼号，不止终日而不哑，亦当千秋而不哑。

朱熹的著述，有一部专谈为人之气质、气象者曰《近思录》。宋代的理学家是重气质、气象的。张载之论已如前述，又如洛阳二程则说：“人须当学颜子，便入圣人气象。”记得《论语》有关颜回的有：“吾与回言终日，不违如愚。退而省其私，亦足以发，回也不愚”（《论语·为政》）；“回也闻一以知十”（《论语·公冶长》）；“回也，其心三月不违仁，其余则日月至焉而已矣”（《论语·雍也》）；“贤哉回也！一箪食，一瓢饮，在陋巷，人不堪其忧，回也不改其乐。贤哉回也！”（《论语·雍也》）于此我们看出了颜回的君子儒雅风范和内美修能，也看出了他的刚毅木讷。进问之，颜回“不改其乐”，其乐为何？——真正地能行仁，“仁远乎哉？我欲仁，斯仁至矣”（《论语·述而》）——时刻“欲仁”，那便是推己及人，力行忠恕，不以巧伪赢人心，那便是颜回的至极快乐，乐以忘忧，仁者不忧，便入于圣人气象矣。“不违如愚”，似听话之学子；“闻一以知十”，绝对是聪颖之学子；“三月不违仁”，有弘毅精神之学子；“一箪食，一瓢饮”，固力行而克己复礼之学子。瞻其气质，“如婴儿之未孩”，而视其气象炎炎，则扬灵之大哲也。唯颜回“童心”具足为无疑者矣。

朱熹对孔子、颜回、孟子有精辟简赅的评语，云：“仲尼，天地也；颜子，和风庆云也；孟子，泰山岩岩之气象也”；“仲尼无迹，颜子微有迹，孟子其迹著。”朱熹唯言其状态之不类，而并不欲辨其高下轩轾。朱熹又谈到张载：“先生气质刚毅，德威貌严，然与人居久而日亲。其治家接物，大要正已以感人。人未之信，反躬自治，不以语人。虽有未谕，安行而无悔。故识与不识，闻风而畏。非其义也，不敢以一毫及之。”（以上皆见朱熹《近思录》）童心之广大精微，已如上文，进言之，童心既是圣心，即不是“浅心”，浅心者，幼稚浅薄之心也。修持圣心，当非易事，圣心难用浅心求也。朱熹与陆象山之辩，朱氏每讽陆氏之学如禅，成圣过易则貌似醍醐灌顶，实玄远而神秘，要非成圣之道。

论及童心即大人之心、圣人之心，我们自然必须引出一段极深刻鞭辟入里之说，这就是王阳明的《〈大学〉问》，文云：“大人者，以天地万物为一体者也……是故见孺子之入井，而必有怵惕恻隐之心焉，是其仁之与孺子而为一体也。孺子犹同类者也，见鸟兽之哀鸣觳觫，而必有不忍之心，是其仁之与鸟兽而为一体也。鸟兽犹有知觉者也，见草木之摧折而必有悯恤之心焉，是其仁之与草木而为一体也。草木犹有生意者也，见瓦石之毁坏而必有顾惜之心焉，是其仁之与瓦石而为一体也。是其一体之仁也，虽小人之心亦必有之。是乃根于天命之性，而自然灵昭不昧者也。”这其中王阳明又高宋儒一筹者，在于他的格物而致良知之说，是广大慈悲、无限恻隐，未必只限于大人和圣人，即小人、鸟兽、草木、瓦石亦可致良知，于天地宇宙间亦皆属一体。而王阳明以为做不到一体的根本原因在于“己私未忘”。王阳明对孔子的“仁”进一步阐释为天人一体、万物一体。其实，从王阳明的述说中看出他真正的童心未泯，连鸟兽、草木、瓦石在王阳明眼中都是有生命、有感觉、有“天命之性”的，这在张载、二程、朱熹的学问上似有进步，堪称“大学问”。王阳明在这里成了中国哲学史上更大的存在，同时他的学说将会为这童心沦丧的世界带来无穷尽的好处。他说：

夫圣人之心，以天地万物为一体……天下之人心，其始亦非有异于圣人也，特其间于有我之私，隔于物欲之蔽，大者以小，通者以塞。（《答顾东桥书》）

人皆可为圣贤，天下人“皆其昆弟赤子之亲”，这是对人类自身净化、相互关系淳和、讲信修睦的崇高祈祷，五百年过去，人类竟如何？还有人从内心到行为崇尚王阳明的伟论吗？有的，中国目前正是如此在努力着。

以上对“童心”之内涵界定已将李贽《童心说》作了充分的剖析和补充。明代李贽的思想被视为“异端”之学说，与宋明以降陆（象山）、王（阳明）之学占据学界要津的背景有关。然而本文所列之宋明儒家，既有重“道问学”的如朱熹，也有重“尊德性”的如王阳明。然就朱熹言，于泛观博览之外，亦未尝轻心性之学；就王阳明言，虽唯恐读书博学适足废道，也只是为提醒学生会读书，非谓读书之果可废也。这两方面与本人所论述过的童心即吾心，即天地之心，即圣人之心，皆无龃龉。“尊德性”当然为的是证本心，而“道问学”何尝不是以古代文本证求圣人之心？朱子叫学生半日读书、半日静坐，目标很清楚，上午读的书，在下午的反刍中，化入吾心而不死于章句也，证求圣人之心亦证吾心也。当年鹅湖之会，陆九渊（象山）、陆九龄（子寿）与朱熹的辩论似乎不是你死我活的路线斗争，侧重有别而已。陆氏兄弟重心性，而朱熹重义理，陆以朱之教人为支离，而朱以陆之教人为太简，但就宋学而言，在明心见性的大道理方面大概不会有根本性的分歧。

上文论及张载之重修为的“大人”境界，以为“变化气质”乃是为学的无上正觉。而朱熹则提倡“主敬”，对先贤经典、对天、对人深怀敬畏之心，则为人自有一种高逸儒雅之气，他说：“敬只是此心自作主宰处。”意思是“敬”不来自外界的强求，只是主宰言行自身的恃守。朱熹又进一步解释：“敬非是块然兀坐，耳无所闻、心无所思而后谓之敬。只是有所畏谨，不敢放纵，如此则身心收敛，如有所畏，常常如此，气象自别。”（《朱子语类·卷十二》）当一个人常具敬畏之心的时候，他就可以与天地精神无障地往还，无敬畏则有拒绝之心，无敬畏者无怀抱、无包容，则去大人、圣人日以远，童心之沦失殆尽可预卜之矣。

谈到童心和圣人之心的同性异名，不禁使我想起近世王国维词论中最具魅力的那句名言。王国维在论李煜时说：“词人者不失赤子之心者也。”又说李煜之词“俨有基督释迦担荷人类罪恶之意”。“赤子之心”谓未受污染、皭然不滓之童心也，而后句则称李煜有圣人之心矣。王国维于所译之尼采《查拉图斯特拉如是说》中，有查氏者对五色牛村之村民论及骆驼之性格、狮子之性格与赤子之性格时，谓赤子者“若狂也，若忘也，若游戏之状态也，若万物之源也，若自转之轮也，若第一之推动也，若神圣之自尊也”。有此七种品性（前文所谓之气象、气质）则骆驼之耐苦、狮子之咆哮不可拟之，有不可侵凌之气在焉。七种品性中前三种属“如婴儿之未孩”，后四种则属气象万千之大人、圣人也。七事备，而后我们深知本文所论之“童心”为不妄。

抬眼望，龙光牛斗，星汉灿烂；俯身察，万类繁衍，万物得时。这好端端一个风雨博施、日月随旋的宇宙，不正是不言大美之所在吗？二百多年前康德就对着茫茫的六合玄想，心头升腾起“星空”“道德”两个词，与两千五百年前大哲老子“道经”和“德经”两个词不期而遇。人类的智慧有时是会有不期而遇的因缘的，不知何时何地为何携手，共逸绝尘。因为人类所面临的和所要解决的根本问题，一定是跳不出“天”和“人”两个字的。

由猴子变为人，达尔文认为经历了一千万年的历史，而这一千万年比起霍金《时间简史》所讲的宇宙的历史，不过是弹指一瞬，人类是不是因了这一千万年的发展变得很伟大呢？我们如何来评价人类的文明发展史？文明和野蛮的界标是什么？今天的文明人和丹尼尔·笛福笔下的《鲁宾逊漂流记》中荒岛野人有什么区别？世界上被消灭的人类族群：四千年前的迦太基人、一千三百年前的苏美尔人、八百年前的党项人，他们都留下过不朽的、令人心驰神往的文明，而历史往往不公正地称胜利者为文明，而失败者为野蛮。“优胜劣败”作为一个生物学的名词其实是无法延伸到人类的历史范畴的。然而无论西方的和东方的大哲们，都幻想着大道之行后天下为公的、无私无嗔的、无贪无怨的太平盛世，如果说“童心”和至大无垠的天地同在，《童心论》就近乎是本体论。我们所要开启的人类心性中的纯良无所不在，在你，在我，在他，在日月星辰，在鸟兽草木，在川泽山岳，在落叶残花，在颓垣残壁。我们看到在德国柏林街市上、在广岛二战的废墟上重建的大厦，将残墙镶嵌于建筑之中，那是一段刻骨铭心的记忆。但是人类有一个无救的恶德便是“忘却”。人类的文明和野蛮并行而不悖，因缘相仍，有如孪生。五千年乃至一万年前人文肇始、浑沌初开，人类从懵懂中昏昏然觉醒，从此走上了一条向死而生的不归之路。我们不禁要问，人类吵吵嚷嚷，嗡嗡嘤嘤几千百年干了些什么？现在正在干什么？所干的事，据说是从浑沌走向光明！那是庄子书中“倏”和“忽”所干的事——将那大朴的“浑沌”七窍洞开。人类多看、多听、多嗅、多味了一些东西，然则七窍开而浑沌死。人类，我为你哭泣，你失去了很多很多，得到了很少很少。

张载说："为天地立心，为生民立命，为往圣继绝学，为万世开太平。"（《张载集》第302页，中华书局，1978）张载无疑是宋代理学的堂庑特大的先哲，他之后的二程、朱熹、陆象山、王阳明以至明末清初顾炎武、王夫之、黄宗羲三杰，无不以此论为圭臬，而"先天下之忧而忧，后天下之乐而乐"的范仲淹，则是开宋代理学先河的圣哲。

由李贽的"童心说"所引发的是历史、哲学和整体文化的大议论，当人类还不知道有"童心说"的时候，"童心"已作为天地大美的存在渗透到一切领域，它和年龄无关，只和宇宙间一切美的、真实不欺的存在有关。它是光明的所在。当人类整体失去童心的那一天到来的时候，地球将会在宇宙的坍塌之前，掉进永夜的、万劫不复的黑洞。

英国诗人华兹华斯（William Wordsworth）说：儿童是成人的父亲。

中国诗人范曾说：童心是人类的太阳。

2007年12月20日

元旦将至，以为献礼

# 中国画研究法

## 一、引言

荆玉含宝，要俟开莹；以移陋习，以开新荇。在中国绘画上，离开经验的、感悟的、归纳的东方哲学的方法，而走向西方的实证的、天人二分的、逻辑的哲学方法，立刻会偏离中国画的传统，因为亘古以还中国画家不作如此想。在方法论与本体论的浑然圆融方面，东方的（主要指儒、佛、道）的学问在二千五百年前，已达致至善无垢的净域，它伟然而在，自足无碍。它是不需要它山之石以攻的美玉。它那样巍峨，如直上云天的崄巇；它那样清澈，如横无际涯的沧海。它离你并不遥远，不只是身旁而在你身内。你身内有一颗皭然无滓的心灵，它有一扇门，直通无边无岸的宇和无始无终的宙，庄子说：这叫“天门”。王阳明说：“心外无天”，心一旦停止跳动，天的存在毫无意义。你属于宇宙，宇宙属于你，孔伋说：这叫“天人合一”。汤之《铭盘》曰：“苟日新，日日新，又日新”，对这句话，下边会做出我的解释。衡量绘画其实重要的是好与坏，而不仅仅是新和旧。人类的历史至今充其量为三百万年，据说在非洲发现人类的老祖母，她的子子孙孙生息繁衍，皮肤经历了大自然的染色、漂白等等工序，有了今天全世界各色人种。其实这三百万年比起宇宙上百亿年的年龄，不过是白驹过隙，稍纵即逝；三百万年在佛家的《妙法莲华经》中不过是一劫中的瞬间——刹那，人类竟以为智慧有了多大的进展，荒唐！人类最不可救药的毛病是妄自尊大，总以为后之来者一定超越了先民，这种思想根深蒂固地来自逻辑的思维方法。从亚里士多德的“地心说”，到哥白尼的《天体运行论》的“日心说”，经历了二千年，这期间有不少的科学家进了宗教裁判所的牢狱，如伽利略；有的则被架上煤焦油的刑坛活活烤死，如布鲁诺。而在东方的知识分子绝不会因思想方法出了格而面临如此残酷的后果。李贽是受罪了，但他的《童心说》二千年前就有，而且讲得比他还好，他的罪行主要是当权者恐惧他的反叛性格。秦始皇的焚书坑儒指向不是儒家的方法论，而是儒家对法治的忽视。在中国方法论上具有无与伦比的智慧，“反（同‘返’，回归也）者，道之动”，简言之，“回归”乃是宇宙亘古已存的物极必反的不二法则。任何人都了然于心，这是宇宙的大德性。无是无非，是自在而已然的存在，中国人简称之曰“自然”。即使中国最严酷的统治者，对“自然”也千叩首、万叩首，谈不上以此判断忠奸。

研究古代东方的尤其是中国的学问，千万记住，不要以一种固有的模式来削足适履，往复进行批判（“批判”二字不是“文化大革命”所用“大批判”之意，批判，指解析和判断），如此则往往误入迷途，坠进泥淖。

我们今天所看到的五光十色的世界，种种装腔作势的各色人等，尤其是所谓的摩登，不过是一阵阵不安的跳腾，与人类的本质的进步杳不相关。“躁动”是人类走向灭亡的必经之道。只有明白东方在方法论上的“静为躁君”，人类庶可得救。而“躁”来源于“不诚”。孔伋“非诚无物”和王阳明的“心外无物”是同一道理，心是“诚的存在”。“诚”是心内的储藏。

庄子看来，古和今不是一组对立的概念，它们“齐一”，宛如太古的栎树和大椿与朝生夕死的蚍蜉，他们“齐一”，也宛如八百寿的彭祖和早夭的殇子，他们都“齐一”。王船山先生之意，物无所对应是庄子“齐一”说的真谛。在“齐一”之境，所有归于宁寂、归于静。那儿是什么？是无穷之门、无何有之乡，是朴，是婴儿，是无极。

西方的智者，今天还在思考中的霍金的科普读物《时间简史》《宇宙简史》《果壳里的宇宙》，凭他超凡的睿智所创的宇宙大爆炸学说，略类老子哲学的“无中生有”“有无相生”，“有”“无”同出而异名。宇宙来自何方，走向何处，那恐怕是亘古以还以至无尽未来，永恒得不到完满解决的问题，在宇宙面前应该永怀谦卑、敬畏之心。从老子的“复归”说到庄子的“方生方死，方死方生”，那是对生命流程迄今为止最辩证而彻悟的讲法。人类对宇宙能解释的部分，是不完整的，所占我们没有解释的部分的千之一、万之一。饱学？在宇宙面前，哪一位学者不显得捉襟见肘？19世纪法国伟大的雕刻家罗丹说：“我完全服从自然，从没有设法去支配自然。我唯一的野心，就是对自然的卑顺忠实。”老子有云：“天地不仁，以万物为刍狗；圣人不仁，以百姓为刍狗。”人们能读懂这两句话，就会解决无数的疑窦和痴心妄想，原来“自然”本来自在而已然，道的所在是绝无半丝过错的，而道的创物那更是不可言说的，亿万片寒冬的雪花，有一片图案相似吗？亿万的人群，有两人的指纹相同吗？为什么圆周除以直径，是永无尽期的、只是逐步接近的值？

这种最简易的问题，其实都包涵了一个最根本的宇宙法则——无可穷尽性。对此，中国古人传说中的伏羲、周文王画八卦图的时候便在思考着。然而中国人的悟性，使理性的思维悄然失落，而当对事物得不到合理解释时，乃借助天才的归纳。这种归纳法，使人们不困于一枝一叶的探究。所谓“直抵灵府”者，不是可道者不道，而是知道“道”的大不可方，是无可穷极的，于是，六合之外，圣人存而不论。这有着等待后之来者的意思，但绝不是消极的等待，“自然”会以自己的不朽魅力，永远辉煌地存在着。孔子云：“人能弘道，非道弘人”，

百年世事不胜悲

他老先生对人的创造力和主观能动性是充分信任的，只是他希望于人的生存状态是“君子坦荡荡”，而不是“小人长戚戚”。老子则更教导人们，“道可道，非常道”。“常道”是什么？它是宇宙本体，可以讲出的“道”，往往背离“常道”。于是二千多年来，先圣的睿智使无以数计的人趋向于崇敬自然。庄子云：“天地有大美而不言，四时有明法而不议，万物有成理而不说”，这不言、不议、不说的自然，便是对人类恒久不变地进行着的无言之教。《易经》中所载孔子《十翼》有云：“是故天生神物，圣人则之；天地变化，圣人效之；天垂象，见吉凶，圣人象之；河出图，洛出书，圣人则之。”没有比大自然的启示更重的，对它的“卑顺忠实”，是我们人类可以做到而唯一应该做到的。人类往昔的一切过错都来源于过分的自信和对自然的漠视，过错造成对自然本质规律的背离，自然何尝想严苛地惩罚人类，其实只要你不太过分，自然仍然可以它广阔的胸怀包容你、原谅你。然而当后工业来临之后，人类岂止妄自尊大，竟自己以为是宇宙的中心。其实人类的为非作歹，宇宙静言观之，静言思之，只有到了忍无可忍的时候，自然必定会以一种迅捷的方法来解决人类过错所造成的自然失衡状态。人类，你算老几？你不过是一粒粃糠、一撮尘沙。于是人类骇怖了，预测着世界末日的来临。其实地球从四十亿年前的地表的一汪洪水，至今的每一丝一毫的变化都有着自身的法则，这法则不是某一个上帝的意志，而是自然的生发。倘无人类存在，地球将比今天美丽一万倍。朝鲜和韩国中间有一条几十里宽的隔离地带，在1953年停战之后，两边都以铁栅隔开，中间无人过往。仅仅几十年，那儿已是类似原始的大森林霍然而在，芳草鲜美，落英缤纷；而更足使人惊异的，是各种珍禽异兽又都八方来归。这给了我们一个极好的教训："天地不仁，以万物为刍狗。""仁"，在人类社会的概念中，是至诚的合情合理，但是"仁"是由于"不仁"的存在，"大道废，有仁义"，归根结蒂，"仁"是大自然根本规律丧失之后的产物。它对维持一个平衡的社会是有用的，而对于大自然，"仁"并不能指挥日星的隐曜、沙漠的飙起。在大自然的天眼看来，地球上的万物，应如刍如狗那样自在而天然地消长和繁息。当人们读懂老子这段话的时候，可以恍然有悟，原来自然所希求于人类的是"无为"，而不是以自己微不足道的智慧去改造自然。三峡大坝是人类自以为是的"杰作"，曾几何时，那四周地动山摇，塌方滚滚，冰雪不应时而起，洪水不择地而流。我们应该回忆一下一千二百年前杜甫在夔府的吟唱，作为有过夔门记忆的我，以为天下之美无过于夔门的烟云，"两岸猿声啼不住，轻舟已过万重山"的诗境依旧吗？

中国画法之研究开篇之所以滔滔如上述者，实因一民族之文化，与该民族之思维方法有绝大的关系；苟与思想方法有龃龉，则其艺术的表现绝对是趋舍异路。世上各族群之艺术，各臻其美，各美其美，至于熔于一炉云云，何异痴人之说梦、迷途之问瞽？日本室町王朝时有雪舟等杨者，来明朝而学南宋马远、夏圭一派，用功不可谓不力，笔墨不可谓不似，然观其作品终有其本民族色彩，称优秀的“日本画”家则可，称“中国画”之作手则不可。而中国古代哲思周流修远，中国文化博大、精深、典雅、宏阔，非浅涉则止者可见项背，其于文化本质之接纳上食而不化，是其必然。然反观中国对印度文化之吸纳，则全在于我本为崇山峻岭。印度佛学之东渐，初不能不附于道家之学，甚而追随中国方士之左右以延宕其教义；然而中国倘无文人之介入，佛教之玄妙法门，终不能深入人心。于是佛教的中国化，经历了汉、魏晋南北朝、隋唐之漫长过程。其间如安世高、道安、竺道生、鸠摩罗什、玄奘皆厥功至巨。其中，虽其未必皆为中土僧侣，然对中国文化必有深入之理解。南朝之僧肇与谢灵运、唐代之神秀与慧能于禅宗开渐、顿两派。佛学之成为中国国学而不复为印度之学的根本原因，是中国文化消融外来文化，乃是使印度佛学从吾也，非吾从印度也。中国文化于先秦早已是不可动摇的自足体系，他山之石可以攻玉，而他民族之文化殊不足攻中国之文化。

谈中国画必以中国文化之眼、耳、鼻、舌、身、意以体中国民族之色、声、香、味、触、法，以六根而悟

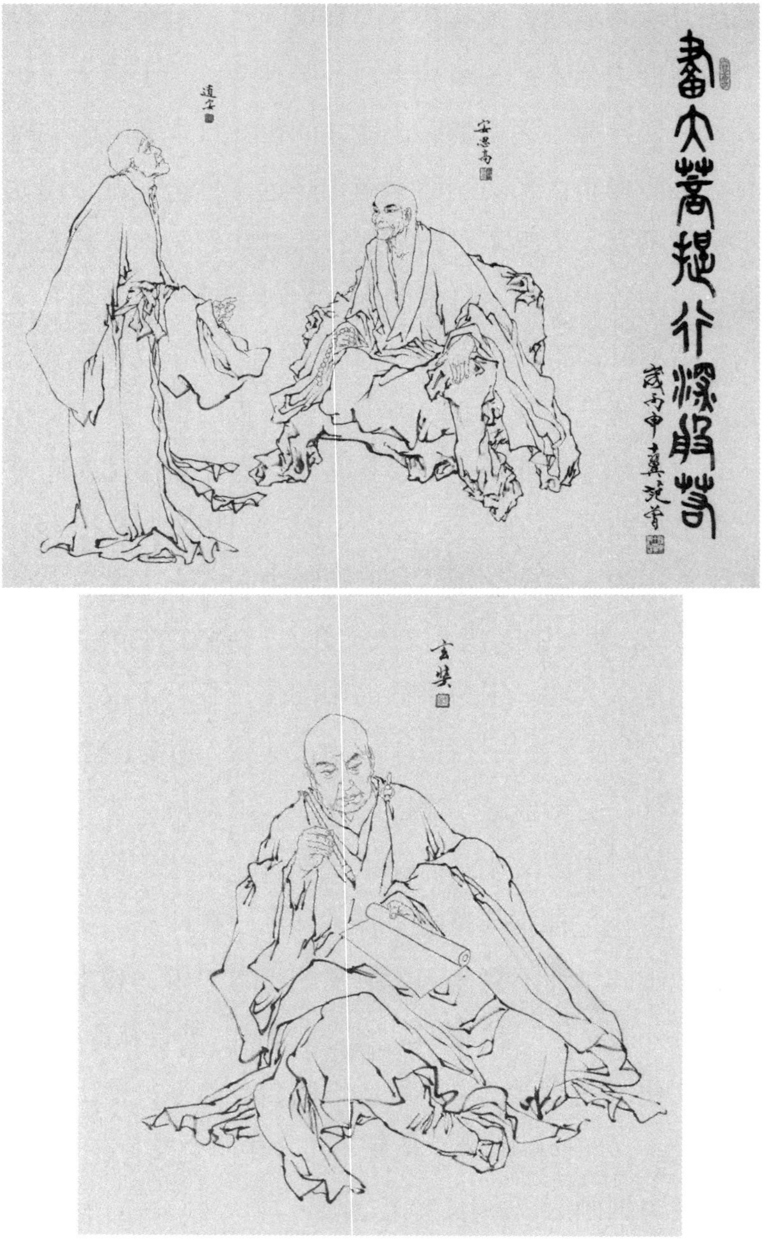


画大菩提行深般若(局部)

六尘，终极之境界乃为一“空”字。悟中国之学问，必体会老聃之无中生有、有无相生之哲理，其最高之追求乃为“无为”二字，如此，则事过半矣。

## 二、“绘事后素”说原旨

《论语》：“巧笑倩兮，美目盼兮，素以为绚兮。”（《诗经·卫风·硕人》）此《诗经》之句也，本不须笺注，而后之腐儒解经之普遍毛病乃源于子夏之执拗，子夏必问孔子“何谓也？”其实如郑樵所云：“正犹入夜必寝，旦必食，不须告人也。”陋儒于此“不应识者”（即不借笺注而后知者，所谓自在之长物也）则详，愈详则愈迷。忽而告人曰，吾夜已寝矣，旦已食矣，闻之者岂信其直如此耳，必曰，是言不徒发也，若夜寝旦食，又何须告人，先儒笺解虚言，致后人疑惑正类此，因疑而求，因求而迷。因迷而妄，指南为北，俾日作月，欣欣然以为自得之学，其实沉沦转徙，可哀也哉！此患无他，生于疑尔；其疑无他，生于本来识者（前指长物）而作不识者解耳”。（《尔雅注序》）美人之未动也，“素”也；有轻颦浅笑，眼色轻流矣，“绚”也，何待子夏之问“何谓也？”亦如月出东山，必以指而后知乎？未出沧海千山暗，才到中天万国明，此必然之流转也，不待迂阔者询“何谓也？”当此之时，感动犹自不及，更无用笃笃其问。孔子不得已而回答子夏云“绘事后素”，是勉为弟子解耳。“绘”与“素”本合二为一，必分其先后，则“绘事后素”。晚明大儒张岱谓，孔子之释，已是在无奈中“月外添指”；迂甚子夏更问之“礼后乎？”孔子不欲再为指点矣。张岱之意，苟孔子再云“礼后乎德”，则“更非初月矣”。于此，我们知道孔子希望子夏者是“得月忘指”，而不希望子夏“见形着想”，德与礼、绘与素本无先后。张岱云：“说一‘先’字，已是‘后’了也。”亦如老子“有”“无”同出而异名，正无先后也。孔子又云：“起予者商也，始可与言《诗》已矣。”这句话的意思是：“子夏（名卜商，故此处用‘商’字），引发我作了如此的解释（虽是勉为之），那么就让我们开始谈《诗》吧。”此段对后世谈《诗》重在会意，有指导的意义，使知“作诗必此诗，定知非诗人”。至此，我们知道，原来“素”与“绘”异字而同义，大朴未散之时，“绘”何由哉，既“绘”矣，“素”在其中，非先后也，同体而异名，正如“无”“有”同出而异名也。

近世之画论家和画家，因国学之根基太差，望文生义，强作解人，对“绘事后素”作了自言自语、不论古人的种种曲解，其与孔子之言教，相去何啻天壤。有云“素”指素描，在中国则为白描。又云，白描以后，赋之以色，故云“绘事后素”。因了这荒唐的诠释，我必须作上面的论述。孔子所云本为告后之来者，读诗切不可执象以求，而读诗之法门与作画之旨归，何尝有别？我们谈中国画法必须从形上之学开其端，否则终身勤于斯而不闻道，始于浑噩，终于浑噩。何以云中国画之前进？则背其道而行之，直如盲人骑瞎马，夜半临深池；亦如骑驴觅驴，正不知所觅者在迩，故作高远追逐之态，如此荒唐可笑，犹飘飘然自得。如此，则宜先搁笔读书，以增其学养，然后“悔相道之不察兮，延伫乎吾将反”。果能如此，来者可追，是本书著述之大愿。

## 三、气韵生动

南朝谢赫《古画品录》有论画六法，钱锺书先生作如此标点：“气韵，生动是也；骨法，用笔是也；应物，象形是也；随类，赋彩是也；经营，位置是也；传移，模写是也。”其标点之妙，在于得谢赫本旨，与历代学人点法大异，而其内涵则深得古人之心，即以“气韵，生动是也”一句，这是冠于六法之首者，可以视为中国画之灵魂。钱锺书先生深知，中国古代哲学其于“气”字之重视，老子对在没有“宇”与“宙”即没有空间和时间的概念，即浑沌未开之状态竟如何，作了天才的描写。老子用“一”字来象征之，这是阴阳未分的状态。阴阳二元论自夏、商至老子已历近二千年，这是中国前哲学时期的创说。阴阳二元既非孤立之存在，亦非了无区别。在“浑沌”之阶段，朱熹所谓“没有天地之先，总还有一个理”。道理，道理，道即理之所生，理即道之所存。照现在天体物理“热大爆炸宇宙学”之说，那道和理是温度均匀、密度均匀和对称性极高的臆想状态。称“臆想”者，略有贬义，那是已主观设定有时、空的存在，才有物质之运动，无物质之运动则无时、空之概念。霍金和老子，对宇宙生成之前的描述都略显其尴尬，而此尴尬不是一种过失或缺点，而是一种无奈。老子于此可谓竭尽其智慧，用了一系列的词汇表明了宇宙的生成之先无状之状的前宇宙：道（理）、恍惚、浑沌、朴、无极、虚极、玄、一，是前宇宙。然后设定有物浑成，独立而不改，周行而不殆，恍兮惚兮其中有象；惚兮恍兮，其中有物。这物与象似是而非，老子并未作确切性的论定。由于气的冲和（这可说是精神的），即“万物负阴而抱阳，冲气以为和”，气是一种无穷极的精神的力量，它使阴阳交合，万物斯生，这时宇宙霍然大朗，天地开辟，老子和霍金在宇宙生成说的异曲同工处是从无到有，霍金找到“奇点”一词，以臆想宇宙之大归藏，而老子干脆以“无”（精神）和“有”（物质）的相生发，用于解释宇宙之生成，是为“常道”。

“气”释放了神秘的、浑沌的大宇宙，此前的“独立而不改，周行而不殆”，是气的作用，而此后万类之繁衍，山川的形成皆是负阴而抱阳，冲气以为和之作用。

“气”字在中国于是成为一个无所不在的词，论人品而重气节，论仪态而尊气度，论国运则谈气数，论军旅则言气势，那么气的遍列周流，必及于人物、山海、草木、川流。绘画六法之首列“气韵，生动是也”，是其固然。

希腊古哲柏拉图有云：宇宙万有是永恒理念之摹品，而艺术则为摹品之摹品。此言是也。“师造化”“得心源”二词，亦可称同出而异名，舍此则别无源头活水。“心源”与“造化”无区别，亦无用区别。在中国，艺术之为“摹品之摹品”，是摹写时注入艺术家主观之判断，取其当取，舍其当舍，此即所谓“造化”，亦即“心源”也。

战国韩非子：“鬼魅最易”，“犬马最难”；东汉马援：“所谓画虎不成反类狗”，言摹写大自然，非易事也。东汉王充重文而轻画（王充《论衡》：“人好观图画，夫所画者古之死人也，见死人之面，孰与观其言行？古昔之遗文、竹帛之所载灿然，岂徒墙壁之画哉？”），早引起唐人张彦远之愤怒，谓“余尝恨王充之不知言”，范曾以为王充唯物主义不亦过乎？苟死人而不可画，则古今流传的历史人物画皆可废之，与此种偏激狂傲之人谈艺，直如对聋奏琴、对瞽言象耳，其去孔子之诗教岂止千万里哉！凡诸论事，过犹不及，东汉张衡以为画工好作鬼魅，“诚以事实难形而虚伪不穷也”，这又是一种偏执之见。其实达至“气韵，生动是也”的境界，犬马与鬼魅同难，不在其客观存在与否，即使鬼魅，也还是人们对客观存在物之摹品，是人类中光怪陆离、奇丑极恶的人的写照，过去往往以王充、张衡之论为现实主义之发源，不亦谬甚乎？

“气韵，生动是也”，则更进一步阐发了重要的不是画什么，而是如何画。同一物置前，有天籁爽发之摹品，亦有蹇促抑塞之摹品，这全凭艺术家天资之高低，感悟之浅深。感悟深，则“心源”与“造化”异名同体，何分先后主客？

“气”和“韵”分别言之，则“气”似为虚无中的一种无穷极的、笼罩一切的精神力量，而“韵”则是“气”所赋予每一事物的生动的存在状态。“气韵，生动是也”则是杰出的艺术家一旦处于神完气足的创作状态时，自然生发出的一种节律，流于笔底，浩浩然不知其所之，飘飘然如羽化而登仙。笔所未到，气已弥漫，这是人生不可多得的时刻。即使伟大的艺术家，在一生之中，遇到这样的时刻亦不容易，正所谓“文章本天成，妙手偶得之”，一俯仰之间不亦越乎万里之外，可遇而不可求？有一人焉，自忖今必画一“气韵，生动是也”的作品，我敢断定他做不到；而同一人焉，某日不思不勉，吮毫作画如凭虚御风，作画既毕，迷不知所向，这是与天地精神相往返的境界，此时所作之画，有非预设可达的妙趣。这就是为什么大艺术家，尤其中国画家一辈子极精绝妙的作品只是他作品中千之一、万之一的原因。

远古先民有天然本真之性，初无伪诈刁钻之思。老子所刺“慧智出，有大伪”言机心以生，初民之淳朴失之矣。许慎《说文解字》序“近取诸身，远取诸物”者，指太古之人与自然之贴近也。今试举数例以证之：其一，仰韶文化，半坡类型之人面鱼纹盆，作者之自由遐思，忘怀得失状态于人头之表情，游鱼之回环表现得淋漓尽致，今日艺术家观此，皆当赧然自愧，知自身为艺之不诚。其二，更早于仰韶之河姆渡文化有一猪纹钵焉，画上低头前行之猪，憨态可掬，造型竭尽奇妙，非作者故意为之，天趣使然也。今之艺术家，能有此造型能力乎？其三，龙山文化中有白陶鬶，可谓“近取诸身，远取诸物”之典型杰构，略类一动物仰天长鸣，而把手则如此兽之尾蜷曲，如此奇思妙想，殊非今之艺术家可梦见者矣。其四，庙底沟之彩陶鹳鸟石斧瓮，则一圆瞪大目水鸟，口衔一大鱼，身略后侧以支持平衡，此种神韵，天授之也，非人着意想象也。人之想象力，盖甚有限，岂能超越天地之大美？以上四例，足征“气韵，生动是也”。这生动来自宇宙本体，来自“天地有大美而不言”。先民懵懂，初不料有此奇绝之表现，非着意为之也，天使然也。

滂沛大气、浑沦宇宙的本真之性是“诚”。“诚”也是宇和宙中日月星辰、万类生灵、崇山流泉的存在性格。不诚的事物会消失，消失在远古、太古、玄古的烟云之中。

也许宇宙生成的千百亿年之过程里，是真诚胜果争攀的景象，它使宇宙处处合理，恰到好处。宇宙是没有过错的，它使自己平衡、对称，它不会陈腐，不会消亡。“苟日新，日日新，又日新”，是宇宙永生的生命力。引言提到《盘铭》，孟子以为这是由于“君子无所不用其极”，追求最完善之境域也，新的目的是“完善”，非为新而新也。这儿的“新”，非指一枝一节的更新，它指绵长不断的、恒变不居的运动。一秒后的宇宙和一秒钟前的宇宙是不同的，至于较大的变化则是人类有限的生命所看不到的。康德所谓的“本体什么也没有发生”，这是由于他感受到生命的短暂和宇宙无可穷极的奥妙。正如苏东坡所浩叹的：“寄蜉蝣于天地，渺沧海之一粟”，在大自然面前，古往今来一切的智者，都深怀敬畏和感激。这“新”还包含着宇宙不变的善意，正如爱因斯坦所云：“上帝是没有恶意的。”又如《大学》所谓：“大学之道在明明德，在新民，在止于至善。”“新民”而非“亲民”者，宇宙在运动中带动的是全部有灵界和无灵界的运动，这种运动伴随着自身日新之变化。

## 四、以天合天

二千四百年前孔子之孙孔伋（名子思）提出“天人合一”的哲学命题，这一命题溯其本源，还是来自孔子和老子。如果说更早的从夏代开始的《易》的雏形期有《连山》之著，殷代《易》的丰富期有《归藏》之著，至周文王于羑里演《易》，达《易》之成熟期，《连山》《归藏》二本虽已散佚，然而留下的吉光片羽，化入到“易学”的整体之中是其必然。《易经·系辞》中的“天生神物，圣人则之；天地变化，圣人效之；天垂象，见吉凶，圣人象之；河出图，洛出书，圣人则之”。其中只谈到天与人，没有丝毫谈到神和祇。“东方无神”这一哲学命题，窃以为是本人提出的最重要的创说。以先秦诸子中，儒、法、名、墨、道、阴阳、纵横、农家、小说家中皆未见神祇，至于杂家中，或有谈神说鬼者，然而杂家不足为一重要之学派，于《汉书·艺文志》中仅聊备一格而已。阴、阳二元论是中国古典哲学之杰出方法论和本体论，在这里本体论和方法论是合而为一的。有了如此深远的辩证的方法论的基础，我们才可以知道，二千四百年前子思的“天人合一”哲学命题的提出绝非偶然，至二千三百年前《庄子·达生》中更提出“以天合天”之命题，这时，“人”已化为天的一部分，倘若宇宙是至大无外、至小无内的存在，那么，人，同样是这样的一个小宇宙。它的“至大”通过“天门”延向了大宇宙得以实现。庄子在此，可说搭起了一座天和人的桥梁，天包涵着人，人回归于天。“天门”即是通向无可言说的“道”之路，这是何等天才而绚丽的说法，也可称雅斯贝尔斯人类文明东西轴心时代最重要的命题之一。然而这还不够，一千二百年后北宋程颐、程灏提出“天人本无二，何必言合”，这是孔伋（子思）“天人合一”的诠释，二程以为“言合”本身已然将天与人视为两物，倘本为一物，则不必言合。因此，无论画家与诗人，当其下手之时，与天地精神合而为一，天耶人耶，神（精神）耶物耶，其本质是齐一无差别的。近代花鸟画家之中能作到庄子“以天合天”的，苦禅一人而已。记得余弱冠从师于李苦禅，苦禅先生即提到“以天合天”，我们初不知其深意，而苦禅先生谈话往往神龙见首不见尾，刚一涉及而又顾左右而言他。近代大写意画中处于苦禅这种隐言忘机状态的没有第二人。

《庄子·达生》中梓庆作镰的故事，是“以天合天”说最透彻的、形象性的解释。镰是一种战国时代的夹钟，“夹”者，非单层之谓也，有复层，则其音回互激发，且有用木制而非青铜浇铸者。木钟以木铎击之，其原理与后世释子所用木鱼略似。梓庆是一个能工巧匠，他所创造的木钟——镰，声同天籁，非人间所有，鲁公讶之，乃询其所由，梓庆有一段话十分值得深思，这是他由天门通向大道的心灵过程。他说：“臣工人，何术之有？虽然，有一焉。臣将为镰，未尝敢以耗气也，必齐（同斋）以静心。齐三日，而不敢怀庆赏爵禄；齐五日，不敢怀非誉巧拙；齐七日，辄然忘吾有四肢形体也。当是时也，无公朝，其巧专而外骨消。然后入山林，观天性。形躯至矣，然后成见镰，然后加手焉。不然则已，则以天合天。器之所以疑神者，其是与。”这段话的重点是：一、艺术是忘怀得失的产物。苟有一人焉，每一提笔，则思每平方尺多少钱，此画将获何种奖励，则沆瀣在胸，渣滓滋生，其笔何来清逸皭然之气？其气既混浊不堪，笔下必蔽美而称恶，求一笔萧疏跌宕而不可得矣；二、艺术须作心灵上澄观寂照的功夫，而“静”的状态和“诚”的心态是达到这境界的前提。三、当身心全部托付于大造之时，技巧和法则合而为一，形而下的器与形而上的道“齐一”，这时才是“以天合天”之境的来临，“然后成见镰，然后加手焉”。这真是笔所未到气已吞，此物已呈在前，然后加手，而不似市廛匠人，刻木时，妄知所为，既刻毕，忽忽然忘其所失，如此制作，自已心如榆木而未动，何以动人？

什么是“醉意”？身心融化于自然之谓也。抱石先生，近代画坛奇才，其“往往醉后”四字，道尽艺术家与大自然浑为一体时之状态。唐符载于《观张员外画松石序》一文中有一段记载张璪作画的情景，记载在四美具(良辰、美景、赏心、乐事）、二难并（贤主、嘉宾）的气氛中作画的境况，极生动有趣，不妨抄录于下：

荆州从事监察御史陈澧……陈宴宇下，华轩沉沉，尊俎静嘉。庭篁霁景，疏爽可爱。公天纵之思，欻有所诣，暴请霜素，愿扮奇踪。主人奋裾，呜呼相和。是时座客声闻士凡二十四人在其左右，皆岑立注视而观之。员外居中，箕坐鼓气，神机始发。其骇人也，若流电激空，惊飙戾天。摧挫斡掣，扮霍瞥列。毫飞墨喷，捽掌如裂，离合惝恍，忽生怪状。及其终也，则松鳞皴，石巉岩，水湛湛，云窈眇。投笔而起，为之四顾，若雷雨之澄霁，见万物之情性。观夫张公之艺，非画也，真道也。当其有事，已知夫遗去机巧，意冥玄化，而物在灵府，不在耳目。故得于心，应于手，孤姿绝状，触毫而出，气交冲漠，与神为徒。若忖短长于隘度，算妍媸于陋目，凝觚舐墨，依违良久，乃绘物之赘疣也，宁置于齿牙间哉？

这一段至“疏爽可爱”言境也；至“皆岑立注视而观之”言情也；至“云窈眇”言张璪在醉态中忘怀得失，极言其得心应手，无处不合情合理，恰到好处。至“物在灵府，不在耳目”八字出，知天下之能事毕矣。这段描述，言尽中国泼墨文人画的要旨，文虽不长而蕴意无穷。

绘画之功能当然有“存乎鉴戒”（曹植《画赞序》）的社会道德伦理的一方面，但中国画更有即兴神驰、聊以自慰的一方面。正由于中国文人重独立之意志与夫自由之思想，所以他们在相互交往中重“取诸怀抱，晤言一室之内；因寄所托，放浪形骸之外”的状态。作画是为己之学而不是为人之学，然高手之作，纯任自然，于是有了观画者的通感。所以张璪作画，旁观者“呜呼相和”。孔子以为，诗可以兴，可以观，可以群，可以怨，画亦相仿佛，大自然是无言之教，而画，有言矣，但其言盖非说教而是感化，是创造者与欣赏者之间略无间隔的交会，当陶渊明吟哦的时候，当张璪作画的时候都是如此。

形神合一而非形神散离地体道一如，乃是中国古典哲学的要义。为什么醉汉坠车，反倒得其身全，庄子的解释是：“其神全也，乘亦不知也，醉亦不知也，死生惊惧不入乎其胸中。”所以在浑沌中顺坡而下，一切纯任自然，而清醒惧怖者在刹那间的所有举措，往往于张惶之中失序，一切应对皆入误途。我所论之“醉态”即一切顺应天地法则之自然状态，无矫饰、无偏见、无雕凿，而非真正成为醉汉而后挥毫。古人亦有借酒起兴者，“如诗不成，罚依金谷酒数”（李白《春夜宴诸从弟桃李园序》）。唯恐酒入枯肠，更无诗矣。余于二十余年前过金陵，往往客次傅抱石先生家，抱石先生夫人罗时慧曾告诉我一则故事谓：先生尝有意作画，佳醪呈前，先是品尝之，讵料兴发，叠杯而饮，继之捧壶以灌。乃大呼，笔墨侍候，奋裾而起，横涂纵抹，且喃喃有语云：“杰作杰作。”既毕，昏昏然睡去，真所谓饮酣鼻息如雷。次日晨醒，谓罗时慧先生云，昨晚似作一画，试观之。罗乃持画出，抱石先生大笑，谓真醉后之作也。所以抱石先生的“往往醉后”，所指乃心灵的醉态，而非当真癫醉无仪也。古人亦有作人来疯者，怀素“忽然大叫三五声，满壁纵横千万字”，真性情与愚弄座客兼之。当然诗人抒啸慷慨是有的，然而斗酒三百篇的李太白，也纯属时人的臆想夸张。余读其《梦游天姥吟留别》，必是词斟句酌的精心杰构，断非“斗酒十千恣欢谑”时狂肆不伦之作。

## 五、骨法用笔

谢赫《古画品录》中提及“骨法，用笔是也”，犹人之有骨，然后可立。有一画焉，张之素壁，近观之，笔墨横卧纸上；远观之，物象必绵软坍塌，此无他，骨质缺钙，笔中无气也。无宇宙大气之笼罩，物无以生；无天地气韵之流转，物必以死；无骨法用笔之中国画正若是。画面气塞韵臃，唯恐笔墨之不能尽意，拖沓而外又重以赘累，喑哑不知所云，亦有如此之“画家”，颠倒梦想，妄论奇谲，笔枯境窘，自以为已至玄奥不测之境，沾沾然自得，与低能儿之跳荡街市何以异。

张彦远于《历代名画记》中释“骨法，用笔是也”云：“夫应物必在象形，象形须全其骨气，骨气象形皆本于立意而归乎用笔”，意远言近，正道尽用笔之根本道理，今浅论述如下：

首先“应物必在象形”，不象形何以应物，宇宙万有本画家之摹写之本，依本而摹写这是第一步。有一人焉，大贬五代之“写生赵昌”，以为愚钝之人方依物写象，其实画家正不必自视过高，以为天纵奇才，挥笔初试即可凭虚御风，迷不知所向。天才固可羽化而登仙，然普天之下无一杰出之画家未尝不曾经历过“抽筋折骨亦堪怜”之阶段。年轻时曾听盖叫天先生讲武生基本功，其艰难苦恨，沬血饮泣，直如于炼狱之苦刑，至踝骨断而庸医倒接，盖叫天一掌重新打断，谓“重来”，先生已昏倒矣。此境此情，正应为自视天才者惭。盖叫天固一代武生之冠，彼时我等正年少气豪，不知天之高、地之厚。唯见盖叫天先生于舞台上舒腰运手如鱼游虬蜿，如篆烟萦绕，翻身于空，铁钉于地，不禁欢呼叫绝。此种情境，虽百载不可一见。盖叫天学而知之也，困而知之也。以孔子之圣智，犹称自己“困而知之”，何论侪辈，有可自炫者乎？

尝见青年画家十数人远征欧西，未见一人之画有“骨法用笔”之历练，类皆自视造境高手，笔不笔，墨不墨，有辅之以矾水者，有散之以盐巴者，有泼色墨于桌而复以宣纸拓印者，有不知其术者。总之，彼等既驾驭不了笔墨，则于笔墨之外求之，其与方士之鬼画符略无区别。

功夫在笔墨之外，言学养也，言读书也，言为人也，断非指此等“巧言令色鲜矣仁”者也。巧言矣，必怀诈；“令色”矣，必藏奸。其去“仁”日远，虽耽于艺，全属旁门左道，而非宏门正学。

孔子云：“据于德，志于道，依于仁，游于艺”，前提为德、道、仁三字，苟不重品性修持，其于“艺”必终身无缘。屈子曰：“纷吾既有此内美兮，又重之于修能”，极言内美为主体，修能为附丽，要在本立而能修，庶可入艺术之殿堂。

既论及“本”矣，则张彦远以为“立意”是为作画之本。“立意”者，非先验之设定也，宇宙万有呈于前，胸次日以扩大，联类通感，渐有所悟，意亦从之，“意”非无源之水，无根之木，乃人生阅历、经验、感悟融而汇之，此王国维境界说中之“真感情”也。有“真感情”矣，而又遇“真景物”于前，则境界油然自生。倘于笔墨又复修炼日久，挥毫之时略无挂碍，无犹预、无固滞，则庄子之“得鱼而忘筌，得兔而忘蹄，得意而忘言”非徒托空言矣。当此之时，笔墨则与宇宙之气韵、万物之神采、画家之情愫同归于易学所谓之大归藏中，“归乎用笔”，“归”者汇也，其涵至大，其用无穷。

吾论画曾有八字箴言：“以诗为魂，以书为骨。”骨立而魂在，魂销而骨散，“魂”与“骨”不可有稍纵离也。书、画同源者皆源于道，源于自然也，心中诗境与笔下风神实孪生关系。吾师可染先生，近代卓越之山水画家，他曾说笔墨不佳，则失魂落魄，这真是一语破的之精辟见解。骨立而神疲，或神铄而骨朽，皆未之见也。风骨爽发，神在其中；神完精存，骨必坚挺，这是必然的。骨之髓为精气之源，这是中医的道理，于中国画亦可应焉。

中国书法由于以上的原因，因此点划之流美所蕴涵者乃至大无垠的天地大美，孟子有云："充实之谓美，充实而光辉之谓大，大而化之之谓圣，圣而不可知之之谓神。"所谓不可知之，指宇宙的不可穷尽性，这便是神存在的理由。当然，这儿的"神"非指一实体，如莱布尼兹所企图证明的："上帝是以必然的方式存在于一必然的处所的必然存在物。"东方人从来没有试图证明神的存在，它只是一个代号，代表着无极、无限。同样老子的有无相生、有无同出而异名说也与孟子之说相侔。南朝宋齐间有王僧虔（419—503）者作《书赋》，其中"情凭虚而测有，思沿想而图空"句，显为套袭陆机（261—303）之《文赋》"课虚无以责有，叩寂寞而求音"。因为诗的语言是无形的艺术，而书法则为笔画的有形的艺术，所以我们可原谅王僧虔的袭用。大体他们有共同的意思，即艺术无论有形的或无形的，都不能忘记那寂寞虚空中的存在，这种存在正是自然的本体。当书画家能理解到此，执笔之时不会滞泥于物，乃可渐入与天地精神相往还的"圣""神"之境。在这里我们看到儒家孟子和道家老、庄的不期而遇。

在本人拙著《书道法自然》中曾对此有详细的论说（见本文第十一节“书画同源”），兹不赘矣。

## 六、画格月旦

本人之所以称“画格”者，与“画品”并无龃龉，“品”与“格”意相近也。然略有别者，“品”重画作，而“格”重画者。所以有此画品，必有其人格为主使，因之更重画者之内美，此有别于古人处也。刘勰《文心雕龙·体性第二十七》：“若总其归涂，则数穷八体：一曰典雅，二曰远奥，三曰精约，四曰显附，五曰繁缛，六曰壮丽，七曰新奇，八曰轻靡”，大体是论文章之风容，约略而挚要，然则以论绘画，恐犹有不及，以论作者之内质，更感缺漏。

总览中国数千年画史（自仰韶彩陶，河姆渡陶罐始），余约略大分为七类，以此照比，天下之从艺者，无可隐迹，皆入彀中矣。

一曰具天真者：天籁、一如、本真、无邪、混沌、大朴；（天使然也）

二曰有智慧者：简赅、恢宏、萧疏、典雅、清新、俊逸；（性使然也）

三曰凭耐力者：繁缛、匠工、狭隘、蜷曲、陈腐、拖沓；（本欲善其事者）

四曰陷愚钝者：犹豫、呆痴、执拗、死寂、惝恍、癫痫；（此类人亦无恶意）

五曰施巧佞者：荒诞、机心、凉薄、邪曲、造作、尖刻；（不可深交者）

六曰受苦役者：挂碍、麻木、困顿、郁闷、封锢、槁枯；（亦多老实之人）

七曰怀奸诈者：阴损、凶险、洟涊、歹毒、恶浊、虚势；（深宜远避之）

以上七事，一、二两事为与天地精神相往还者有之；三、四、六为陷倒悬之苦者也；而五、七二事则背天理而行事者。看似玄奥，然则观画直如观火，火静而朗，无不历历呈于眼前，虽欲掩盖而不能，逞蔓词不足以自饰。

此七事皆有六词以状之，然此六词互为关连，相与表里，曾不可断然分割。若其二有智慧者，必不泥于外物，不执象以求，语焉爽利，爽利则风神骏发，而其境界直接鸿蒙，则恢宏萧疏之境毕现；又若其三凭耐力者，其心胸既狭隘，眼光必浅短，其行也拖沓，其神也蜷曲，作画时，笔前行而气不偕，则其用笔必拖沓而繁缛。十日一山、五日一水，此本非中国画之足称者。古有文人焉，自以为作画本学者余事，懒散成习，最后堕入腐儒。腐儒为作，非如梓庆之削木为鐻，梓庆所以斋七日而不动手，非惰怠也，而是修养身心，使与自然合而为一的圣手。

匠人则心不动而手动，作画而靠耐力，此岛国画家所常见，非上国所一屑也。

近亦有好事者问，先生所列之第五条似尚可接受，而第七条似与艺术无关，或涉刑责法律之范畴矣，余大笑谓：迂甚矣，此极而言之也，人皆有善恶之因子，抑恶而扬善为君子所必，即司马迁所谓："修身者，智之符也；爱施者，仁之端也；取与者，义之表也；耻辱者，勇之决也；立名者，行之极也。"然从艺之人未必皆君子。既小人矣，其如阴损、恶浊等犹言其轻者，而有此品矣，必于其作品中透露消息。北京有画鬼妖者，穷凶万状，光怪陆离，观者懼栗惊怖，而作者亦跳楼自杀。此无他，人性凶狠、心灵极其阴暗使然也，苟此人不会作画，而借助刀斧以通其狂惑，则其后果恐不堪设想矣。

又有画家某人素描功力不可谓弱，凡画人，必像，然必使被画者怒，而其所作为认真之素描非漫画也。画像既毕，或洪涊如市井儿，或歹毒如操刀手，或凶险如阴谋家，此类品质未必被画者所有，乃是作画者转嫁之，勉强之，附加之，作肖像能令所有人怒，亦不容易。而作者初无恶意，恶意之不自觉，亦如"巧笑倩兮"之不自觉，有无法解释之潜意识在。此当请教弗洛伊德，江东范曾不能解矣。

## 七、心无挂碍

上面所论及，不免使人对中国画产生敬畏之心，其实中国画与中国诗为孪生姐妹，不只貌似，亦且神同。它以温、良、恭、俭、让为体性，温柔敦厚是它的恪守。它们产生于农业社会，与天地保持着和睦的关系，经过历代渊博的硕学之士陶熔体悟，成为中国文化的一座博雅而典丽的崇山，芳草鲜美，大木擎天，它象征着我们民族具有一种无与伦比的清新、俊逸、恢宏、典雅的品德。

中国画家的自信来源于天地的精神。何谓天地精神，如上文所述，那是自在而本然存在着的不生不灭、不垢不净、不增不减的恰到好处的大存在，宛若康德所谓："本体什么也没有发生"，在中国宋儒即所谓"道不变，天地不变"。这儿的"没有发生"和"不变"极言道之大，曾非人类短促的生命所可能感觉，也许千万亿年一颗行星消失了，对于人，生命的短暂是绝无方法体察其百年间的变化的。佛说一颗太阳和一颗月亮称世界，一千个世界称小千世界，一千个小千世界为中千世界，一千个中千世界为大千世界，大千世界含十亿颗太阳和十亿颗月亮。总纳小、中、大三种"千世界"，称"三千世界"，言宇宙之无穷极也。庄子云："六合之外，圣人存而不论。"那是无法论、不需论，论有何用？当然，这种思维不能为布鲁诺、哥白尼、开普勒所认同，因为他们是希腊神话中西西弗斯的后人，他们背负着巨大的石块前行，将至峰巅，石头滚下，他们又从山脚下起背，永无尽期。这是一则奇妙的神话，它标示着可佩的、然而无用的努力。在这里，我当然无资格否认也无意否认自古希腊以至于今的理性逻辑思维，让西西弗斯们继续努力吧。在本体论与方法论上，艺术家与科学家趋舍异路正是他们各自存在的必然。

心无挂碍，言中国画家当面对宇宙之时，做到万物静观皆自得，心灵排除一切凡尘的迷障，根除无明烦恼。当此之时，目不见绢素，手不知笔墨，不知今夕何夕，物耶？我耶？此种状态可称无待、无求。种种物象从心底注入毫颖，略无纤毫障碍，既无障碍，心驰笔随，神完气足，无有恐怖，远离颠倒梦想。正庄子所谓："惛然若亡而存，油然不形而神，万物畜而不知。此之谓本根，可以观于天矣。"（《庄子·知北游》）古来为形所累的画家，是无法梦见这种境界的，画家如心中只想着杰作之出，如何炫耀，足以济世，于己则名利纷至沓来。如此下笔，笔笔皆俗，走向了溷浊泥淖。"若是者，迷惑于宇宙，形累不知太初"（《庄子·列御寇》）。

当具大德的"至人"，有意于诗，则近于得意而忘言；有意于画则得意而忘形，他们的精神回归于宇宙太初，那是空蒙一无所有的幻域，生命则如逝者如斯的流水，不舍昼夜，寂照中的波影与生命的节律同在。这便是瞬息的、无法觉察的彻悟，使您的笔墨天趣流露，不可端倪。写至此，我不免要提示读者，以上所述无法过分陈明者，因圣、神之境本是不假言辞说教者，一旦诉诸文字，形于言表，佛家以为着象，执象以求；道家以为已着尘秽，疏离本真。然而我们不能都高明到如《庄子》书中的老龙吉，怀着他深悟的道，溘然死去，那么，我所写出的，也只凭读者每一个人所独有的悟性去理解，这就是中国画法在高玄极妙之境中的状态。

我们可以用苏东坡《前赤壁赋》之句，以描述中国画家作画之状态："纵一苇之所如，凌万顷之茫然。浩浩乎如凭虚御风，而不知其所止；飘飘乎如遗世独立，羽化而登仙。"中国画的创作过程苟能如斯，则画家本真之性流露，摆脱了红尘名缰利索之羁绊，一苇所如，便有达摩面壁九年成正果之后，杯渡过江的潇洒。凭虚御风则远离尘嚣之追逐，随性之所至，无处不是净域，大地皆为蒲团。"羽化而登仙"，则是大逍遥、大解脱。心灵的自由归根结蒂是中国古代文人的理想，也是中国古哲"齐一"说之体现。"吾丧我"是彻底的忘我。王夫之所谓："其行也无所图，其反也无所息，无待也。无待者，不待物以立己，不待事以立功，不待实以立名。"（王夫之《庄子解》）能如此，则逍遥在其中矣。"物无非我者，唯天为然。我无非天，而谁与我为偶哉？"（同上）无偶者，略无区别间隔也，我与天地万物合而为一

后赤壁赋

也。《庄子》书中："夫大块噫气，其名为风"，因为风的激荡而声出，而当风霁而还为虚静之时，万物寂然，无不齐矣。中国画家只有在这种寂然凝虑，思接千载，悄焉动容，视通万里的时候，进入了挥写的"天放"状态，那时才能成为"真画者"也。前一节"画格月旦"中所列凭耐力者、陷愚钝者、施巧佞者、受苦役者、怀奸诈者，皆不得入"真画者"之行列，乃是由于物我两分、天人为偶，其距"天放"不亦万里之遥。（天放：一任自然。《庄子·马蹄》："一而不党，命曰天放。"成玄英疏："党，偏；命，名；天，自然也。"）

## 八、探骊得珠

所谓中国画史者，学有专攻，各有所会，盖不可统一以内容、体例。而"中国画"这一概念，非起自存世之汉画像，先民之为绘画，所从来远矣。本文第三节"气韵生动"中已述及仰韶半坡类型之人面鱼纹盆和河姆渡文化中之猪纹钵。盖凡根植于中华这一片土地，而状物象形于二维平面的作品，皆可纳入"中国画"之大范畴。此节"探骊得珠"则欲以时间为序，择吾所欣赏，可资代表者开列如下：

▲新石器时代河姆渡文化猪纹钵

▲仰韶文化半坡类型彩陶人面鱼纹盆

▲成都百花潭出土战国镶嵌图像纹壶

▲战国至东汉花山岩画祭神舞蹈

▲战国帛画龙凤仕女图

▲东汉武氏祠乐舞、庖厨、升鼎画像。武氏祠神仙灵异画像。

▲北魏敦煌壁画《萨埵那太子舍身饲虎》

▲北齐校书卷

▲东晋顾恺之《列女仁智图》

▲隋代展子虔《游春图》

▲唐章怀太子墓壁画《仪仗、礼宾、女侍》

▲唐阎立本《古帝王图》

▲唐韩滉《文苑图》

▲唐周昉《簪花仕女图》

▲五代胡瓌《卓歇图》

▲五代荆浩《匡庐图》

▲宋范宽《溪山行旅图》

▲宋武宗元《朝元仙仗图》

▲宋文同《墨竹图》

▲宋苏轼《枯木怪石图》

▲宋李成《读碑窠石图 》

▲宋赵佶《听琴图》

▲宋梁师闵《芦汀密雪图》

▲金宫素然《明妃出塞图》

▲金无款《重溪烟霭图》

▲宋李唐《万壑松风图》

▲宋萧照《山腰楼观图》

▲宋无款《豆花蜻蜓图》

▲宋梁楷《六祖斫竹图》

▲宋夏圭《溪山清远图》

▲元赵孟頫《秀石疏林图》

▲元曹知白《寒林图》《疏松幽岫图》

▲元王蒙《夏山高隐图》《青卞隐居图》

▲元方从义《武夷放棹图》

▲元倪瓒《六君子图》

▲元山西芮城永乐宫壁画《朝元图（木公与金母诸像）》《朝元图（奉宝玉女部分）》

▲明王绂《乔柯竹石图轴》

▲明孙隆《芙蓉游鹅图轴》

▲明殷偕《鹰击天鹅图轴》

▲明林良《苍鹰图轴》

▲明吕纪《鹰鹊图轴》

▲明吴伟《长江万里图卷》

▲明蒋嵩《无尽溪山图轴》

▲明沈周《庐山高图轴》

▲明唐寅《看泉听风图轴》

▲明文征明《临溪幽赏图轴》

▲明陈淳《花卉册》

▲明徐渭《墨葡萄图轴》《杂画图卷》

▲明宋旭《山水图轴》

▲明董其昌《松溪幽胜图轴》

▲明杨文骢《仿倪瓒山水图轴》

▲明张瑞图《晴雪长松图轴》

▲明陈洪绶《杂画图册·无法可说》

▲清程邃《山水册》

▲清弘仁《竹石风泉图轴》

▲清朱耷《秋山图轴》《仿董北苑山水图轴》《花鸟图卷》

▲清龚贤《湖滨草阁图轴》

▲清王时敏《答菊图轴》

▲清王原祁《山中早春图轴》

▲清高其佩《梧桐喜鹊图轴》

▲清华喦 《金谷园图轴》

▲清郑燮《悬崖兰竹图轴》

▲清李方膺《竹石图轴》

▲清虚谷《枇杷图轴》

▲清任颐《寒林牧马图轴》

▲现代李苦禅

▲现代李可染

▲现代傅抱石

▲现代黄宾虹

▲现代蒋兆和

▲现代徐悲鸿

▲现代黄胄

“挂一漏万”一词可从我的选择中找到最好的解释，虽然，以吾之审美鉴赏，也可能是独具只眼的选择，更可能是一种特立独行的赏识。问今之世，无不人云亦云，一提八大、石涛皆竖拇指以赞；一提董其昌、四王皆作贬损不足一顾态。事实上大不其然，我曾见到美国大都会博物馆所藏王原祁巨幅山水，其用笔于清初可称第一人，又曾见王鉴所作册页，恐非石涛可见项背者。所幸艺无定论，各是其是，我所列举者目的是为树立破除门户（如南北宗之说）的一种学术态度。所列举数十人中，尤以八大山人、倪云林、王蒙、李成、范宽为我所激赏，那是几座不可撼摇的大山。即以用笔而论，经隋、唐、五代、宋之陶钧鼓铸，至元倪瓒、王蒙、清八大山人，可谓登其峰而造其极，其中奥秘，容下节详述之。至于近、现代中国称大师者车载斗量，寡廉鲜耻，于今为烈。不以国画为圣域，驰骛之徒竞逐，真所谓瓦釜雷鸣，黄钟毁弃；鲫鱼过江，真龙隐迹。而星罗棋布于各地之协会、画院之类，无不以名利为目标。人们大概不清楚一个道理，艺术永远凭作品自身讲话，而不以宣传之力度变侏罗而为巨人。炒作于市廛，作伪于拍卖，实有令人作三日呕者。

以我之见，近现代画家有七人：李苦禅、李可染、傅抱石、黄宾虹、蒋兆和、徐悲鸿、黄胄最足与千古画人比权量力，试剖析如下：

李苦禅乃前足以比肩徐渭、八大山人，后足以开千秋万代之伟大画家，恐当前无任何一位评论家会同意我的看法。《辞海》一书竟录有平庸之极的画家，独李苦禅先生不见载，这可说是学界之耻。论笔墨之雄奇跌宕，气势之壮阔博大，直可谓“惊才风逸，壮志烟高”。风格来自人格，苦禅先生之直率、坚贞、宽厚，非时下之耳食者所可理解；傅抱石以他奇肆雄浑的风格，居高临下于五代、北宋山水画大师之上；而写实主义大师蒋兆和开拓千古人物画生面，无疑具有风范独扇百代、余烈激励后生的承上启下殊勋。李苦禅、李可染、傅抱石、黄宾虹、蒋兆和诸先生我皆有专文评述，兹不赘（见《李潘之辩》《傅家山水两代人》《水遇千回波更长》《魂魄犹在江山图》《黄宾虹论》《徐悲鸿传》）。

## 九、文人厥功

以上所开列之画家凡五十余人，刻石、墓壁、庙宇十数事，皆可称中国画，而中国画至极之境，无非中国之文人所守望者，究其根源仍在于中国画是哲学的、诗性的和书法的。

论气韵一节已然概述，东方的哲学思维对中国画根本性的意义。庄子所谓：“至人无为，大圣不作，观于天地之谓也。”（《庄子·知北游》）老子所谓：“为学日益，为道日损，损之又损，至于无为。”（《老子·第四十八章》）他们的原意是：如果你目光局促，所学者虽多，或者去道更远。“益”，多也，非道也。而倘能将心性与道谐和，那你就会与道合一，消除了一切身心之重负，达到无为之境。“不出户，知天下，不窥牖，见天道，其出弥远，其知弥少。”（《老子·第四十七章》）这似乎又与中国画家重视自然，搜尽奇峰打草稿的思维相忤。所以读文章，尤其中国古哲之文，不能望文而生义。老子之意是，体道之时，正不是远游之时。老子可说是一个阅历极丰富的智者，他提醒人们必须从世俗的所有繁文缛节的细琐事物中解脱，处于“致虚极、守静笃”的心灵反省状态。这时豁然心胸，摆脱了“为学日益”的繁俗琐屑的羁绊，得到一种精神的大解脱。此时客观外物无以左右你的心性，你会体悟到庄子所谓“咸其自取”（《庄子·齐物论》）无待外物推动的自我，一种与万物齐一，无隔无封的状态。《庄子》书中提到的颜成子看到南郭子綦这位真人的生命状态即是，说他形同槁木，心如死灰，当他回归到朴、回归到婴儿、回归到无极的时候，他与自然万物同在。南郭子綦发出了“吾丧我”三字无上言谶，这就如同佛家的无上正等正觉（阿耨多罗三藐三菩提）。他死亡了吗？没有，他在自性的物化中，得到了大自由，他一定听到了不为凡耳所闻的大自然的妙籁——宇宙六声部的交响乐（天体物理学家开普勒称：宇宙是六声部的大交响）。既然老子的哲学是一种玄学，那么玄之又玄，众妙之门，中国画家从我上面的论述当会静言思之，原来老子讲出了一个最根本的艺术法则，只有艺术家与大自然、与道同体的时候，才有可能真正进入常人所不可梦见的大化之境。这种心灵的美不是“为学日益”的堵塞，而是一种不可见的充实，孟子说“充实之谓美”，正指此。

中国的文化史，无论哪一个领域，“士”作为一个阶层，他们所起的作用是无与伦比的，“士”是中国古典哲学的创说者、运用者，他们所缔造的伟大文明，是中国人的无上光荣。而哲学思维对于每一个民族来说，即这一巨大的群体如何想？而正是由于如此想，而有如此的文明。中国画当然不能例外。文化大发展、大繁荣，构建锦绣乾坤的中国梦，它需要的首先的前提是弘扬中国的哲学。

极偏狭的人曾以为由于中国的哲学主观唯心主义，影响了中国名教的发展。其实在战国时代出现之惠施、公孙龙诸名家，虽未在历史上辉煌地发展，然而仅就他们遗留下来的几个哲学命题，如“至大无外，谓之大一；至小无内，谓之小一”“白马非马”等，至今犹足令人拊掌赞叹。直至近代严几道译《名学》出版，人们才知西方人如何想。然而我觉得西方人的未来，如果不在最根本的本体论和方法论上向东方的古哲吸纳，那么一定会如维特根斯坦（20 世纪英哲学家）发出“哲学家已无事可做”的伤心至极的感慨。

自宋初至今，凡卓越之画家，无非卓越之文人。文极佳而画差可者有之，画极佳而文差可者，未之见。前者我可举北宋神宗朝之苏东坡、文与可、米元章为例，前文中所选苏东坡《枯木怪石图》，虽然知非里手，然自有一段清逸之气在，史传米元章创米点山水，然至今未见真迹，信乎米氏翰墨之余，叠点成画，从其子米友仁传世之山水看，并不足称好手，然而绝无市井之气，翻生绝俗之想。而文同之画竹则不如后世郑燮之潇洒酣畅，然亦有文人清气。米画之所以不传，恐其为人眼高而手低，又疯癫不肯饶人，其作品想自毁者什九，藏拙之意也。米友仁随高宗南下，所作之事为替乃翁辨伪，其在山水画上，则有不争于世的淡泊。

可是这三位文坛巨子，画虽不佳，而对中国文人画之确立，无疑是关键性人物，因为在文坛的地位，他们的言谈分量自然胜于常人。苏东坡“论画以形似，见与儿童邻。作诗必此诗，定知非诗人”，语虽浅近，而意则极深极远。一千年来，无一真正画家、无一真正诗人不奉行为圭臬。我们不会忘记苏东坡是文人画极则的建树人，宛若德国天体物理学家开普勒是天上法律的制定人。

眼高手低在艺术上永远是件好事，就怕手高眼低，若然，必坠不可救药的匠气，既有匠气矣，则为跗骨之疽，永世缧绁于俗谛而不可自赎。如此之画家，自古及今皆有，不必一一论列。

## 十、神与物游

前九节谈及中国之哲学，主要目的在使读者知道中国文人画家的本体论。当然本体论和方法论是不可断然分割的，若非然，则很可能出现主观意愿与客观实践的南辕北辙。车轮的转动和方向必须谙然侔合，即使小有龃龉，都会发生翻车或转向之危险。

在方法论上，中国画家特重子思（孔子之孙）所提出的天人合一说，这里，本体论和方法论不仅侔合，甚至同出而异名，亦若“无”与“有”的概念，《老子》书云：“无，名天地之始；有，名万物之母。”当天地开始的时候，万物之母亦与之同出，“无”“有”同出而异名，是老子哲学的基本命题，与三国至魏晋之文人王弼、何晏之“尊无”，裴頠、郭熙之“重有”，从根本上不是一回事，其对宇宙万类的生发，他们的解释不可能如老子之圆融。而在哲学上用词虽同，但概念偷换。老子之所以谈“无”，正为证“有”；之所以谈“有”，正为证“无”。老子所以谈“无为”，正所以谈“无不为”。“为道日损”既是本体论，也是方法论。儒家之“明德”即本体，而“明明德”则为方法，它们浑然一体。

“为道日损，损之又损，以至于无为”，正是中国画家的无上法门，这与禅宗之“不立文字，直指本心”是一个意思。则钝思者有问，既“无为”矣，何以还要画，还要诗？八大山人“涉事”二字，颇有深意在焉。“涉事”者，偶得于天而涉诸手者也，苟禅宗一言不发，何来六祖《坛经》？一笔不着，何来八大山人之画？庄子为陈明自己的卓见，往往有纵横恣肆之寓言、重言、卮言，固为极而言之，使人为之一震。苟大家都如《庄子》书中老龙吉抱负着深埋于心底的道，溘然而逝，那么，宇宙一切皆无，又何必论中国画法？“至于无为”是中国画家内心对道的至高至极的标准，是他们经历了千百年的翱翔，而达到的绝云气而负青天的境域。世之论家，于词语但知摭拾而不知运用，无任何足以动人的艺术实践以谈美学，直如赵括之谈兵，夏虫之语冰，得其肤皮而欲立美学之体系，亦若井蛙之不足与海龟言大，貌似深奥不测，犹作聪明而过虑，徒怀犹豫以置疑，如此厚盈一寸之书，价值实不如厚只一寸之砖，鲁迅所抨击无用之著述，直如谋财害命，与盗贼何以异？此类人物之溷集，必致艺术园林之凋伤，使世之学子陷入沉沦转徙而不可自拔之泥淖。孔子曰“可鸣鼓而攻”者，岂止冉求一人而已？

中国古代最卓越的画家之所从事是为己之学而非为人之学。为己之终极目标仍为利他，将自己的光照温暖霜结之人生；将自己的生命化为甘霖，润泽枯索之世道。

中国古代文论吾所最赏者为刘勰《文心雕龙》，近世则推重王国维《人间词话》及刘熙载（融斋）《艺概》，深宜读者细味。

刘勰有云：“思理为妙，神与物游”，言寄意大化也；“物色之动，心亦摇焉”，言主观之感动也；“目既往还，心亦吐纳”，言审美之选择也。语焉简赅而包蕴博大。王国维之“有真景物、真感情者谓之有境界”，这境界之出，缘心中有“诚”，“真”者，不伪也，“诚”也。

刘熙载特重混茫之境，其有云：“杜陵云‘篇终接混茫’。夫篇终而接混茫，则全诗亦可知矣。且有混茫之人，而后有混茫之诗，故《庄子》云：‘古之人在混茫之中。’”这是刘熙载以庄子之浑沌之说以言文也。中国画之最高境界恐怕即“混茫”二字。

中国文论、诗论、书论高于画论，本人所以用诗论谈画，实以为古代画论多侧重技法，至石涛《画语录》，虽具哲学意味，然观其画实有“微茸尔”（郑板桥评语，言芜杂废笔耳）之病，故其论也亦止于口，而未见诸于画，激昂慷慨有之，然殊不易达言在耳目之内，情寄八荒之表境界。本人少时颇耽于其《画语录》，今也且搁之。

优秀文人，腹笥既阔大而眼力又敏锐，其心头徘徊者儒、佛、道三家之精粹，又不泥于哲学理念之说教，有放下之心，无挂碍之意，更不以先行既定理念为追逐，信夫皭然不滓之孤抱，必有特立独行之流露，重个人心性之寄托，而不为社会需求所左右。正如王羲之所云："或取诸怀抱，晤言一室之内；或因寄所托，放浪形骸之外。"越名教而归自然，自东晋至北宋六百年间为其酝酿、成长的积渐过程，至四百年前八大山人，则呈现人类文化史上奇绝的芳葩，正孟子所谓"大而化之谓圣，圣而不可知之谓神"矣，这是中国文化自立于世界艺术之林的光荣。

近世大画家傅抱石著述甚丰，唯"中国画是兴奋的"一言足为天下师，因为我们不能企求某画家能时时刻刻与大造邂逅，而"兴奋"必是良辰、美景、赏心、乐事四美具，贤主、嘉宾二难并的难得的瞬间。此所以再伟大的中国画家，其一生之中顶尖的杰构永远是少数几幅，这是可遇不可求的艺术胜果。

苏东坡称吴道子"当其下手风雨快，笔所未到气已吞"，此处之"气"，即谢赫《古画品录·论画六法》之"气韵，生动是也"。当此之时，画家已与天地流转浩荡、恒变不居之势态合而为一，这是何等可贵的人生快意。

在文化史上，公元前21世纪至公元前11世纪，大体是中国前哲学时期，这时所形成的阴阳八卦图，是先民宇宙阴阳二元论之肇始。其间经过周文王之演绎、传为孔子之《十翼》，至东晋乃蔚为大观。至差不多与孔子同时的老子《道德经》出，则中国纯粹之哲学形成。自《易》至《老子》，其核心的宇宙本体观乃“无中生有”“有无相生”；而其基本的方法论乃阴阳两极。这种学说的伟岸乃是本体论和方法论略无间隙的谙合，或质言之：本体与方法异名而同体。这将是历久弥新、永世不败的东方经典的感悟宇宙学。

我们试引用《老子》书中的“知其白，守其黑”中的“黑”“白”两字来看中国画。在我看来，至密之色为“黑”，而至疏之色为“白”。中国画阴阳两极即是在黑、白之间的不尽递变交融，而黑即是墨，为阴；白即宣纸，为阳，有无同出而异名的哲学概念亦于此应焉。未画之时如浑沌未开，既画之后，则有无相生，空白处为“无”，笔墨处为“有”，画中物象之成，同时背景亦成，不着墨处惯称为空白或虚，而物象惯称为实。

## 十一、书画同源

全世界古往今来的文字，都是一种符号。符号的组合构成章句，成为人类的思想、语言，以至所有人文作品的载体。一般讲来，世界各群族之文字，是没有成为审美对象的条件的，也不能视为造型艺术。而唯有中国的书法是一个特殊的例外，文字不但能由一个无情的符号世界走向造型的有情世界，而且，中国书法奠定了中国绘画雄殿的基石，这其中深刻的道理何在？如果说“道法自然”要寻找一种最合宜的艺术作为诠释，那便是书法。书法，即使有象形的因素，但也是经过高度抽象的。在它的点划流美之中，你所看到的、体味到的乃是生命的状态、运动的感觉、物质的消长和不可名状的意味，而且，书法竟能那样奇妙地反映书家的个性、命运乃至生命力的旺盛或衰败。这正是书法成为一种崇高艺术的原因，在中国，它具有与绘画同样尊贵的地位。

甲骨文为中国文字的滥觞，或者也可以说是中国书法的源头。那时用以占卜的甲骨文，是用尖利的工具刻于龟甲或兽骨之上的，在那喑哑的符号里，我们可以感受到虔诚和神秘，但那是缺少热情的记录，然而内容和形体已有太古先民微妙的艺术感觉。周秦之世，中国的书法才真正诞生。由此可见，中国书法之所以成为艺术，与所谓象形关系不大，而是和用笔之包含宇宙大美有关。中国书法家历二千年孜孜矻矻的努力，将目之所察，心之所悟，一一收入笔底，在点划之中将荣衰生灭、存在状态和运动法则高度抽象。文字本为符号，而有造型的符号就有可能成为广阔的感情世界。

书法艺术，是真正法地、法天、法道、法自然的，人们往往以大自然的变幻和状态，和《老子》书所谓的“有无相生，难易相成，长短相较，高下相倾，音声相和，前后相随”（《老子·第二章》）来评述书法的奇美：钟繇如“云鹤游天”；王羲之如“虎卧凤阙，龙跃天门”；卫夫人有《笔阵图》以万岁枯藤比垂笔、以高峰坠石喻点笔。孙过庭在《书谱》中更云：“观夫悬针垂露之异，奔雷坠石之奇，鸿飞兽骇之姿，鸾舞蛇惊之态，绝岸颓峰之势，临危据槁之形，或重若崩云，或轻如蝉翼，导之则泉注，顿之则山安，纤纤乎似初月之出天涯，落落乎犹众星之列河汉。”这里所讲的“异”“奇”“姿”“态”“势”“形”，都是万有的生命与运动状态，这其中充满了艺术的想象，是书法家受自然大智慧的启发而能体悟到的意象。在书法的点划之中，有着老子所谓的“无状之状，无物之象”，“迎之不见其首，随之不见其后”（《老子·第十四章》）。书法家的心灵倘使受到这冥冥之中宇宙本体的震动，也必能化入那“惚恍”之境，那么他的书法也就接近了宇宙的大美。书法而近乎道，则有“书道”，这是一种直抒胸臆的艺术，即使我们今天读千百年前书法家的作品，仍然能与书家之脉搏共跳跃，能与古人共享他们对大自然的陶醉和他们对人生的判断、对悲欢的寄托。譬如我们读颜真卿的《祭侄文》，我们会对那种破坏了人生和谐的荼毒，产生共同的震栗，从而我们也会进一步理解为什么书法艺术以它本身的魅力更能使我们不断地去追逐宇宙的和谐。

没有一种艺术家像书法家那样更富联想力，因为书法的语言极其单纯，它没有绘画的色彩，没有音乐的鸣奏，然而它却包含着五色的绚烂、五音的繁会，它的绘画性和音乐性是潜在的、可意会而不可言传的。为什么文与可“见蛇斗而草书进？”为什么怀素“贫道观夏云多奇峰，辄常师之？”（《书苑菁华》）为什么张旭“观公孙氏舞剑器而得其神？”（《新唐书》）韩愈在《送高闲上人叙》中说：“张旭善草书，不治他伎，喜怒窘穷、忧悲愉佚、怨恨思慕、酣醉无聊不平，有动于中，必于草书焉发之。观于物，见山水崖谷、鸟兽虫鱼、草木花实、日月列星、风雨水火、雷霆霹雳、歌舞战斗，天地事物之变，可喜可愕，一寓于书。”书家所感悟的正是从事物的表象直抵其内在的精髓、内在的神韵，这同样可以用九方皋相马得其精而忘其粗，在其内而忘其外的故事来说明，最能切中要害。

当书家与大自然目遇神会而忘怀得失的时候，那种状态是毫无伪饰的，非功利的。甚至他们有时如颠似狂，那实在是最纯净而无挂碍的状态。当他们对别人的观感和社会的宠辱弃置弗顾，不会“得之若惊，失之若惊”（《老子·第十三章》）时，他们才能“暂得于己，快然自足”，才能真正“放浪形骸之外”。唐窦冀述怀素之狂草云：“忽然绝叫三五声，满壁纵横千万字。”（见《怀素自叙帖》）半醉之时，忘却了世俗的礼仪约束，回归天然的本性，醉后的大叫，虽有与观众开玩笑之意，确实有一种自足的快意，这种快意如睫在目前，稍纵即逝，把握这短暂的快意，正是中国书画必须即兴神驰的原因。据称日本画家作画，节节而描之，叶叶而绘之，每天工作十四小时，二十年完成一墙壁画，这种画法不可能有风发的才情、跌宕的用笔和豪纵的气象，在苦役般的劳作之中，人类自然的本性泯灭，而由于过分着意地描画，使画面失去气韵的浮动流布，而没有气韵的作品则形同槁木，不会有生命的节律在其中跳动。中国的书法用笔，本身来自造化，不是处于二维的平面，而是“其笔力惊绝，能使点划荡漾空际，回互成趣”（包世臣《艺舟双楫》）。当中国书画家能遣笔纵横于三维空间的时候，那就做到了石涛的“试看笔从烟中过”，“笔含春雨写桃花”。当笔墨达到润含春雨、干裂秋风的时候，“墨分五色”就非徒托空言了。当书法家用笔“凛之以风神、温之以妍润、鼓之以枯劲、和之以闲雅，故能达其情性，形其哀乐”（孙过庭《书谱序》）的时候，那有情的世界正如“素练风霜起”，这不是来自天宇的浩然之风、来自海澨的回荡之风吗？大自然的春温和秋肃是和谐，惠风和畅与飙风顿起是和谐，波平如镜和狂澜排空也是和谐。

我们静听天穹浩荡的协奏，笔底的所有感悟都是来自道法自然。

在书法史上有“晋人尚韵，唐人尚法”之说，此后又进一步演化出卑唐崇魏的审美倾向，认为唐以前的字浑朴自然，而唐以后的则法立而朴散，失去了魏晋时代的韵味，这其中宋代姜夔的《续书谱》和近世康有为的《广艺舟双楫》是此论的代表。康有为说：“魏碑无不佳者，虽穷乡儿女造像，而骨血峻宕，拙厚中皆有妍态，构字亦紧密非常……譬如江汉游女之风诗，汉魏儿童之谣谚，自蕴蓄古雅，有后之学士所不能如者。”（康有为《广艺舟双楫》）唐代书法的格法渐趋森严，亦宛如唐代近体诗之格律已达完备，本是艺术发展的规律，即由无法而有法，然而艺术上的法则，倘驾驭者力所不逮则容易偏离自然之大道，而走上因循守旧僵化之困境。康有为激赏不为礼法所拘的江汉游女之风诗，“风诗”者，男女情爱之诗也，古人用“风”字，不仅涉及男女两性关系，马牛牝牡之相诱，亦称“风”，这是一种天然的本性，而本性的描述，则必近自然。我们读《毛诗·国风》中的不少诗，那些怀春少女对爱情直率、热烈的追求，那是天然去雕饰的、真挚无邪的。康有为认为魏晋的书法正是如此。书法有了一个“真”字，那虽不是出自学士名人之手，也必有其内美大美在。康有为又说：“欧虞褚薛，笔法虽未尽亡，然浇淳散朴，古意已漓，而颜柳迭奏，澌灭尽矣。”（《广艺舟双楫》）他认为自初唐欧阳询、虞世南、褚遂良、薛稷四杰出，淳厚的古风已经稀薄，而大朴自然的韵味也已消散，古意越来越淡，而到了颜真卿、柳公权，那古意连一点影子也不见了。对唐代书法的贬损，可说是康有为的偏执之见，然而他崇尚魏晋，却确有至理。

关于无法与有法、质朴与华彩的论辩，唐代的孙过庭作持平之见。他说，应做到“古不乖时，今不同弊”，也就是提倡古朴，但不要阻碍时代的进步，今天提倡法则，也要避免陷入僵化的通病。而孙过庭对故意装天真而自我作古的人也提出了批评：“何必易雕宫于穴处，反玉辂为椎轮者乎？”（《书谱序》）也就是说，时代已然进步，你何必离开了雕饰的宫殿而去荒野穴居？何必把美玉饰辂的华车扔弃，去坐那原始无辐的破车？

一个艺术家，能从自然大道取之无禁、用之不竭的源泉中汲取灵感，在森严的法度中又不受牢笼拘束，最后回归自然。这个过程是古往今来真正能创造大美真美的艺术大师所必然经历的道路。这就是为什么既需有内美、又要有修能的原因。

这里，我们不能不谈一谈对现代西方某些艺术家和目前中国某些新潮、前卫艺术家们的看法。20世纪是所谓现代派繁衍滋生的世纪，而现代派的理论也层出不穷，流派的消长受画商与评论家的控制，生命之短暂与时髦之奄忽相仿佛，而理论则不外是极端的主体论，谓艺术作品只求宣泄而不求理解，能一抒为快，便是终极目的，你看得懂与否，干我何事？这其间艺术评论家上下其手，画商只图厚利，一旦观众视觉对某种光怪陆离的艺术现象感到疲劳，则必然殒落。而另一派更新的、更离谱的流派产生，一似走马灯之纷纷扰扰，由于对传统技法的极端鄙弃，必然是艺术衡量标准的混乱和最后丧失。科技的日新月异、产品的目迷五色，使一般观众处境茫然，人云亦云，而宣传媒体的彻底商品化，也使艺术的品质本身降为次要的地位，商品的“新”，成为获得消费者青睐的主因，艺术也沦为消费品的范畴，人们难逃这逐新的大潮。再没有那种梵高、高更、塞尚和莫奈一般的真诚，那种大师全身心的投入，那种执着的追求，那种置生死利害于度外的虔敬。艺术波普运动对新潮而言是其结果，也是最后埋葬新潮的自掘坟茔。群众在受骗过久之后，觉得艺术本来不是少数人的事，波依斯吹一口气使一个啤酒罐价值一百万美金，那我也不妨一试，垃圾与破铁丝能构成据说十分伟大的艺术，那我所堆的垃圾，与艺术大师的何异？于是，夏天的海滨，丽日高悬，沙滩上人们从家里库房地窖中将尽可能找到的破罐烂铁都拿出来，堆砌或“创作”艺术品，一阵疯狂地宣泄之后，汗涳淋漓，于海中沉浮半晌，然后在作品前拍照留念，开车扬长而去。潮起潮落，这与大自然合作的艺术成了真正行动派艺术，在洪波中被冲向海底。

既然毕加索能从黑人艺术中得到灵感，那难道新潮艺术家们会被禁止做更远古的追寻吗？于是现代人的图腾艺术兴起，那已非黑人的性器官雕刻或印第安人的图腾柱，那时对人类性器官的崇拜，是何等的虔敬，而今天披头散发或干脆光头的嬉皮士们，他们的图腾崇拜带来的是性乱与艾滋病。与其并行不悖的艺术追求，则把性作为永恒的主题，展览厅中硕大无朋的一根黑柱，题为“牡”，而相映成趣的一个大树黑洞，题为“牝”。艺术沉沦至此，可谓极矣！

装着返璞归真，而心存浮华；装着天真稚拙，而实质油滑。“轻薄为文哂未休”，他们亵渎艺术的同时，对历代大师的作品则横加诋毁。在一次酒会上，某新潮雕塑家谓罗丹的作品不过是“中学生的水平”，我很严肃地放下酒杯，告诉他：“我崇拜罗丹！”是时宴会顿然鸦雀无声，人们只回味着这短兵相接的两句对话，所代表的是全然不同的信仰。

宇宙生命的和谐，也还包含着矛盾双方的同一性，在书法艺术上所强调的刚柔相济、轻重相间、浓淡相生，用笔速度上的疾缓相调，都决定着线条之是否真正有生命力。唐代孙过庭曾在《书谱序》中论及书法之通病时讲：

质直者则侹不遒，刚很者又崛强无润，矜敛者弊于拘束，脱易者失于规矩，温柔者伤于软缓，躁勇者过于剽迫，狐疑者溺于滞涩，迟重者终于蹇钝，轻琐者淬于俗吏。

过分的刻露缺少内遒；过分的“刚很”则无润泽；过分的“矜敛”，如作茧自缚；“温柔”本来无可厚非，而或会伤于“软缓”；“躁勇”如无适度，则近乎攻击逼人；“狐疑”者用笔踟蹰不前；而“迟重”者则既顽笨而又愚钝；轻佻而猥琐的则被人骂为眼光短浅的官吏。

所有用笔的毛病都可以说是矛盾一方的失控，转向事物的反面，不能“知其雄，守其雌”“知其白，守其黑”（《老子·第二十八章》），倘若书法能依循老子这种辩证的思维，能知其刚强，守其温柔；知其坦荡，守其舒缓；知其迅捷，守其蕴藉；知其风动而守其凝重，那么我想就达到了和谐之境。

前面已论及书法的用笔来自大自然万类的生命节律和其运动变化的规律，可谓“道法自然”。而中国画史从来视为真理的“书画同源”之说的根本原因，也在于以自然万类作为表现对象的绘画同样是“道法自然”的。这“自然”当然不是一般现象、概念的自然，而是老子哲学中那自然而然存在着的宇宙本体和天地万有的根本规律。中国绘画语言之基本元素，乃线条笔墨，线条笔墨之优劣成为衡量作品质量的前提，而中国画的线条笔墨又与书法有着直接的关系。

周秦之世，中国书法已臻美奂之境，《虢季子白盘》《散氏盘》《石鼓文》为大篆典范，结体之精美绝伦无以复加。至汉魏六朝碑刻，书法面貌的变幻更趋丰繁。此类碑铭之于中国书画史，略如古希腊雕刻之于西洋美术史，可谓树典范、立极则，成为万古长存的源头活水。

中国书法家为画家铺平道路，其对线条之颖悟、用笔之奥秘，往往领先数百年之遥，当画家们还用着少变化而缺神采、因此感情色彩不强的铁线描或春蚕吐丝描时，书法家们已云鹄在天，作逍遥游。当王羲之的《题笔阵图后》已将用笔之变化比之用兵谋略，此中必有声东击西、暗渡陈仓、实以虚之、虚以实之诸手段在焉，而彼时之顾恺之竟如何？尚处“迹不逮意”之困境，岂有书家迎风飘逸之致？至唐代，书家与画家情绪上都可共达风发之境，当怀素大叫三五声而以汪洋恣肆之才纵横挥洒时，吴道子也做到了 “当其下手风雨快，笔所未到气已吞”。然而他的莼叶描，也仅达到了轻重有致、回环有方，比之狂草的跌宕排奡、蕴藉雄厚、龙蟠凤逸，恐尚有不小的距离。唐以前的画作（指工笔人物或山水花鸟）近于匠，不只画家学养不够，其艺术语言之板滞，也是一因。这种情况宋、元之后才结束，书家与画家两位一体，更进一步推动了中国书画线条的前进。

我们不妨把书法艺术视作一种大自然所有现象的抽

象而简捷地提炼和记录，一种将自然规律化为深藏不露的天成密码，化为点划流美的奇方，一种熔万物枯荣、光线浓淡、速度快慢于一炉的妙术。它也是书家个性、胸次、学识和生命衰旺、精神晦明的精确测表。倘若说“画如其人”，固然有实证的例子，然而却有更多的例外；而“书如其人”，则几乎是概莫能外的检测器。据说傅青主晚年一日检阅笥箧中之书法，见一自己的手书，大骇失色，谓离大去之期不远矣。傅青主又精医道，他这一言既出，果不出所料，竟成谶语。书法所具有的永恒的魅力，来自它比绘画更内在、更深邃地体现着“道法自然”的精神。

老子对宇宙本体的理解，提出“道法自然”的最高命题：由反对声色犬马而主张回归小国寡民的朴素生活；由对大道的体悟，提出“复归于婴”的命题；由体悟大道的需要，提出“致虚极，守静笃”的方式。这些本来不是谈美学的范畴，却涵盖了中国美学的本质，成为中国文论、诗论、画论之渊薮。老子反对虚伪的美，这在心灵上无异强调了真正的内美；老子强调“道法自然”，无异追逐着宇宙天地的大美，以内美而求大美，这便是艺术的本质，也是艺术创作主体论的核心。而自然的大美则是其自身永恒的和谐。我们说老子的哲学是非美学的美学，不只表面上老子拒绝声色，而且实际上老子所论，大者为宇宙天地，小者为人世沧桑、万物衰荣的辩证体悟，他不曾在任何一章之中具体而微地论述艺术的规律和法则，而惟其如此，在他大而化之的理论中，却包含了自然大慧智的无穷宝藏，当我们趋近于它的时候，会感受到一种宗教般的洗礼，会洗尽那世俗的尘嚣对心灵的污染。你会非常敏锐地辨识那些美的对立面——矫造和虚伪，并予以本能的拒绝，那在冥冥的内心中，会有两个真美大美的字——和谐，和一个真美、大美之内核的字——诚。

## 十二、诗画一体

自古以来，诗人而兼画家者多，而画家兼诗人者少，诗人必以心灵感应之敏妙与迟钝，以判其诗之轩轾，而画家苟于心灵上已是诗人，语言上有所不逮则是不会影响其画作的。八大山人之诗其可读乎？石涛之诗有可传者乎？近代齐白石之诗正所谓牧笛山歌耳，其余不足论矣。重要的是，他们心灵上够不够诗人，够矣，他们的画，便是诗。

中国古代杰出的诗人以真感情体悟真景物，借真景物述说真感情，所达之真境界，是世界任何国家的诗人不可比权量力的，中国文字一字一音（不同读音，非多音节，依旧一字一音），一字多义，一字多词性，使中国的语言，成为一种变幻万端的、混沌含蓄的诗性语言。

既论及诗，必读清末刘熙载之《艺概》。请略举例如下。

《艺概·词曲概》：“少游《水龙吟》‘小楼连苑横空，下窥绣毂雕鞍骤’，东坡讥之云：‘十三个字，只说得一个人骑马楼前过。’语极解颐。其子湛作《卜算子》云：‘极目烟中百尺楼，人在楼中否？’言外无尽，似胜乃翁，未识东坡见之云何？”这是融斋先生的妙问。苏东坡因未见秦湛之词，然苏东坡所嘲笑秦少游十三字的毛病——作诗必此诗，于其子秦湛词中已不见踪影，秦湛之句有无限感慨、伤怀。岁月的流逝，往往带给人们无法言说之悲怆，而仅用十二字状写之。融斋先生又特别强调诗意之“空中荡漾”：“上意本可接入下意，却偏不入，而于其间传神写照，乃愈使下意栩栩欲动，《楚辞》所谓‘君不行兮夷犹，蹇谁留兮中洲’也。”这简直是一段极精彩的泼墨文人简笔描之高论。

而融斋先生之论词之“章法”云：“不外相摩相荡，如奇正、空实、抑扬、开合、工易、宽紧之类是也。”这又是一段极精彩的经营位置、工写结合的高论，读者尤应于“摩”“荡”二字加意焉。

以言诗、画，则画得益于诗者多，而诗得益于画者少。因诗直抵灵府，含蓄蕴藉，盖非画所能及。融斋又云：“词要清新，切忌拾古人牙慧。盖在古人为清新者，袭之即腐烂也。拾得珠玉，化为灰尘，岂不可鄙矣！”于绘画尤然，视今世之画家，袭古人近人者多，而能“清新”者凤毛麟角，拾西方后现代派诸公牙慧者犹自炫清新，实腐秽甚矣。此正古希腊神话当太尔式之烦恼：“仰取果实，化为石头。俯饮河水，水既不见”同义也。

综合以上三节所述，概言之：其为人也悟哲，有不通诗者鲜矣；而不具诗性之心灵能通画道者，未之有也。至于书法，则中国文人画之所必备，无书道之学养，而欲使画入神品，则不可梦见矣。

## 十三、例以证说

一日门人刘波、薛晓源、孙景阳在吾画室纵谈古今。刘波张一宣纸于壁上，诚惶以询：“先生其有意乎？”薛、孙二人亦有殷殷之态。余乃奋裾而起，谓写一黄宾虹像若何？众欢喜雀跃。乃据一盈寸黄氏头像相片，谛视片刻，则濡墨挥毫，始画黄氏眼镜，刘波与薛晓源窃语“小矣”，讵知双眼既出，眼轮匝肌随之，眉骨既出，霜眉已显，众拊掌：“真黄宾虹之神也！”彼等窃语吾已闻之，反讽曰：“须换一大镜片乎？”至画鼻，气息舒然，至鼻唇沟口角出，则先生之刚介、坚韧、学养皆在其中矣，跌宕之笔以出髭髯，至额上一笔，碗帽覆于上矣，众皆鼓掌，余亦狂啸。更风发其笔，作袖手伫立之全身，至鞋部已忘其所画，数秒已成。告成之时，刘波谓只二十分钟耳。此画今已为吾代表作之一，苟非天赐良辰，复为之，必不可得矣。

《中国画法研究》所述，亦类皆本人半纪朝斯夕斯所感悟，举画黄宾虹一画，知全书所言非虚。

黄宾虹一画既成，张之素壁，吾与诸门生坐而观之达两小时，觉不可增一笔，不可少一笔，而观画时之范曾虽汗涔未干，不知方才所发生之一切矣。所幸此画有二十分钟之录像纪实，知非妄说。

## 结　语

论中国古代文人画者，何累千数，而足以振聋而发聩，有睥睨千古之画笔而又能立雄视当朝之峻论者，吾未之见也。吾尝于《画外话·泼墨钟馗》中作如斯说：“（作画）第一需要的是画家主观心理状态，必须有跃马缆辔、奔逸天岸的豪纵之情；必须有万象毕呈、造化在手的移山之力；必须有饥鹰渴骥、掣电奔雷的箭发之势。当此之时，解衣般礴，目空今古，放笔即来笔底，状物如在目前。纵笔处如飞瀑之悬匡庐，收笔处如鸿声之断衡浦。闳肆至极，不失矩度；恣情欲狂，终归内敛。这还不是泼墨画最难处，泼墨人物画更难在这瞬息间，画家还必须与表现的人物心许而情侔，神遇而迹化，这是何等奇妙而高迈的境界！泼墨人物画与猥琐、迟疑、怯懦诸情状无缘，泼墨之愿望人或皆有，于幻想中亦甚神奇，然方其举笔，即遇梗阻；毫颖触纸，败笔纷至。当此之时，烦躁生而清气遁，气既尽而情已颓，惟捶砚碎墨，断笔撕楮而已。因之泼墨人物画更须者为学问、为功力、为识见、为修养、为天分。”此段文字虽只提到泼墨人物画，其实为中国所有文人画，无论山水、花鸟、人物莫不皆然，能深识其中要义者，于今盖阙如久矣。

吾为文意犹有未尽者，乃引辛稼轩两首词。

一、《贺新郎》，稼轩述自己与异代知己陶渊明之深情：

甚矣吾衰矣。怅平生、交游零落，只今余几？白发空垂三千丈，一笑人间万事。问何物、能令公喜？我见青山多妩媚，料青山、见我应如是。情与貌，略相似。

一尊搔首东窗里。想渊明、《停云》诗就，此时风味。江左沉酣求名者，岂识浊醪妙理？回首叫，云飞风起。不恨古人吾不见，恨古人不见吾狂耳。知我者，二三子。

二、《西江月》：醉里且贪欢笑，要愁那得功夫？近来始觉古人书，信着全无是处。　　昨夜松边醉倒，问松：“我醉何如？”只疑松动要来扶，以手推松曰：“去！”

读了这两首词，诸公以为如何？初读范曾《中国画法研究》，亦或时有感动，阖书而思，似觉狂悖，劝君更读稼轩词，始觉范曾于激越中实深藏对故国文化拳拳之忠，眷眷之情，较稼轩平和多矣。

# 书道法自然

自然，自在已然的大存在，这是本人对自然的一个简赅而确切的定义。它是不外力的“自在的”存在。“自在”极言其无处不适宜、无处不合理、无处不恰到好处。在狄拉克看来，只有最精密的数学，庶可描绘其构成。“大存在”，言其空间广大无垠，时间无尽无休。一百亿光年不可方其遥，一百亿年不可述其永。人类在这个大存在的面前，除去敬畏而外，别无选择。而人类的所有艺术，能做到尾追它，就是守本分、顺天理的理智行为。反之，你刚跨出了违拗的一步，便落入万劫不复的深渊。兢兢业业，如履薄冰，人类在自然面前想生存下去，便得老老实实；同样，人类的艺术创制想发展下去，也别自作聪明，妄自尊大。柏拉图对这冥然的大存在用“永恒理念”一词描述，宇宙万有是永恒理念的摹品，而艺术则是摹品的摹品。艺术家们，谦虚一些吧！你的智慧不会超越自然，做自然之子已是你无上的荣光。

当艺术天才而敏妙地描摹自然时，便可以幻化出无尽的美妙。它是那样地使人目迷心醉，身心俱畅。它们既质实朴素而又绚烂瑰玮，不愧是大自然的宁馨儿。人类历史上所有精妙绝伦的艺术，无一例外地一定是与天地精神相往还的产物。而中国的书法则以它极度的颖慧与大自然心心相印，中国人发现了一个与数学表述自然完全不同的形象的语言表达。这语言不仅仅是一种形象的摹品，更重要的是意象上、神韵上、性灵上的摹品，因之产生了类似符号与密码的点线勾画。而这种点线勾画所形成的图像——汉字，成为一种举世无双的艺术。它是一种造型，不仅仅是形似于万类，而且是一种意味上的、对万类倾诉的衷情。中国书法之妙，在于它的概括力，那是简约的、明确的、生动的描述。文字作为个体的描述，已竭尽了美轮美奂之能事，当它们由字组成句的时候，中国人的发音，更使之成为绘画性和音乐性的高度结合，于是书法与诗歌是嫡亲的兄弟，是形体与音色的合二为一。再没有一种艺术虽与事物的形体相距那么远，同时恰又与事物的神韵相融如此之洽。这就是书法艺术。

中国的书法载荷着中华民族五千年的文明，它的生发与演化，与中国的文化同步。它浸透了中国以感悟为本的智慧，它远离了生硬死板的拼音术，而走上了一条凭虚御风的艺术之途，使全世界一切文字黯然失色。由于简捷明了，它省却了拼音文字的繁文缛节，而以一字一音的特色，几千年来独立而不改。“五四”之后有钱玄同、陈独秀、瞿秋白者，欲以拼音文字取代中国文字，幸其未果。倘若然，则他们的罪过将大过一切的文化摧残者，尽管他们在其他方面的呐喊，有着不可磨灭的功绩。

中国的文字功能至东汉许慎《说文解字》一书出，作了理性的归纳，其“六书”之说，至今仍葆厥美。一曰指事，若路标之上下也，一目即可了然。二曰象形，以简约之笔，状其形貌也，如日月。三曰形声，有形矣，更助之以声也，如江河。四曰会意，以事理组合也，如武，止戈也；信，人言也。五曰转注，连类通感，互为发明也，如考，父也；老，父辈也。六曰假借，本无其字，托事而知义也，如号“令”于县而发令者，“县令”也。亦有指事、形声相兼者，如“忐忑”等等。

《说文解字》以其瑰博周赡、精细入微，于中国文字之形、音、义，堪称鞭辟入里，为世所公认。后之硕学，或有指摘，白璧微瑕，不碍经典；亦有炫己恃才、妄加评述者，自取其辱，盖与《说文》无关。

《说文》之所以能有如此理性之概括，则是上溯殷周至汉的两千年先民刻画书写所给予的遗存之启示。仰韶彩陶上的图画，虽不是文字，然其为文字之缘起与滥觞，则是无可置疑的。那天真的、朴素的、质胜文而近乎野的造型，如日月山川人面游鳞等，给我们展现了先民丰富的心灵和强烈的表现欲，那是人类文明肇始的曙光。其中生拙和鲜活并在，懵懂与灵慧齐飞，那是无法言说的美的典范，那才是真正的、自然的、无矫饰的、大朴无华的艺术，和后现代的装痴卖乖、心存机巧而自我作古的人大异其旨。至甲骨文兴，因有卜筮的虔诚和占者的信赖，刻画之际，又缘龟背骨骼之坚硬，着力深而行速慢，神秘中看出了天籁自发的真诚；而只要有真诚在，就会不期然而然地成了自然的宠儿。它的卜辞和当下算卦先生之区别，在于前者真而后者伪，前者近咒而后者近讹。咒者，在无科学实证时代的感悟也，而阅世深、见识广的巫师说不定一不小心来几句大明咒、大神咒、无上咒、无等等咒也未可知。殷墟甲骨文于中国文化史上的不朽地位，足证我所言不妄。

而文字之源起，“古者庖牺氏之王天下也，仰则观象于天，俯则观法于地，视鸟兽之文与地之宜，近取诸身，远取诸物，于是始作《易》八卦，以垂宪象”（《说文解字》序，天有大法，所定之象，称之“宪象”——范注）。这里我们要注意的是“近取诸身”，指庖牺之心灵，“远取诸物”所指则广矣，日月星辰，银汉迢遥，四时代序，万物繁衍，河岳山川，鸟兽虫介，皆在一“物”字之中。柏拉图之摹品说，在中国传说中的庖牺氏之时已然作如是说。这远古杳冥的传说是那样的美妙，使后人不禁以为这是为天的昭示，人悦然而取之，欣然而悟之，将其所悟以八卦图描述这为天的大法。难怪人们猜测 17 世纪的莱布尼兹看过八卦图，而生二进位的微积分之创说。虽然莱布尼兹承认看过，而否认受其影响。这是无法考证的悬案。即使如此，八卦图的魅力，当是自远古至今的不朽现象。孔子云：“凤鸟不至，河不出图，吾已矣夫！”

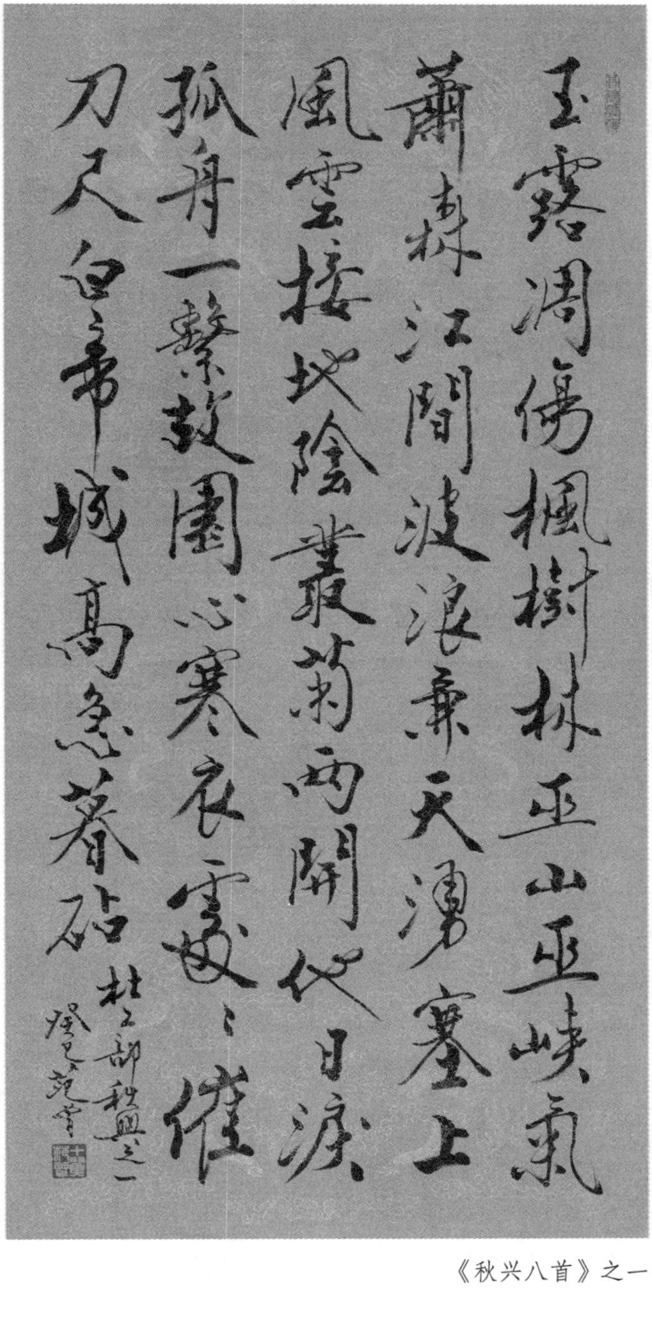
玉露凋傷楓樹林巫山巫峽氣
蕭森江間波浪兼天湧塞上
風雲接地陰叢菊兩開他日淚
孤舟一繫故園心寒衣處處催
刀尺白帝城高急暮砧
杜工部秋興之一

《秋兴八首》之一

（《论语・子罕》）他指的“河图”，我想就是八卦图。孔子“信而好古”的原因，是他对春秋之世社会礼崩乐坏的鄙弃，这句话的意思是再也不会出现八卦图这样的古典智慧。孔子本人当然是见过八卦图的，“加我数年，五十以学易”，是他勤学不辍的抱负，我们可以想见，庖牺氏在孔子心目中的崇高地位。而图卦的产生根源与中国文字几乎是并行的，“河图洛书”，正说明它们并存的地位。传说是信史之辅，这是每个懂历史的人的常识。

书家在这浩瀚无垠的宇宙之前，看到那万有无尽而不息的生发，周行而不殆的运动，瑰异而神奇的状貌，那不可计量的物种都依循着大道——自然在幻变，微茫的烟波，明灭的云霞，莽莽平沙，茫茫皓雪，都是逆旅之过客，曾不能稍留于一瞬，对它们的描摹若囿于一时一地一物，那将是刻舟以求剑，胶柱以鼓瑟，结果将是一无所获。于是对它们意态的心悟，“物色之动，心亦摇焉”，“目既往还，心亦吐纳”，“思理为妙，神与物游”（刘勰《文心雕龙》）。刘勰的这几句话是颇能描述书家作为审美主体时主客交会的状态的。

智慧的书家们知道，大造的启示是一本读不完的书，取之无禁，用之不竭。东汉蔡邕论及书法之形、散、势，皆能于篆书中领会自然之妙有，“远而望之，象鸿鹄群游，骆（络）绎迁延；迫而视之，端际不可得见，指不可胜原”（意即运笔之旌麾所向，不可能达其源头）。在此，他是存有对自然既倾慕而又谦卑之心的。蔡邕论书之“散”，用辞最称妙绝。他说：“书者，散也。欲书先散怀抱，任情恣性，然后书之。”三国钟繇见到蔡邕之字，钦敬之情达于变态，“自捶胸三日，其胸尽青，因呕血”，因悟“岂知用笔而为佳也，故用笔者天也，流美者地也，非庸凡所知”。他的“去若鸣凤之游云汉，来若游女之入花林”（钟繇《用笔法》）自成名句。蔡邕和钟繇的故事是流传至今的最早记载，也是以书法的笔、势与自然状貌比拟的发轫。

隋唐之前书论，代有佳什，若西晋卫恒继钟繇而后提“体象”（指天象）、“类物”（指物象），踵接前修而又有发明。索靖虽书称大家，而玄乎其论，比类欠伦，兹不赘述。卫夫人《笔阵图》，比类大而无当，然其“通灵感物”说，尚称有识，而“意前笔后者胜”开“意在笔先”说之先河，厥功至巨。王羲之对卫夫人先恭而后倨，然其书论，大体不出卫夫人之藩篱，唯其《题卫夫人〈笔阵图〉后》“一波三折”之说能发前人之未发，良可喜也；而于《书论》中提出藏锋灭迹之说，更为后之书家所奉遵。北魏江式，为书正名，对炫惑于时的巧言予以鞭笞，足见今之招摇后现代书法者，并非前卫，以江式之评语“俗学鄙习，复加虚造”八字可作当头棒喝。后之论书者，若袁昂辈，睚眦过甚，点评失度，兹不一一。

而至孙过庭集其大成者也。其《书谱序》立论之高迈，行文之婉转，擒藻之华赡，一千二百年过去，其昭彰前修，启示后人，无以过之，而其最根本的旨归仍是书道法于自然。围绕此一中心所展开的古今之辨、优劣之判以及书法本身的则守，真可谓立极则于千秋，树圭臬于百家，文论中刘勰之《文心雕龙》与之并称双绝。

前文已论及书家对大造之启示有敏妙的种种言说，吉光片羽，时有峻论，然而书道的审美自觉并走向全面之审问、明辨进而笃行者，《书谱序》固为不争之经典，而且所论核心仍是书道和自然。以孙过庭之博雅冲和，其于书道当为唯美主义。然唯美矣，其所论述则荦确峥嵘，有儒者激于理义之气势。余自少熟读之，背诵之，以为爽籁发而清风生，中心之倾慕有不可言表者。其于书史以审美之眼光，不十分赞许厚古薄今之说，而以变易为常理："夫质以代兴，妍因俗易。……淳醨一迁，质文三变，驰骛沿革，物理常然。贵能古不乖时，今不同弊，所谓文质彬彬，然后君子。何必易雕宫于穴处，反玉辂为椎轮者乎？"孙过庭以自然状貌比拟书道，文附骈俪，畅达淋漓："观夫悬针垂露之异，奔雷坠石之奇，鸿飞兽骇之姿，鸾舞蛇惊之态，绝岸颓峰之势，临危据槁之形，或重若崩云，或轻如蝉翼；导之则泉注，顿之则山安；纤纤乎似初月之出天涯，落落乎犹众星之列河汉。固自然之妙有，非力运之能成。"其次以书体论，虽古今真草不同，而用笔之理，则互为激发，并无龃龉："草不兼真，殆于专谨；真不通草，殊非翰札。"他以张芝善草而具楷书“点画狼籍”，这里的“狼籍”二字却非常人之贬词，狼籍者，生动而不板滞也；又以钟繇善楷而不草，而用笔具草书之“使转纵横”。进一步他以为篆、隶、草、章，济成厥美，各有攸宜。篆书之“婉而通”与隶书的“精而密”，草书的“流而畅”与章草的“检而便”，仅为说辞方便，并非削木为吏，互不议对。各相交融正孙过庭之《书谱序》之不拘一格、主张兼善的大规。

而书法之为道，非同弈术之小。至大之境必为本乎？观之于天，悟之于心，应之于手。挥写之际，目不见绢素，手不知笔墨。当此之时，正所谓天人合一，略无间隙。在一度性的时间之中游目而骋怀，其人生快意当非手执笔而游心旁骛者可得而梦见。于是孙过庭乃发五乖五合之高论：“神怡务闲，一合也；感惠徇知，二合也；时和气润，三合也；纸墨相发，四合也；偶然欲书，五合也。心遽体留，一乖也；意违势屈，二乖也；风燥日炎，三乖也；纸墨不称，四乖也；情怠手阑，五乖也。……若五乖同萃，思遏手蒙；五合交臻，神融笔畅。畅无不适，蒙无所从。”妙哉斯说也！今之书家，虽过河之鲫不足言其多，而思遏手蒙者众，世人瞠目，良有以也。或自称师某人、法某家，其必仅状其形貌，失其神韵；而自许创新格、废木索者，其必致内迷其理，妄生怪诞。世人侧目，有由然哉。

能与天地之心凑泊者，始能做到形其哀乐，述其怀抱，为时为事而作，非为书而作也。要之，中国书道亘古以还，凡能传诸后世，彪炳千秋者，必遵宏门正学，不以乖张、猥琐、邋遢、呰謷、秽浊为逐臭之标，而必以平和、恢宏、潇洒、豪迈、清新为众芳所在。以此，知逐臭为书道膏肓之大病矣。进言之，虽不称病，终不属佳境者，如奇如险，要非《中庸》不偏斜、不倚侧，《大学》明明德，追至善之大境界，故孙过庭极言“平正”二字之至尊地位：“至如初学分布，但求平正；既知平正，务追险绝；既能险绝，复归平正；初谓未及，中则过之，后乃通会。通会之际，人书俱老。”这正如西方哲学之正、反、合三段论，终极之追求仍为“平正”。当其时也，志气和平，不激不厉，那就是大人之境、圣人之境了。黄庭坚称苏东坡为佛，自信为尊，应是大书家自知虽笔势如饥鹰渴骥，终不似苏东坡容与徘徊，翰逸气静也。中国书论至于此，可谓至境极则矣。然此可为智者道，难为俗人言也。问今之书坛，乃不知有汉，无论魏晋，相与鼓吹标榜者，大体自以为走进现代，必显出一副不屑先贤、眼空无物之伟岸姿态，或辫发而蓄须，或龇牙而咧嘴，然一涉笔，便入荒率破败。此无他，心虚耳。或虽薄海名噪，而其学养天赋，尚不及中材之人，则又做老成矜持、言必玄奥之态，当悬其书作于素壁，乃若老者执拐，不堪挺立。此亦无他，心虚耳。天下有盖世奇才而不自知者，而无才却不自知者则未之有也。此中自知无才而又作态者，其贻笑于大方，固自取耳。艺术一事最重一“真”字，最恶一“伪”字，学书者能不警欤？

综上所述，中国书法的至博至深之内涵与至简至赅之形体，决定了其形式的极其重要，或者中国书法之形与质是合二为一的，我们不妨将“形”视为书家之手段，而将“质”视为书家之目的。正如克莱夫·贝尔所谓“有意味的形式”，手段与目的如中国书法之融洽，是极少见的，正是指的“形式”成了“意味”本身。中国书法似乎在两千年前，就与当今中外的论家们不谋而合了。

巧伪者往往以中国书法说事，以为中国书法正是打开中国后现代主义的缺口，那就大错特错了。书法抽象的指向是那浩瀚的天地精神，这已如前述，而西方后现代主义的指向，却正与天地精神背道而驰。“抽象”之术，永远是智者之事，而“解构”之术，则是任何市井儿可以从事的讵讹之业，其间岂止是差距，而是本质上的相悖。为什么一个完全不认识中国文字的外国人，可以在一幅精美的书法作品前流连忘返？这正如我们并不一定知道巴赫或贝多芬所作伟大乐曲的本事，而能感极而悲的原因。书法或音乐的形和声倘若与天籁、地籁、人籁，即和宇宙、社会、人生的种种感应相连时，那审美主体和客体的关系便发生了“神与物游”的心理变化。这境界因人而异，深浅也千差万别，而这种感动却绝对不需要借助外力和他人的解释。凡经过外力和解释而有所动者，大体属于物理作用而不是心理作用，而心理的情态自由则属于每一个人。书法在艺术之绝域是无与伦比的一种近乎神性的存在，这神性历千百年睿智之士精神的熔铸而成，不需言说，不须言说，也言之不详，言之不清——“道可道，非常道”，这就是书道的最高境界。古往今来的书法家，能达此境界者，少之又少，稼轩所谓“古来三五个英雄，雨打风吹何处是，汉殿秦宫”。让我们耐着性子去寻觅这汉殿秦宫。

书法的自足的体系，往往是其他非书法因素难以侵入的王国。它的自足来自两千年前至三千年前之间（殷商至先秦）所形成的神圣之自尊，它不需要他山之石，它自身的进步是持重的、稳步的，不是突变的、理念先行的。前文所提到西晋卫恒于书体之流变，分析最称精当，而这种生发演变，不唯未尝损害中国书法之精神，而是顺势应变，更进一步发扬了中国书法自身的内美。卫恒在剖析了古文（自仓颉至史籀大篆）、篆书（李斯之后的小篆）、隶书（包括散隶）、草书（包括章草）的体势之后，特别强调了“法象”“体象”于物，所谓“天垂其象，地耀其文”，进一步阐明了书法与天地精神往还的根本观念。而这种由繁而简的过程即所谓“省改”，从时间的一度性层面看，则是为了“便捷”。“秦既用篆，奏事繁多，篆字难成，即令隶人佐书，曰隶字。”隶字以白话解：官场隶徒以节时而使用之书法。正所谓“隶书者，篆之捷也”。草书同样源于“省改”之目标：

“草书之法，盖又简略，应时谕指，用于卒迫。兼功并用，爱日省力。纯俭之变，岂必古式。”随时间之迁流，书体乃由繁而简，速度则由徐而捷，书家们是在做着一种“为道日损”的工作。而这种损之又损的结果，不是背离“道”，而是对“道”的一种趋近，是对书法美学的拓展而不是削弱。当今书家急切于创新，于是置一主义横亘胸次，必以骇人耳目、尘秽视听为目标。正如卫夫人所评：“或学不该赡，闻见又寡，致使成功不就，虚费精神，自非通灵感物，不可与谈斯道。”（卫铄《笔阵图》）中国书法自足之体系，非谓其画地为牢，势不可入也。它顺应着天地的大美，当风披襟，敞开胸怀，以迎真知灼见者的创获，虽世变事异，其宗永存。亦若康德所谓“作为本体而言，没有任何事情发生”（《纯粹理性批判》），因为天地大美是永恒而无言的、恒居而不变的存在。

书法于自足之体系之中，代有高手，各臻其妙，风格即人，正不可以一字而评一代。所谓晋人尚韵，唐人尚法，宋人尚意，明人尚姿，清人尚变云云，不唯于哲学上不同范畴，焉可比列，且也晋人如王羲之，韵固存于严密之法度，宋人米芾其隽意正存于妙姿，“清人尚变”更不知所云矣。庸人妄自炫耀，而论者竟以为大纲，愚瞽治学往往如此，实不足为后学引导也。

古代书论之大要，已如上述。迨清乾嘉以降，朴学大兴，于古碑刻鼎彝之研究，造诣日深。包世臣之《艺舟双楫》、康有为之《广艺舟双楫》可为书史重典，功不可没。然重碑轻帖之风亦因以大倡，而康氏之论，略类其史考，时有妙悟，间以偏激。先曾祖范伯子先生之评“独爱其才，不爱其学”，可谓一语中的；而又评戊戌诸俊杰“视事易而举措急”，不唯可评其从政，亦可用以评其学术著作。设以康氏之见以衡中国书法，则魏以后当无可取者矣。此十翼所不敢轻同者，因与本文之旨取舍异途，兹不赘矣。

言及至此，我对文物出版社、紫禁城出版社、圣彩虹文化发展有限公司三家联手出版的百册中国历代法书精品大观，谨表示虔诚的敬意和无限的赞叹。这是中国出版史上的奇迹。其印制精美，庶几乱真；装潢之典雅，并世无双。手抚巨帙，感慨系之矣。回望远古之世，伯英、元常云殁，片纸无存；羲献之迹，唯留临本。自陆机《平复帖》出，董其昌考其真迹无疑，云破天开，中国书法之微茫晨曦，已预千日当空之世必将来临。而今所出版之百册巨著，正是明证。嗟夫，天不亡我中华，必不亡我中华文化，而中华文化之最足为宝贵者，为形上之哲学、形下之文物创制。而熔天地人文于一炉之书法，则不唯形上思维之载体，亦且为至大至博的、世界唯一的文字而为艺术的心智之果，于全人类文化的宝库，平添无量之光辉。大哉，中国之书法艺术。十翼何幸，敢竭鄙诚，著文卷首，所望于当代硕学者，共相揣摩，以昭灵光，后之来者，当更有发明。余其待之。

# 泼墨的世界
## ——格拉斯哥大学之演讲[①]

亘古以还，艺术之为用可大分为三：信仰的、功利的、心灵的。信仰的则多见于一切向善的群体事业，以无缘大悲与无穷智慧向人间散布真、善与美；功利的则倾心于社会与个人利害攸关之事业，以社会契约为本，借艺术以限定与引导人们之行为规范，以公正、宽容、中和为其艺术的终极追求；而心灵的则是生命个体情态之表现，为美学中最丰富、多元亦且生动之部分。信仰的如宗教壁画、陵寝雕刻、石窟艺术等等；功利的则如历史纪实画、时政宣传画、商品广告艺术等等；心灵的则如山水诗、田园诗、山歌村笛、苏格兰之长笛。而中国的文人画则是其中特色最著之艺术。

由于中国五千年来，是全世界特重“文士”之国家，而其文字之一脉相承，延绵未曾中断亦为世界所仅见，故而“士”这一阶层成为历代文化传承之无与伦比的庞大群体。文字因有其表述信仰、功利之载体作用，更有其表述心灵、彰显个性之使命。各国文字于此并无龃龉，

① 编者按：本文为2011年10月4日范曾先生在英国格拉斯哥大学发表的演讲。

范曾先生发表演讲

其宗一也。而中国文字为世界唯一表意之文字，一字一音、一字数音、一字多义，而其排列组合为句，地位往往同一字可主、可宾、可谓；词性同一字可为名词、形容词、副词、动词，故中国文字于丰富性而外有模糊性。文字本为人群交流之工具，而工具则反作用于人类群体之思维方法。除中文以外的世界族群至今尚有 6000—8000 种语言，操一种语言的最小族群已只近千人，其濒临危殆，固其自然。所有的非中文语言，皆为表音之语言，于历史长河中，音与音之间复杂之变化，日甚一日，而其意或已非昔年所可涵盖，设令有一人矣，以莎翁之古英语论事，则或不知所云。表音语言因无表意文字之象形、指事、会意、形声、假借、转注诸功能，唯于“音”之一项，求其至美尽善，故必凿凿其言，走向精确而不容模糊，则是其最大的优越性，如法语的形成过程即绵密周详，严丝合缝，宜为世界公约与法律所用。而中国文字已然使形、貌、意、音结不解之缘，试举例证之：

象形：　山

指事：上　下

形声：江　河　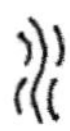

会意：忐　忑、或　國

假借：縣　令、縣　長

转注：老　考

陷阱之“阱”，中国古文为 井，中间一点或征犀狮虎豹，或状豺狼狐兔，象形简约至此，可谓极矣。

吾之所以于谈文人画之前略谈文字，乃为陈明中国之文字与绘画有天然之血缘关系，其表意简约，更与中国文人画之疏旷放逸一脉相通。中国文字其于思维与造型影响之大，正不可计量者焉。简约敏妙、直抵灵府，大而化之，亦诗亦哲，则中国士人语言之最妙者也，文人画于此则最称擅场。

二千三百年前，中国大哲孟子谓：“充实之谓美，充实而光辉之谓大，大而化之之谓圣，圣而不可知之之谓神。”此可总揽普天下所有大艺术之惊世通言也，中、西莫不皆然。八大山人、伦勃朗、莎士比亚、陶潜，于美、大、圣、神皆有之矣，然其趋舍异途，绝无可融合处。比较艺术的目的，所望于后来者，为加大其距离，非缩小而趋同也。

中国文人画是一泼墨世界，所以言者，有其东方哲学的、中国诗性的和中国书法的三大因素所致。

佛家以为万象假合，曾不能以一瞬，一念之中有九十九刹那。非止如此也，佛家以为无实相，一切皆如梦幻泡影，如露亦如电，这是一种绝对的恒变无常之高论。而宇宙万有之运动亦稍瞬即逝。道家则以为无中生有、有无相生（老子）、唯身处环中（宇宙之中心），天与人庶可达致齐一、浑沌之境（庄子）、老子之知白守黑与《易经》之阴阳二仪之说，佛家“不生不灭，不垢不净，不增不减”诸宏词大论，均构成中国文人画之出发点与归宿。而佛家求摆脱“法执”（所知障）、“我执”（烦恼障），则更为中国文人画家之不渝信条。在中国文人心目中所必须摆脱的乃是执象以求的耐久力，而力主作画之忘我、兴奋状态。“中国画是兴奋的”，为近代国画大匠傅抱石名言。抱石先生著述颇丰，唯此一言，道尽孟子“美、大、圣、神”四境之所从来，可谓妙悟者不在多言。在“兴奋”中求此四境，必与速度有关，非渐修也，是顿悟也。然“渐修”与“顿悟”并非水火，艺人于其始必以渐进，顿悟之境的到来或早或晚，而顿悟之状态则必是“兴奋的”，这几乎是毋庸置疑的高论。

每一民族于某一艺术，若戏剧、绘画、雕刻、文学，必有其顶尖之代表，若中国之绘画，必以中国画为代表，而文人画则又为中国画至崇至高之代表。所以然者，中国画发展之历史若自仰韶之彩陶计，有五千年历史，而中国之文人画，至今一千年之历史，这期间之流派繁衍，画种消长不可胜数其繁缛，而最后以文人画一枝独秀、俯视群伦者，非无由也。中国文人，即上述士之阶层，于中国文化史之发展固有其不可磨灭之贡献。历代大文人之光照所及，此门类必呈月满中天、花开满树之胜景，文人画仅其一端也。它如佛教之来中土，文人之介入乃有中国禅宗之尊；道学之发展为道教，文人亦功莫大焉，六朝之陶弘景（梁）、元代之丘处机，皆是文人而道家之代表人物。

今略述中国文人画之简史。

自五代石恪、南宋梁楷以降，始以草书之法入画，用笔跌宕纵横，蔚为奇观，实为惊天动地之创制。兹后至北宋重文而偃武，虽国力微薄，而文风之盛，为中国所有大一统王朝，若汉、唐、明、清，皆瞠乎其后。而文人中又大师迭出，唐宋文章八大家，宋占其六。而书画界群星璀璨，苏东坡、文与可、祝枝山、米芾皆其佼佼者，天文学中之开普勒为天上法律之制定人，苏东坡则为文人画极则之建树者。

优秀文人，腹笥既扩大而眼力又敏锐，其心头徘徊者则儒、佛、道三家之精粹，又不为三家说教所羁缚，有放下之心，无挂碍之意，无所谓先行既定之理念，信夫皭然不滓之孤抱，必有自然之流露。是个人寄托而无社会使命，正王羲之所谓“取诸怀抱，晤言一室之内；因寄所托，放浪形骸之外”，东晋距北宋六百年中，中国文人思维销镕镳铸，遂成大观。无如此深厚之文化积淀，则绝无文人画之辉煌。

一位杰出的文人画家，作画了无定则，挥毫之前或有一种情绪：如忧伤，如愉悦，如恚愤，如远怀，如爱慕……浮动胸次，继之磨墨，中心亦酝酿，把笔时，不过追出胸中之境，略无碍滞，所谓眼不见绢素，手不知笔墨者，正自然、心灵、笔墨浑然一体时也。正如吴道子作画，“当其下手风雨快，笔所未到气已吞”（苏东坡语）。南朝谢赫于《古画品录·论画六法》之“气韵，生动是也”，虽为一千五百年前文论，而中国之文论，因皆出诸大儒睿识之手，故能笼罩古今，历久不衰。

文人画家之重即兴神驰，即在其目的与手段之浑一。未画之先，了无定式；作画之时，亦非必然，以此“偶得”为文人画最重视之境界。“偶得”者，不可依样描画，不可重复，即使画家作同一题材，亦绝不可能依样葫芦。“偶得”之作，亦未必佳，孟子所谓“大而化之之谓圣，圣而不可知之之谓神”，则神圣之作，虽大手笔百无一焉，千无一焉。此类作品不可以耐心得，不可以时日计，唯不知何日、何时，天时、地利、人和种种不可期予之条件汇而萃之，当此之时，则天人合一之极境不期而至。文章本天成，妙手偶得之，一俯仰之间不亦越乎万里之外？天成之文章，只属妙手偶得，愚钝者虽欲得而不可梦见。气韵者，宇宙恒变不居之势态流转也。无此势态而欲生动，则若痴人之说梦矣。

蓄之既久，其发必速，文人泼墨如“飘风不终朝，骤雨不终日”（《老子》），作画时间绝不会旷日持久，诸君所见本人三十幅泼墨人物画，每幅之成，皆二十分钟以至半小时之间，作画之时正如怀素写草书，“忽然绝叫三五声，满壁纵横千万字”，惟其如兔起鹘落，如饥鹰渴骥，故必尽其身心而一往无反顾，一画既毕，掷笔而起，已汗滰淋漓矣。此画之气、势尚待心境渐趋平复时细味之，赏画之范曾已非作画之范曾，时亦有惊异之叹，文人之自我欣赏，乐在其中，正孔子所谓“为己之学”也。至于他人之观感，当不在思考之中。或问，赏者之地位又何在哉？文人画家即兴之时，本不为信仰，亦不为功利，故有二三卓见者相与论说可矣。昔钟子期死，伯牙不复鼓琴，此极端之表现也。然故事为千古所激赏者，正缘言尽中国文人艺术之本旨也。然，文人画既能和天地精神相往返，则必符合天地所赋予生命个体之审美本能，故而，文人画或不争于当朝，而有传于千古，且赏者历久弥众。当艺术失去欣赏者的时候，孤芳自赏，不足以挽救其生命，只有不尽来者的激赏，才使艺术之树长青而不败。

夫应物必在象形，象形需全其骨气，骨气象形皆本于立意而归乎用笔，文人画如前所述非理性之必也，乃感情之发也，所归乎之用笔极富偶然性，故而郑板桥（17世纪）有“胸中之竹非眼中之竹，而笔下之竹又非胸中之竹”之峻论，这其中包含着大泼墨的根本意义。

“将欲歙之，必固张之；将欲弱之，必固强之；将欲废之，必固兴之；将欲夺之，必固与之”等等哲学上相反相成之理，文人于作画时，必固用之，然尚属余事。

至此，我们不妨想象文人作画，实在是一种至美的

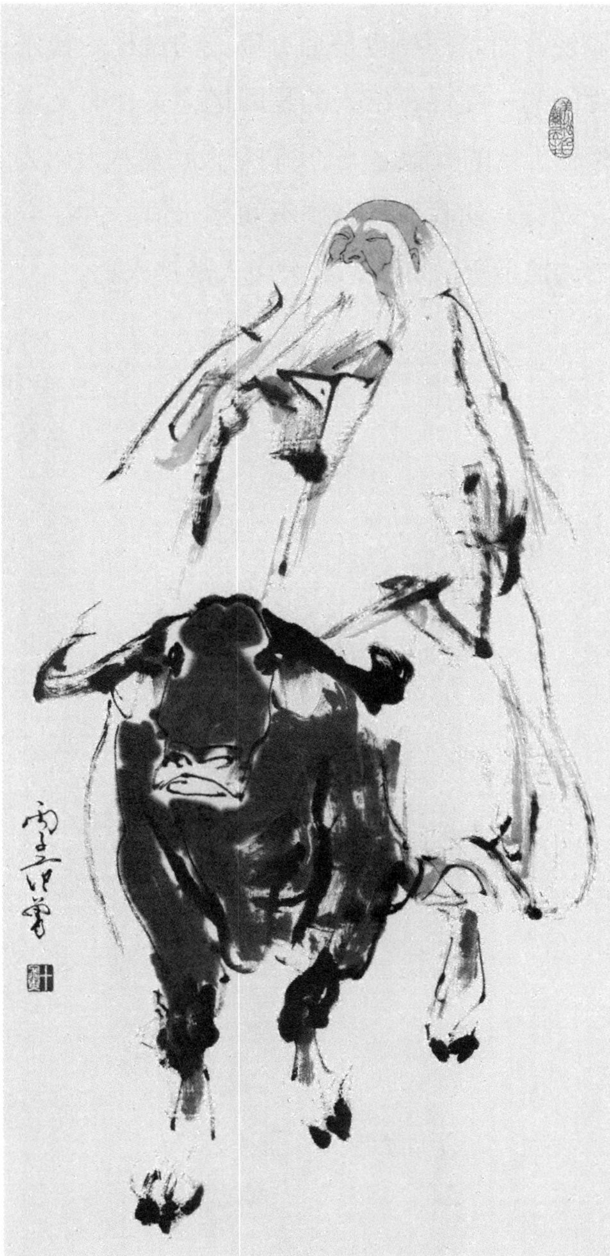

老子出关

心灵显现，而其挥写也是足可审美的过程。音乐、舞蹈以其时间的一度性，给人的是回忆之美，而文人之画则留下跨越千秋的凝固之美。我们今天欣赏八大山人之画，犹为之兴奋，使我们体会到瞬间和永恒。古往今来中国之绘画，惟余所激赏者，八大山人是其人焉。

辛卯年秋

完稿于巴黎

# 八大山人论

为了谈八大山人，引出一段明初的故事。洪武三十一年（1399）太祖朱元璋驾崩，皇孙建文接位。建文皇帝为懿文太子之二子，为人颖慧好学，事亲孝，待人厚，然则，这都不足以继朱元璋这样的大皇帝之盛业。而宽厚往往与迟疑犹豫、孱弱无能相比邻，则其皇叔们的野心于是膨胀。首先是兵强马壮、才略过人的燕王朱棣，其次当数厉兵秣马的宁藩朱权。起事的首先是朱棣，他拉拢的第一个目标是既能武又善文的朱权。建文皇帝已有所觉察，乃召朱权入朝，朱权当然不能自投罗网，遂托故不奉旨。朱棣乃进一步对朱权挟持之，诱惑之，谓："事成，当中分天下"（《明史》卷一一七列传第五），大有"同指山河"之慨。当然，朱权给了朱棣相当的助力。但当朱棣一旦登上永乐大帝之皇座，当初信誓之词，已为陈迹，于永乐元年二月封朱权至南昌。有小人谮告朱权诽谤攻讦永乐帝，永乐帝即阴使人详察之，知为诬词乃罢。自此之后，朱权乃全身保节，纵情诗文，以为韬晦之计。日与文学士人相往还。托志翀举，自号臞仙，这"翀举"非指有意社稷之举也，羽化而登仙，凌云而直上也。（范注：翀同冲，故有释如上）看来老先生不

画圣八大山人

太胖（臞，瘦也），然而以藩王之位，自上了成祖朱棣的当后，终有耿耿于怀而不能释者。洪熙帝，其侄也；宣德帝，其侄孙也，然对这位于乃祖夺帝业有功的先辈，亦不甚尊重，对朱权政治上的要求一概不理。如仁宗时“上书言南昌非其封国，帝答书曰：‘南昌，叔父受之皇考已二十余年，非封国而何？’”（同上）在百般无奈中，他成了一个地地道道的文人。论著颇丰，尝奉敕辑《通鉴博论》二卷、又作家训六篇、《宁国仪范》七十四章、《汉唐秘史》二卷、《史断》一卷、《文谱》八卷、《诗谱》一卷，其他注纂数十种。这些著述中《诗谱》一卷、《西江诗法》一卷等能载入明史志书艺文卷，足见有所建树，因为明史编撰张廷玉辈当然深具眼力。朱权到正统三年薨，他曾孙辈已做了皇帝，真是一个在风云中侥幸永寿的王爷，这位朱权，就是太祖的第十七子，八大山人上溯的九世祖宁献王。八大山人生于帝王之家，而又有诗文书画的天分，与这段时势板荡中的变故大有关系，这是彼苍者天对宁献王朱权的一种赐予，赐给他一位不朽的伟大天才。

八大山人虽生于帝王之家，但已是皇家之边缘了，上溯七世祖封弋阳王，此后由将军而中尉，八大山人仅封为辅国中尉。论辈分可谓不低，他是洪武的十世孙，而崇祯则是洪武十三世孙，而论皇家的地位则不可同年而语矣。即使如此，他对自己的皇家身份是不会忘记的，彭文亮诗："九叶风高耐岁华"，是对从宁献王至八大山人的九代皇宗谱系的描述。

明朝亡国于崇祯十七年（1644），彼时八大山人19岁，由"个山小像"上题年49岁推算，则为天启六年（1626）生人。这时的明王朝已是危如累卵的时代，岂止败象丛生，简直是妖为鬼蜮。正如明史所载，嘉靖皇帝之后，纲纪日以陵夷，而万历皇帝末年，废坏极矣。"故论者谓明之亡，实亡于神宗（万历）。"（《明史》卷二十一本纪第二十一）而万历之世发生"梃击"之案，有蓟州男子张差者，持梃入慈庆宫谋不轨，意欲加害神宗的长子（光宗）和其母恭妃。光宗既登位，有疾，而鸿胪寺官李可灼进红丸，遂驾崩，在位只一月，于是有"红丸"之案。此先又有选侍李氏居乾清宫，亦怀挟皇长子（熹宗）及其生母王才人以自重之意。吏部尚书周嘉谟及御史左光斗上疏，请移李氏。"梃击""红丸""移宫"三案，直扰得神宗、光宗、熹宗三帝之世一派混乱，朝政之颓败往往见于种种妖孽作乱，群臣惶怖，这仅仅是冰山之一角，而明朝之隳堕实有更深之恶业在焉。

一个如此大的帝国，不可一日无主，而神宗在位历四十八年，后期与无主何以异？"因循牵制，晏处深宫，纲纪废弛，君臣否隔。于是小人好权趋利者驰骛追逐，与名节之士为仇雠，门户纷然角立。驯至、悊愍（天启、崇祯）邪党滋蔓。在廷正类无深识远虑以折其机牙，而不胜忿激，交相攻讦。以致人主蓄疑，贤奸杂用，溃败决裂，不可振救。”（《明史》卷二十一本纪第二十一）可叹者神宗崩后，光宗接皇帝位，光宗，胸怀大志且举措英伟者也，视其为作，直可追陪汤武之振商。群奸震恐，乃有“红丸”案发，在皇帝位一月而驾崩。惜乎！朝廷之盼明主，如久旱之盼甘霖，光宗潛德久彰，海内属望，而天不假年，可哀也夫，可恨可夫！为社稷苍生哀，亦为社稷苍生恨也！

在“移宫”案中，保皇长子（熹宗）及其生母王才人有功的人，熹宗接位之后，重用信赖，故其必然。魏忠贤虽与保熹宗之“移宫”一案无关，然深知其前因后果，谅欲得宠于熹宗，必与熹宗之乳母客氏串通，两人竟一见钟情，自不可以同性恋视之，乃政治上之沆瀣一气耳。客氏“淫而狠。忠贤不知书，颇强记，猜忍阴毒，好谀。帝深信此两人，两人势益张”（《明史》卷三百五列传第一百九十三）。于是魏忠贤，职掌东厂，欲尽杀异己者。大行罗织，群小求媚忠贤，攘臂攻东林党。有中书吴怀贤者，读到杨涟指斥魏忠贤疏，击节称叹。吴怀贤家奴密告之，毙杀怀贤，籍没家产。民间偶语，有攻讦魏忠贤者，辄被擒戮，甚至剥皮、刲舌，所杀不可胜数。仕林之无耻，有胜于市井一万倍，有浙江巡抚潘汝桢者，请为忠贤建祠；更有无耻之徒监生陆万龄至请以忠贤配孔子，以忠贤父配启圣公。于是客氏、魏忠贤以为天下一归于己矣。魏忠贤每出行，“锦衣玉带靴裤握刀者，夹左右驰，厨传、优伶、百戏、舆隶相随属以万数”（《明史》卷三百五列传第一百九十三）；而客氏居宫中，胁持皇后，残虐宫嫔，行无忌惮。而偶出归私第，其行杖直如皇帝之大驾卤薄。在这群凶煽虐、海内屏息、小人争宠的时节，有大书家张瑞图者，亦不顾羞耻，厕身其列。这真应验了“牝鸡司晨”一语（《书·牧誓》：“牝鸡无晨，牝鸡之晨，惟家之索”），明朝必亡，明朝不亡是无天理。

朝廷朽烂，生民涂炭，天灾连年，饿殍遍地，至万历、崇祯年间尤甚，至有人相食、父子、兄弟、夫妻相食者。官逼民反，明朝最后覆灭于李自成亦所必然。平日里，受皇恩、拜卿爵者望风逃遁。旰食宵衣、慨然有为的崇祯皇帝吊死煤山，于衣襟上书：“朕凉德藐躬，上干天咎，然皆诸臣误朕。朕死无面目见祖宗，自去冠冕，以发覆面。任贼分裂，无伤百姓一人。”（《明史》卷二十四本纪第二十四）这位亡国之君的最后之举，有点悲壮，至少做到蒙难而不辱其身。死后清兵入关，加谥建陵，亦可谓死得其所矣。

以上略述有明一代二百七十六年江山之始末，其于八大山人有关者，其一，八大山人身上流淌着朱元璋的血，他和明王朝有着不可磨灭的血缘，虽然从他的上溯九世祖宁献王朱权起，便上当受骗，走向皇朝权力核心的边缘而每下愈况，到八大山人的辅国中尉，已是可笑的贵族。他曾孙辈的崇祯皇帝知不知道他的存在，当属悬疑。然而皇族不唯有血缘之基因，亦有心灵构架上的基因。因为八大山人既生于弋阳王府，其贵族的心灵自有别于百姓。他会关注世道的沉沦，王朝的隳灭，他自有一衰皆衰的飘零贵族的哀叹、郁愤和悲凉；其二，八大山人的家族自宁献王始，便远离了政治的斗争，家风所披，倒成了一个文苑世家，八大山人所具备的丰厚学养，使其成为一个大智闲闲而不是小智间间的人物，这对八大山人的伟大艺术绝对有着不可估量的作用；其三，朝廷的黑暗，互为戕残不会影响宁献王之后。而以贵族之身，亦不易涉足社会清流如东林党之活动，更由于明末，八大山人犹为少年，社会经验阙如，明覆亡之际未尝有他发狂或自我封闭的记录。而腿足灵便，1645 年清顺治二年，清军一入南昌，他立刻弃家遁奉新山中。1648 年，妻子俱死，有些心灰意冷，遂在进贤介冈遁入空门，剃发为僧。社稷的倾颓，只改变了他的生活，似乎未曾受到什么迫害。而在南昌的明宗室则遭殃者不少。

欣赏艺术永远是欣赏主体（观众）自家的事，感性是第一的要素。并非必知其历史背景然后知八大山人作品之好，而是既以为好矣，而进一步探其缘由，则更知其来有自。记得于中央美术学院就学时，自图书馆借得珂罗版八大山人画集一册，大惊异，大激赏，乃召同学少年、画友诗俦于一室跪拜之。每翻一页，吾则大呼磕头。其时并不知八大山人如何生，如何死，不知其为曹洞宗，抑临济宗，不知其名号之玄妙，不知其诗文之深刻，只知其画好耳。此事证明一不争的艺术概论范畴的问题，即欣赏艺术绝非理性先行之事，正如我过去有云："知与行，先行而后知也，知先于行，其行必蹶；行先于知，其知必深。"则美院跪拜八大山人案，为行先于知也，是审美之正道也。而跪拜纯属少不更事，好为戏谑，不免多余亦且过矣。

八大山人之"逃禅"，可说是在他惯看人类不可救药的自私和愚蠢、社会人生的幻化无常以及历史的扑朔迷离之后的最佳选择。他没有黄宗羲、顾炎武、王夫之和黄道周的血性，起而抗清。八大山人内心的矛盾不会比他们少，人们也绝不会影从于他的麾下，替旧王孙去恢复那糜烂透顶的朝廷。他根本上不是一个生活的强者。从 1674 年（清康熙十三年、甲寅）49 岁的《个山小像》上看，他是一个儒雅的文士，谦恭而谨慎，皂履素服，断无市井气，亦无纵横气。鼻骨既修且高，足见出身不凡；而下颌骨尖削且小，大似末代贵族之状貌，说明命运已渐偃蹇，有清一代之末代皇族可以拟之。从相格上看不出他心灵的伟岸，也不可料想他艺术之博大高华。从小像上看，他已从灵魂痛苦的深渊中解脱。

然而这样羸弱的身体中，的确包藏着一颗博大而坚强的心灵。这心灵似曾经受过炼狱的洗礼，在大火与岩浆中化解后，升腾到天堂。它不曾沉入地狱，相反的，一切灾难：包括社稷的沦丧、宗族的溃散、妻子的死亡、亲朋的凋零，却使他变得异乎寻常的坚毅。天生百恶造就一诗人，同样造就一伟大的、划时代的、万古不朽的画家。这心灵的历练史，正是我们进一步破读八大山人艺术的法门。

前面提到八大山人 23 岁时皈依佛门，他的禅师是介冈灯社的弘敏，是禅门曹洞宗的第 38 代传人。八大“僧名‘传綮’，自号‘雪个’”①。五年之后，据饶宇朴于《个山小像》跋文中云：“癸巳（1653）遂得正法于吾耕庵老人（弘敏），诸方藉藉，又以为博山有后矣。”说明八大山人这五年之中能心注一境，已得大觉。又四年之后，耕庵老人移席奉新，八大山人成为介冈灯社之住山讲经的禅师，法幢高树，从者常有百余人。这是他断绝世间烦恼、心灵最为平静的十年。对于他个人，最悲痛的时节莫过于 19 岁时亡国、23 岁时亡妻丧子，这是他遁入空门的最直接的原因，而这些痛苦的化解，则应是他自身修持的胜果。在佛家叫觉悟，在庄子则叫“坐忘”。他从溷浊的人世得到的一切丧失之后，他来到一个消除烦恼的清凉世界。在这里莲花次第开放，那是佛国的一

① 〔清〕胡景辰等，《进贤县志》，同治十年刻本。

片清香。“露冷莲房坠粉红”（杜甫句），在这个世界里，留下一个“冷”字，亦宛如敬安之诗：“意中微有雪，花外欲无春”，这种“冷”，是对社会人生诗性的判断，而不是来自外界的感受；是一种至极的理智与至极的热情彻底融洽之后的“无缘大悲”，而不是世俗炎凉在自身的反映；是辞却懊恼之后的自在，而不是世网羁绊中的我执或法执。介冈十年对八大山人艺术的影响可说是既深刻而又不露形迹的，这十年的沉思静虑，洗却了在红尘中无法摆脱的种种无尽的因业，这是一种自我的征服、一种大了断。

禅（Dhyana）一词的解释很多，不太容易从中文中找到完整而透彻的对应词，据我的理解，不妨将“禅”译为“慧觉”，亦即智慧的觉醒。

禅，修炼的方法是忘境忘心，内无所欲、外无所求的正审思虑。它须要离开一切言说和实相而证得本心，处处无碍、事事通达，心头永呈一片光明。因此禅是最为圆融而自在的法门。八大山人中年自书“哑”字，本能拒绝对话，是逃禅，也更近禅。

禅宗“不立文字”，因为文字本身是一种言说。离诸言说，“直指人心”，才是禅宗妙谛。所谓：“道个佛字，拖泥带水；道个禅字，满面惭愧。”[①]这与《老子》

① 〔宋〕道原，《景德传灯录》卷二十九，《十玄谈》第九，广陵古籍刻印社，1990年版。

书的“道可道，非常道”、《庄子》书的老龙吉不言“道”是一个道理。

安察常祖禅师《十玄谈》中说：“莫谓无心便是道，无心犹隔一重关。”表面上在否定“无心是道”，实际是他极而言之，教人们不要一心想着无心，想着无心，便是有心；想着学禅，便非真禅。这是大德高僧解粘去缚、抽钉拔楔的妙悟之言。八大山人之“逃禅”，不是为摆脱世网而逃遁入禅；正相反，是他在解脱我执、法执之后心灵上对禅的逃逸；这种逃逸，便是真正的“无心”。倘若评八大山人画“冷逸”二字的“逸”，用如此解释，则可称与八大山人会意矣。

禅既是自证本心，而本心又是什么？本心之中空无一物。证得那空无一物么？正是！那是了无尘埃的一片天空，孤明历历的一隅寂照。当此之时，你方做到外息诸缘，内心无喘。达摩谓惠可必须心如墙壁方可以入道，意思是那时的心灵虎豹不能入，水火不能侵，这铜墙铁壁，只有“道”可以进入。八大山人有着这样的追求，他自称“净土人”，既包含着自己对心中一片光明自在之境的礼赞，也包含着对外在世界何处净土的追问。

既然要离诸一切言说和实相证得本心，那么八大山人的画，离诸一切言说实相了吗？当然没有。诸法空相更何须写字作画，然而，八大山人用笔墨去证得本心不可以吗？这儿的二律背反，使八大山人陷入尴尬之境。

然而八大是聪明人，宛若黄龙死心禅师或黄檗断际禅师诸大德高僧说禅一样，也须稍稍有妙语机锋，难道我不可“涉事”吗？于是八大山人果然“涉事”了。这“涉事”不关名利，这“涉事”正是禅宗“放下”之意，“涉”者着墨矣，“事”者书画也，那这时“放下”的笔墨必是妙悟者不在多言的精绝话语。于此，我们不难理解八大山人为何“为道日损”，为何晚年之作越发苟简而清纯，那是他“损之又损，至于无为”的终极追逐，这里佛家的“诸法空相”和道家的“无为”合而为一，略无间隔。

至55岁之前，“传綮”的僧号，他一直用着，八大山人为僧或不为僧，他都是禅家。彻底悟禅者，大地皆为蒲团，正不必在丛林；钟磬之声，依旧在心头缭绕，也不必在佛堂。

康熙十八年（1679）八大山人54岁，神经似乎出了些问题，陈鼎《八大山人传》载：“予闻山人在江右，往往为武人招入室中作画，或二三日不放归，山人辄遗矢堂中，武人不能耐，纵之归。”这可以看作生活中弱者的反抗。武人者，清廷之下层军佐也，在他们愚昧而无知的眼中，是看不清伟大人物的，也绝不会接之以清谈。幺三喝四是他们的本能，比之臭矢，或正八大山人式之反抗。

康熙十九年（1680）八大山人55岁忽发狂失态，大哭大笑不止，裂其浮屠服而焚之，而且从此不再用“传綮”一名。对此，我的解释是八大山人还俗之后，他的思想比较浮动。其实禅学的修持，并非一旦得道、终身受用的。来到十丈红尘之后，胸中又生挂碍、恐怖和颠倒梦想，譬如最不值得欣赏的一件事是他在清康熙十三年（1674）《个山小像》上钤“西江弋阳王孙”之印，大有对失去天堂的怀恋。然而他不甘介冈修炼之果毁于一旦，他内心的斗争又见于“掣颠”一印，提醒自己不要为无名烦恼所羁索。一种自制颠狂的决心，正可见他心里明白。天才的神经病发，往往由于理智之力不足战胜奔突之情，而后者往往如沉埋着的地火熔岩，它等待着爆发已很久很久了，当理性之“掣颠”失败之后，八大果然狂了。这狂，有分教：不是打人骂街，不是自残、残他，而是哭笑无端，裂焚僧袍。从心理学分析也许正是此时，他比平日更清醒。他会回忆那介冈法幢高树之日，是否言说太多；还俗之后又钤王孙之印，是否鄙俗太甚，烧去的旧禅袍又是一次心灵的裂变。康熙二十年（1681），八大山人始署名曰“驴”，可说八大山人禅修的新境来临。自此不复用旧“传綮”之印，亦可证其决心之大。这次心灵裂变后果是巨大的，其精神光亮将灼照中国的千秋画史。我们也欣慰地看到，的确八大山人之狂，不是自许“狂禅”辈之狂，比较起八大山人的精神内在的自然裂变，那“狂禅”之狂，便带有些装痴卖乖、对人作态的嫌疑。康熙十一年（1672）裘琏赠八大山人诗中有“个也逃禅者”句，是真知八大山人者也。八大山人这次的对禅的逸离却使他更贴近了禅，这不正应验了八年前裘琏的预言吗？知八大山人者，莫若裘琏也。

八大山人题“驴”一直是个谜，然而我们从《古尊宿语录》三十三卷上看到一段极有意味的文字，不啻是这千古之谜的精确答案。书载舒州禅师清远经常的禅家拈弄话头是“骑驴觅驴”，以喻人们想在现象之外找真实，或人们必于生死轮回之外找涅槃。舒州禅师说：“只有两种病：一是骑驴觅驴，一是骑驴不肯下。你道骑却骑了，更觅驴，可杀！是大病；山僧向你道，不要觅。灵利人当下识得，除却觅驴病，狂心遂息。”八大山人当然会读过《古尊宿语录》，他署名“驴”，正是他狂后所为，岂不正如那“灵利人当下识得”的一种顿悟吗？这舒州禅师对八大山人艺术更有影响的是另一段话：“如今明得了，向前明不得的，在什么处？所以道，向前迷的，便是即今悟的；即今悟的，便是向前迷的。”此段话的意思是：今日“悟”矣，昔日之“迷”尚在未？其实，向前之“迷”已为今日之“悟”所代，今日之“悟”即先前之“迷”。八大山人之狂疾正“迷”与“悟”替代之时，即“骑驴觅驴”之大病期。八大山人题“驴”，正是一种狂后的自警之举，有深意在焉。

禅宗在中国的发展与本土的道教有极大的关系，慧能以后，使禅的空宗与道家思想结合，遂成思想史之大观。现在已被学界承认的：道朗并非八大山人，这与八大山人有着深厚的道教思想是两回事。和前面谈到的一样，是僧不是僧，还是八大山人；是道不是道，仍是八大山人。这与研究八大山人的心灵发展史是毫无关系的。其实晚年的八大山人的语言、诗文别人看着似有所难解，然而他当时决不是避免文字狱。康熙时于文字一事，似亦不同乾隆之苛酷。在八大山人那里，佛家和道家的道理，他都渐渐通透，禅家所谓“不修之修”，达到“智与理冥，境与神会，如人饮水，冷暖自知”①，这时，他们可以用静穆来表示禅宗的第一义——无，这种状态与《庄子》书中老龙吉的缄默不语而睡而死是一回事。禅家希望人们做到：忘记了他需要忘记，和《庄子》书中的“吾丧我”也完全相同，达于感悟之极致。临济宗的义玄禅师曾说，你倘若真正得到了禅的第一义，但切不要再有困惑（“但莫授人惑”，此处“授”与“受”可通用，主、客体不分），那就要做到“向里向外，逢着便杀，逢佛杀佛，逢祖杀祖……始得解脱”②。可见完全没有粘缚的禅学，是抛弃一切我执、法执的羁绊，那是真正的大自在。人往昔的一切修为，都是这种心灵的准备，按冯友兰先生所说：“这是一种类似跳过悬崖的内心经验。”而八大山人伟岸的心灵，已然越过了这卓绝的越崖体验，他不待别人

① 〔宋〕赜藏主，《古尊宿语录》卷三十三，中华书局，1994 年版。
② 〔宋〕赜藏主，《古尊宿语录》卷四。

的“一声棒喝”，已然跳达了彼岸。

老境来临的时候，八大山人的心灵愈趋宁寂、平静、恬淡，他远离了生平所经历的劫难和心灵上的震恐、挂碍、颠倒梦想，他具有了一颗真正的平常心。当一个人能以平常心对待一切色相的时候，那目之所见绝不是奇谲怪诞的所在。唯有这样的人，有可能达致无心无待而与天地精神相往还的境界。八大山人修持禅教的目的不是为了画得更好，那只是为了达到顺其自然的心灵境域。然而，这无心所栽之柳，却宛在和风拂煦之中抽丝吐绿，给人类的艺术林苑带来一片碧翠的无限春色，这就是八大艺术产生的全部过程。禅宗以为，当人处于迷障之时，看山是山、看水是水；当心灵处于历炼过程之时，看山不是山，水不是水；然则当其顿悟之后，山还是山，水还是水。在八大山人的眼中所见，与平常人并无区别，那是宇宙的本然存在，那是自然，而禅宗修持的最高境即是自然。所有以为八大的艺术创作的方式是怪诞的，缺乏正常性，“山人玩世不恭，画尤奇肆”。还有人以为八大山人作画必处于异常的感情状态、一种不平常的精神状态之中，这是一种误解，甚至是一种妄评。这是由于他们念兹在兹的不忘八大山人的“哑”，不忘记他的哭笑无端、不忘记他佯狂市肆，不忘记他遗矢中堂。啊！忘却这一切吧，当八大山人已经“吾丧我”，回归平常心时，你还抓住在八大山人八十一年生涯中短暂的异行

仿八大山人

以为解决八大山人艺术的永恒的钥匙，你就陷入了我执（烦恼障）和法执（所知障）的万劫不复的泥淖，你不只没有走近八大，而正是远去。

在中国美术史上，的确有真发神经病的，而此人与八大山人的艺术同样有着导夫先路的巨大作用，这便是会稽的徐渭。徐渭平生似乎并未在佛、道两方面有过什么认真的修炼，而于儒学，则科举累试不售。然而他却是一个不须争议的天才。他的行为够得上怪诞荒唐、不可思议。他死于明神宗万历二十一年，比八大山人早三四十年，然而他死后几年，人们便忘记了他。他的著作，即使在文人石篑家的书架上，已是一堆烂纸。“恶楮毛书、烟煤败黑、微有字形”而矣。天才的悲剧啊！如果不是袁宏道偶然在石篑的书架上看到徐渭的这断阙残稿，恐怕不用到八大山人出生，徐渭这名字就会湮灭于滚滚红尘。这“偶然”对中国画史之重要，可以和天体物理学上哥白尼与布鲁诺之发现相比列。中国写意画史上少不了他。这“偶然”的发现者却是文坛之司命袁宏道，而袁宏道的评价恐怕在当时比谁都重要。这才有了兹后的裒集、整理、收藏。在徐渭身后，名若悬丝即将寂寞人世之际，重新声名鹊起。我们看一看当袁宏道看到徐文长文稿时的兴奋。因为彼时袁宏道不可从电脑上检索资料，连天下有徐渭这样的天才他都全然无知。捧着徐渭的残稿“稍就灯闲读之，读未数首，不觉惊跃，急呼石篑问编何人作者，今耶古耶？石篑曰：‘此余乡先辈徐天池先生书也，先生名渭，字文长，前五六年方卒。’又当诗道荒秽之时，获此奇秘，如魇得醒，两人跃起，灯影下，读复叫，叫复读（大似前文跪拜八大山人画状貌），童仆睡者皆惊起。余自是或向人、或作书，皆首称文长先生，有来看余者，即出诗与之读，一时名公巨匠，浸浸知向慕云”。其思贤若渴，惺惺惜惺惺之态实令人感动，彼时尚未见其画。在袁宏道序文中，在评述其“山奔海立”之胸次、“英雄失路”之悲怀后，称徐渭为“八法之散圣，字林之侠客”。而又称：“晚年愤益深，狂益甚。”“或自持斧击破其头，血流被而头骨皆折，揉之有声；或槌其囊，或以利锥锥其两耳，深入寸余，竟不得死……”由此观之，徐渭之疯为真疯，且为武疯。其疯症积以年月，愈演愈烈。“先生数奇不已，遂为狂疾，狂疾不已，遂为囹圄。”有另一与徐渭相识的梅客生致书袁宏道云：“文长吾老友，病奇于人，人奇于诗，诗奇于字，字奇于文，文奇于画。”袁宏道则慨叹云：“予谓文长无之而不奇者也，无之而不奇，斯无之而不奇也哉。”（后一“奇”字念“机”音）大意是徐渭之为人行事，作诗文、写字画，无所不奇，且其奇不可有相类者。“奇”，“偶”之反也，无之不奇即没有相偶也。较之徐，八大之“狂”，则佯狂也、文狂也。短期而即愈可，愈可而转宁寂，与徐渭有着根本的不同。徐渭发疯之时，全然失却理智，可以真正杀人。而八大山人之狂，则如前述唯可视为精神之裂变状态，是灵魂处于“迷”与“悟”交汇的蜕变期。当八大学禅，颇悟“逢佛杀佛，逢祖杀祖”之妙谛，其实是趋近了佛祖的解脱身心粘缚之大道。“无心”为修禅第一义，“杀”者，“无”也。杀佛、杀祖者，抽钉拔楔而已，并非利锥入耳、操刀行事如徐渭也。

现在我们就不难进一步剖析徐渭和八大山人艺术之轩轾了。徐渭和八大山人同为天才，那是不待怀疑的。然则其间的区别是巨大的，这种巨大的区别，过去颇少为史论家所注意。大体以为八大山人上承徐渭、陈淳，下启扬州画派。学者积习相仍、略无进境。此无他，知之或详而其识也浅，不重心灵而唯审形迹，学者从文字始至文字终。至于徐渭、八大山人作画即时之状态，有此笔墨必有此心灵，而心灵于画面之折射，又是一极复杂的过程，苟此种种都处浑噩之状态，则其所论不精，必其然矣。以我深思数十年加之对八大山人之作传移模写，心追手随，始渐渐有如下之体悟：

徐渭奇肆怪谲，而八大山人宏博正大。袁宏道称徐渭：“其胸中又有一段不可湮灭之气，英雄失路，托足无门之悲，故其为诗如嗔如笑，如水鸣峡，如种出土，如寡妇之夜哭，羁人之寒起。当其放意，平畴千里，偶而幽峭，鬼雨秋坟。”又云：“文长眼空千古，独树一时。”袁宏道此评于明武宗、神宗之际一出，天下震惊，的确徐渭做到了前无古人，后启来者。殊不知三四十年后八大山人来到人间，正所谓横空而出世矣，一洗先贤遗迹，又出生面。八大山人之作唯含蓄蕴藉而后能宏博正大，内心之激越固有之，然其学养修炼，宛若高手之制烈骥，于画面所呈现者，盖非表面之豪纵恣肆，往往以温柔敦厚之面目，呈现一派大不可方的境界。其亲和力，来自八大山人生命的热情。他生平的怨恼、孤愤早已化为对万物生灵的广大恻隐与同情，这是禅修带给八大山人的争攀胜果，而不是对一枝一叶的描绘寄情。八大山人画面物象与徐渭的根本差异是八大山人富哲思、具悲怀，而徐渭则纵豪情泄愤慨。有人以八大画鱼鸟，多白眼对青天，是其意有所抑郁、不得通其道所致。其实这样的皮相之判，代替不了观者的普遍感受，苟有一人，不知八大山人之艰难苦恨、不幸家世，其读八大山人画，必觉其冷逸而宁静、造型备极生动。艺术欣赏的直观性，最是重要，正如诗无达诂，人各有会，我们不赞成论者以为白眼鱼鸟即为抗清意识、即为爱国主义，但同时以为一切牵强之语，亦皆为看法，此亦一是非，彼亦一是非，皆有存在之权利，语言霸权，对谁都是毛病。

要之，文学与绘画有职能之分工，必强绘画语言之所不能，且以为八大山人可于绘画中寄托非笔墨所可承担者，则易入另一种我执与法执。以我执、法执而评禅论道，便可能陷于困境。文学更贴近社会人生，对功过是非、利害得失倘有超乎常人之睿智，必有不同凡响之判断。绘画则近乎诗性和音乐性，其所最长者为一种感觉、一种启示、一种会意，至高峻极的绘画不以表达大悲恸为极则，而是将大悲痛化为大慰藉、大执着化为大自在。八大山人有之矣，而徐渭不逮远甚。进言之，八大山人之绘画虽有哲理性，然赏八大画并非读六祖《坛经》或《五灯会元》；同样，读禅家书，会其机锋，感其探幽测微之妙则可，而欲自其中看到一幅美妙之画图，则绝对会失望。论者由此及彼，信为思维圆融；倘顾此而失彼，强此而为彼，正为文之大忌耳。

徐渭之画给人的直感是愤世嫉俗，故看出胸有不平。于是偶有败笔，殊少沉稳之气，这便易流于纵横。而徐渭因才气过人，瑕不掩瑜，终是杰作。八大山人则能寄宁寂于激越，作画之时，心中无挂碍、无渣滓，于是用笔既妍润而又骏发，亦若百炼钢成绕指柔，外包光华、内含坚质，线条笔墨无丝毫迫促溷沦痕迹。《老子》书所谓“善行无辙迹”者，八大山人有之，徐渭则未得三昧，这其间的距离盖不可以道里计矣。

徐渭在美术史上不可磨灭的贡献，是他能将即时性的感发，淋漓痛快地宣泄，宋元之前的绘画语言虽有种种发明，然这种即时性，断不如徐渭之意气奔放。八大山人身处江西，当时由于讯息之迟缓，可以料定他所见徐渭画作不多，所有文字记载亦无一处提及。当八大山人名披全国的时候，袁宏道虽已推重徐渭近半纪，但其作湮没散失什九，在康熙之世，八大山人的影响，肯定超过了徐渭。也许八大山人的笔墨直承董其昌、倪云林者居多，而董、倪绘画的清纯、宁静显然更近八大山人。我们应该校正一种说法，即八大山人之绘画和徐渭、陈淳之绘画有什么直接的血缘关系。于此我想到郭象的“独化”，当然郭象是在哲学上与何晏、王弼辩宇宙生成时提出此说，而对历史上伟大如八大山人者，我们是不妨借用一下郭象之说的。以八大山人之绘画，“空前”是必然的了，“绝后”与否，这将是一个有趣的问题。之所以有趣，因为三百八十年来尚未有一人，达其堂庑，从今而后，亿万斯年，何能称“绝后”，不“绝后”，便显得有趣，这是自然的了。

综上所论，以袁宏道对徐渭之评“无之而不奇”“无之而不奇”，那么，八大山人则是似奇而反正，似奇而反真。（重点号均为作者所加）徐渭晚岁书画益奇，八大山人晚年书画愈趋宁静；徐渭，书画之侠也，八大山人，书画之圣也。徐渭奇肆不可相匹，八大山人正大不可方隅；徐渭之作令人惊骇嗟叹，八大山人之作使人深思息虑；徐渭于宇宙本体之原状（若极其单纯无垢）偶有疏离，而八大山人则贴近宇宙本体、略无间隔。徐渭之性，以宇宙之大犹不可牢笼之，而八大山人则与宇宙浑融为一，与万物和光同尘，无物无我，不知何者为我，何者为物。

徐渭所写之物皆着徐渭之色彩，有我也，而八大山人则我与万物一如，无我也。这正是王国维于《人间词话》中判断词作之妙语，今亦以借用之。

中国美术史十分幸运的是出现了空前的大师徐渭，使我们更觉幸运的是出现了伟大的、空前的大师八大山人。天不生仲尼，万古如长夜，中国美术史苟无八大山人，绝对也会黯然失色。八大山人对中国画的贡献几乎是不可计量的，而随着历史的推移，他的艺术将使千秋蒙庥，恩泽无以数计的后之来者。

我们有必要再进一步探求八大山人的笔墨。《老子》书有云："为学日益，为道日损，损之又损，至于无为"，八大山人似乎永远在做着权衡损益的工作，最后，他是决心永作艺术语言上的减法了，唯其如此，语言越简捷而越趋近宇宙本体——道，从而他的艺术语言本身已不重要，而是这语言所传达、所载负的是大造气韵的周流，事物象外的神采。所以谈八大山人的笔墨，先谈八大山人的"无待"。《庄子·外物》有云："筌者所以在鱼，得鱼而忘筌；蹄者所以在兔，得兔而忘蹄；言者所以在意，得意而忘言。吾安得忘言之人，而与之言哉！"意之既到，则言亦可忘，这就是中国写意画的本质，而八大山人在这方面臻其峰而造其极。抽象早是中国写意画家的必具的品性，然此抽象断非欧西抽象派画家所指，断非毕加索、巴洛克者流之追逐。西方之抽象往往理性先行，先有一主义如野兽、立体横亘胸次，然后唯恐不新，主义层出不穷，而去宇宙本体益远。当西方的抽象主义发展到康定斯基和蒙特利安时，已排斥任何具象之联想，亦即画面只有不可名状的线与色、点与块。这些主义显然最后使艺术失去它最原始的意义。艺术当然要描摹自然，这其间天才的描摹与笨蠢的描摹，距离正可以光年计。天才的描摹，必投入画家的意志，当画家与天地精神融而为一的时候，那就达到了道家的“撄宁”“无待”，佛家的“无心”“放下”的极其幽冥之境，这时画家的意志，就是宇宙的本然。我们有时看八大山人至极的作品时，心灵的感动，是不可言说的。我曾在一篇论八大山人的文章中写到：“‘无待’，宇宙之大、日月之明、星辰之众，皆顺其自然；天体的运行、万物的繁衍皆随其大化。‘无待’，一切都无所依恃、无所追逐、无所期求。天地的大美，无需言说；四时的代序，毋庸议论；万物生灭，何需置喙。古来圣贤的本分是认识天地的大美、万物的至理，无为而治，不枉加意志于造化。”我还说过：“八大山人的画，简约至于极致，那是真正的妙悟不在多言，真正的至人无为，大圣不作。八大山人的画渐渐趋近他语言符号的本身，或者换言之，八大山人的画就是一种符号性的空前伟岸的语言。所谓‘士气’的符号，便是简捷清纯、精微广大、高明中庸。扫净一切的繁文缛节、一切的矫揉造作、一切的事功媚俗，那么‘士气’的博大、空明、雄浑、典雅便呈现在你的面前，这是八大山人艺术的符号意义，也是中国画的终极追求。”我之所之连篇累牍地转抄自己这段话，只是为了使世人清楚这“符号”二字，“符号”必须是本质的、简捷的、明确的，因为它“本质的”展示着宇宙的奥妙，“简捷的”对宇宙进行描述，“明确的”表达了天地万物那冥不可测的本然性质。大朴无华的八大山人的作品，是中国画史上作得最杰出的，也是无与伦比的。八大山人用情至笃，故而能深入其理，至于其性。虽入于“无待”之境而“谁免余情绕”，他总还有对人间的不忍割舍的些许怀恋，这就是他寥寥数笔所倾诉的全部悲悯和恻隐。他虽“无待”矣，然而无奈的八大山人离不开他的生命状态和生活境遇，他毕竟是活生生的人，他需要草堂寤歌、需要北窗三友，晚景有些凄凉，有时甚而饥饿，双手有疾、厨中乏粒。伟大的天才，和伦勃朗一样，他们创造了无限丰厚、精美的人类精神食粮，但他们却忍受着饥肠的折磨，写至此，不免为先哲一挥悲怆之泪。

八大山人笔墨的清醇，发源于心灵的“无待”和“放下”，他决不容忍笔墨中剩下的任何污秽。78 岁时，他早已是人书俱老的会通之龄了，他有题画云：“董巨墨法，迂道人犹嫌其污……”在八大山人的心目中，有一位遥远的异代知己倪云林，高洁的心志和清华的笔墨使他们三百年的时间阻隔缩短。以我之见，三百年之中其可与八大山人联袂者，倪云林绝对是第一的人选。他们的晚年似乎都不再用色，从而为中国之水墨画树建极境。“繁采寡情，味之必厌”，此可为千秋为文者戒，亦足为中国水墨画戒。繁采与水墨是有些不共载天的，失败者包括精于水墨的张大千，也包括步其后尘而钝于水墨的泼采诸公。更包括什么也不是的、咒骂笔墨等于零的中国画坛现代派“先驱”某人。如果喜欢色彩，可去画工笔重彩，这其间的嫁接，或曰拉近距离，可谓多此一举。

在此，我们必须厘清的一种观念是将八大山人与西方后现代主义的生拉硬拽。后现代主义本质上是一种“文化批判”，八大山人则绝非其然。从他对倪云林的欣赏中，可以看到他胸怀的博大。他生活于我们民族的哲学思想和绘画传统之中。他的平常心使他不会发出匪夷所思的“决裂”“呐喊”“站起来”“真的猛士”等等的激烈口号。八大山人自然地生发着自己的艺术，又重回归到那不假言说的自然。看黄安平画的那位小老头儿，那么谦揖可爱，那么清明在躬，他会揭竿而起吗？反传统？八大山人生前不像石涛那样疾言厉色。

谈到用笔，我们自会想到“腕力”一词，揆诸两千年中国画史，腕力能超过八大山人者尚未之见。或云，你说的是那位黄安平先生笔下的文弱老者吗？他腕力竟如此之大？腕力者，非角士掰腕之力也。长颖兼毫，持于笔尾，悬空挥写，于二维之平面上，以用笔之提压顿挫、轻重虚实，呈万象于三维空间，斯之谓腕力。而其中之杰出者，我们称他腕力过人。腕力乃丹田之气由臂至腕、由腕至指、由指至神经末梢运转回环、冲波逆折之力。盖艺林之班头，画界之祭尊，往往心灵具不矜不伐之定力，用笔乃有不思不勉之运转。气者，周流六脉之生命力也，这和肌肉发达与否，毫无关系。不少名家奋斗一生，下笔之际仍有用力过猛之病，吴昌硕自不待言，齐白石、潘天寿亦皆难辞。这当然是以八大山人作标准。比较其他人，此数公皆用笔之上选者。尝见八大山人画寻丈条屏荷花，其茎其叶皆中锋自上而下，坚挺阿娜兼之，此画必八大山人悬壁之作，则腕力之神奇，足可为万古之师矣。石涛不能画长线，齐白石一画长线则有枯柯僵桠之感，就线条而言，比八大山人正相差一大截。

至于八大山人之构图，断无造险之愿。古往今来，于《老子》书，“知其雄，守其雌”，“知其白，守其黑”（《老子·第二十八章》）之参透，无过于八大山人者。知此二者，则“黄金分割”“三角形”“不齐之齐”“齐之不齐”种种高论均可避舍；而量以尺寸、左右比划，然后下笔，皆愚人自缚，绝非构图要义。“位置”当然需要，而“经营”，至少不是八大山人所愿为者。“知其白，守其黑”指知阳而守阴，知刚而守柔，一切处于蓄势待发之状态，而此种状态则为八大山人感悟所致，不用刻意为之。八大山人于构图称大作手，无处而不可，

仿八大山人

无处而不适，如流泉之注地，轻云之出岫，如烟生霞飞，雪飘霰落，了无定则。最迷人处正八大山人画面之空白。一条小鱼、一只雏鸡、一块石头，背后是几十倍大的空白，事物宛在浑然天地、寥廓宇宙之中。人皆可如此作，然作出之效果恐怕有同于天壤。此无它，八大笔墨之精良，形态之妙造，有不可言说之美质在。蜷曲的动态，预示着高翔；美妙的笔墨，纯发乎心灵。八大山人把“白”作为“黑”的依存、作为“黑”的相生发的必要条件，八大山人岂止在以“黑”造象，更以“白”造境，而八大山人所造之境往往能将我们引向那众妙之门，心灵于无何有之乡作逍遥游。“抑志而弭节兮，神高驰之邈邈，奏《九歌》而舞《韶》兮，聊假日以婾乐。”那是天庭美妙的音乐，在八大山人的画中我们依稀可以听到。

三百八十年过去，八大山人，你在南昌广度庵的坟茔尚在否？我们似闻八大山人弥留之际致鹿林的信札中“性命正在呼吸”的清音，这呼吸正转化成了笼罩千秋万代的滂沛大气。你是生命的微弱者，而却是心雄万夫的巨人，这一点在西方只有一个名字与你相匹，那就是：米开朗基罗。

# 黄宾虹论

黄宾虹这三个大字，宛若雄踞于中国山水画史大师群峰的一座峻拔而险巇的大山，广不可方而高不可极。它，那么沉静，那么肃穆，那么葳蕤，那么葱茏。黄宾虹成为了一种博大而沉雄的文化象征，一种悠远而穴窈的历史存在，需要一代代的人去研讨、去解读。你会想起屈原的诗："驷玉虬以乘鹥兮，溘埃风余上征。"（《离骚》）这是一种快意的长征和腾飞；你会想起王安石的文："险以远则至者少，而世之奇伟瑰怪非常之观，常在于险远，而人之所罕至焉。"（《游褒禅山记》）这是一种艰辛的跋涉和攀登。它高大，但并不深拒固守；它修远，但正是求索所在。镌刻于大山的铭文，因岁月而剥蚀，那是二千五百年前的古训："志于道，据于德，依于仁，游于艺。"（《论语·述而》）

记得四十多年前，黄宾虹的画，被一般人视为古调自爱、今人不弹的骨董。而我则私心景慕。更由于恩师李可染的推重，颇想搜罗一些有关他的著述研究，然而市场上几乎没有。奇迹终于出现了，有一位傅雷先生的朋友，香港《大公报》的主笔陈凡先生从香港由二兄范临给我寄来了一本他编撰的厚厚的《黄宾虹画语录》，

黄宾虹先生造像

那时我们还见不到一本如此丰赡而全面的读本。后来，我终于有机会在国内见到了陈凡，他清癯而睿智，完全是一位蔼然学者。我想象不到他年轻时竟是一位革命斗士，富文采、擅词章，写得一手好字。从他那儿，我不但进一步认识了黄宾虹，也知道了中国文坛上两位仰之弥高的大师黄宾虹和傅雷的深挚友情。陈凡先生看过傅雷先生所藏的所有黄宾虹的杰构，而傅雷似乎吝于对当代其他画家的褒辞。黄、傅二人相互敬重，共视赏音，不唯二人的国学旗鼓相当，且狷介不群的性格也正相似，那是两位寂寞的远行者。在《黄宾虹年谱》（王中秀编著，上海书画社 2005 年版。文中书札皆出此书）中有着清楚的实录，他们的往返信札，读之令人对大学人的友情心向往之。

黄宾虹几乎批量地馈赠所作，而傅雷也绝不见外地索求。那时，艺术家不会想到那是可货于市的商品。“黄宾虹先生道席：承惠画幅二批，均已拜收”，足见黄之慷慨。又“黄宾虹老先生道席：……倘有现成小册页（寄国外尤以小幅为便）亦恳捡出若干，敝处所存，近已分罄”。可见傅雷并不以厚藏为目标，不啻代黄老分赠画幅的中转站，非高谊云隆，何能致此。当今画人与学者，尚有两人可作如此之高士交乎？提出此诘问，不唯求诸人，更当责诸已，我希望能找到这样忘怀得失的知音。黄宾虹的风范，足使人们澹泊寡营，成为我们精神的导师。

今之激赏黄宾虹所谓“壬辰之变”的诸公，对先生89岁以后以白内障双目失明后的作品的奖饰之词，恐怕不会为傅雷所完全赞同。还是前面1954年4月29日同一封信，对黄宾虹寄来的“画幅二批”，颇有微辞：

尊画作风可称老当益壮，两屏条用笔刚健婀娜，如龙蛇飞舞，尤叹观止。唯小册纯用粗线，不见物象（着重号为引者所加）似近于欧西立体、野兽二派，不知吾公意想中又在追求何等境界。鄙见中外艺术巨匠，毕生均在精益求精，不甘自限（范评：言外之意，实此两批作品之粗陋，不曾做到精益求精）。先生亦不在例外（范评：此正面之勖勉，实以为先生已属“例外”矣）。狂妄之见，不知高明以为然否？

先是对黄宾虹“纯用粗线，不见物象”提出质疑，继之对黄趋近“立体”“野兽”二派惊讶，“不知吾公意想中又在追求何等境界”，困惑之中有所不满。“鄙见”至“先生亦不在例外”，无异对黄宾虹提出期予。委婉之劝，在其中矣。“狂妄之见”正是傅公批评之主旨。这足见此信是傅雷以诤友的直言，对黄的批评。越明日，傅雷又有一信，对前信之“狂妄”似有忧黄老之不受，而作转语，反批评而为赞扬，文人切磋，时有妙趣，而悱恻之情，实为可感。

前二日事冗，未及细看，顷又全部拜观一遍，始觉中、小型册页中尚有极精品，去尽华彩而不失柔和滋润，笔触恣肆而景色分明，尤非大手笔不办……但在泰西近八十年方始悟到，故前函所言立体、野兽二派在外形上大似吾公近作（范评：前信云“似近于欧西立体、野兽二派”，此信转而为“立体、野兽二派在外形上大似吾公近作”。前言黄似他人，黄当耿耿；而改为他人似黄，黄则其喜洋洋者矣）。以言精神，尤逊一筹。此盖哲学思想未及吾国之悠久成熟，根基不厚，尚不易达到超然物象外之境。至国内晚近学者，徒袭八大、石涛之皮相，以为潦草乱涂即为简笔，以犷野为雄肆，以不似为藏拙，斯不独厚诬古人，亦且为艺术界败类。若吾公以毕生工力，百尺竿头尤进一步，所获之成绩，岂俗流所能体会。曲高和寡，自古已然，固不足怪也……

即使如此，傅雷对黄宾虹失明之后“有线无形”之作取审慎之尺度，谓“始觉”，言昨日之未觉也，亦言曲高和寡，不易获赏，不惟他人，傅雷亦在其中；以傅雷之博闻广识，犹不易深知，更无论鄙识庸听矣。虽然，傅公之用词固不奢，称“尚有极精品”，意指精品之少也，这“尚有”不同于“多为”，更不同于“皆是”，足见大半作品仍不为傅公所见赏。须知者，傅公所以译罗曼·罗兰之《约翰·克里斯朵夫》、丹纳之《艺术哲学》，以傅公本人崇尚古典主义，于音乐，克里斯朵夫所激赏之莫扎特、巴赫、勃拉姆斯，亦深为傅公所景仰。彼时印象主义之德彪西尚不在其主要视野之中，更无论兹后之前卫先锋矣。傅公之所以写此两函，未必想对黄宾虹之“追求”起推波助澜之作用，筑堤的意味大于导流。以为黄宾虹先生曲高和寡不顾俗流则可，一味有线而无形，则易忘其精进目标。于无文字处透出傅公之良苦用心，而又绝不伤黄宾虹先生神圣之自尊，读后抚卷长喟，深感傅公之于黄宾虹可谓用情过深、敬爱有加矣。

世有激赏黄宾虹“壬辰之变”者，即以为白内障眼疾于黄宾虹非徒无害而有益，甚至近乎神的意志。称1952年夏至1953年6月近一年时间内的作品“近于天籁又无比老辣”，说它们“无法不法，乱中不乱，不齐之齐，不似之似，这些中国画家终生追求而不可得的境界，竟然在一个瞎眼的老画师笔下出现了！”（见王鲁湘编著《中国名画家全集·黄宾虹》〔以下简称《黄宾虹》〕第74页，河北教育出版社，2000年）说这证明了黄宾虹“中国画舍笔墨内美而无他”（同上）的美学理念（范批：此强用黄宾虹昔年之语以评壬辰作也）。这些说法显然出自王鲁湘先生的想当然，由于诡谲而不禁使人骇异。但令人不无遗憾的是，绘画毕竟是视觉的艺术，壬辰之作免不得碰，碰上好的，那是天章云锦似的杰构（傅公所谓“尚有极精品”者），而大部分作品则是破败支离的劣作。我以为王鲁湘先生的激动不是伪装的，因为欣赏艺术品绝对是不可规范的个人行为，应当原谅这种迷信的状态。然则作为生平实录之《黄宾虹年谱》竟有以为失明后“画面呈现一派前所未有的灵光，一点一横均臻天真烂漫、随心所欲不逾矩的神明之境”，窃以为过矣。

其实黄宾虹的伟大，是不用怀疑的，然则岁月不饶人，当眼睛已全然不见，加上体力不逮，你偏说这是“会通之际，人书俱老”，那就会陷入不可自圆其说的我执。

艺术家固有创造之惯性，黄宾虹之双目失明作画与贝多芬之双耳失聪作曲，是不可比列的两件事。音乐的旋律，对大师而言是内心对天籁的回应，真正的大师在没有弹奏出声的时间，那美妙的音符便会流转圆融地组合，和声与对位会天衣无缝地、诗意般地存在，整个的朔拿大（Sonata，奏鸣曲）不在纸上，而在心上，而这种感觉来自他耳聪时的刻骨铭心的乐感。那时甚至在梦中想出乐曲，醒后记出同样可达至美妙绝伦的境界。这不需体力，只需灵智。盛年双耳渐渐失聪的贝多芬创作的力量却与日俱增，每一次热烈而真挚的爱情，都带给他双倍的痛苦与悲伤，而这欢愉和痛苦都在他的乐曲中铭刻下来。46 岁耳朵完全聋了，52 岁时不甘向命运屈服的他，要求亲自指挥他的乐曲，指挥棒和乐队各行其是。

这次的失败，和他的作曲毫不相干，乐曲是伟大的，而伟大的作曲家手中的指挥棒令人愤怒。然而，贝多芬毕竟是贝多芬，两年后，他指挥大获成功，我相信乐队对大师的迁就起了绝对的作用。当女歌手将他拉向观众时，他大为惊愕，全场疯狂地挥舞帽子，鼓掌致敬，然而他听不见。

我相信黄宾虹心头也有一曲曲的山河颂，“中华大地，无山不美，无水不秀”（1948年黄自题《雁宕二灵图卷》），那是足可陶咏、心驰神往的所在。甚至我相信，在黄宾虹的心灵里蕴蓄着无数美奂的云影川流，这无言的天地大美甚至在梦境中都萦绕着他。层峦耸翠，上出重霄；飞阁流丹，下临无地。他的不屈生命和意志迫使他作画，然而和失聪的音乐大师不同的是，鸣奏在大师胸中的是完整无缺的；而在失明的大画师笔下，必致山河破碎。几十年的腕肘运转，那金刚杵般的线条这一笔、那一笔地在画面绝不连属地腾跳。也许很多的读者曾看过黄宾虹的杰作，了解老先生崇高的画品、人格，这种综合情绪会使人们产生欣赏误区。往好里看，是所有人的善良愿望。大不其然的事实是，我们纵览历史陈迹，无论绘画史、诗史、音乐史上，即便是天才的大师，至美顶尖的作品，在他们一生之中，所占比例都是少数。以这无情的事实来衡诸黄宾虹，当然他也不能例外。更况他的寿数与作品成正比，因此其作品中不佳者的数目是巨大的，与其寿数伯仲的齐白石有“废画三千”一印，可见他有自知之明。遗憾的是，欣赏者群体对此并不认账，收藏家眼力不济，于是带给艺术家的遗憾几乎是永恒的——你越坏的作品却越被社会所宠爱，黄宾虹画在此成为了最大灾区。目下，作品的好坏已降居次要的地位，只要是黄宾虹的画，哪怕是极粗至陋的作品，都被罩上了无数的光环。记得罗曼·罗兰在《约翰·克里斯朵夫》中记述过克里斯朵夫的最大悲哀：“而他最难堪的是，那些应时的曲子，他作品中最坏的一部分，偏偏给人家珍藏起来，没法销毁——例如为庆祝亲王诞辰所作的协奏曲‘王家的鹰’、为公主亚台拉伊特出阁所写的颂歌，都被人不惜工本、用精致的版本印出来，使他恶俗不堪的成绩永垂后世——因为他是相信后世的……想到这样的羞辱，他竟哭了。”郑板桥曾怒不可遏地警告后之来者，倘有人在他身后编纂全集，他将化为厉鬼啖其头。其与劣作之深仇大恨如此。且也，艺术品不是可以量化的商品。“多”与“好”之间，没有太大的关系。丰产作家，不在看他作品的厚薄，而在看他作品的优劣。即使有自知之明的大师也难免对自己的作品怀有偏爱，没有齐白石和郑板桥的见地。陆放翁的《剑南诗稿》中坏作品便太多，竟然出现了“洗脚上床真一快”式的鄙俗俚语，实在有伤大雅。然而不碍陆放翁为大诗人者，因为至少一万首中有五十首可与唐宋诸大家并列，足可传之千古，那么我们就有理由原谅他的九千九百五十首的粗陋。即使有了齐白石的“废画三千”的见地，我们翻开他的全集，也还有他撕得太少的遗憾。对大师一味地仰之弥高是不行的，他不是神。黄宾虹先生曾讲过陈老莲陈列其画，众人称佳者必当众撕之，此有作秀之嫌，既以为众皆以为美，斯不美矣，正可回去慢慢撕。平心言之，古往今来于笔墨上下过黄宾虹那么大功夫的画家，恐怕不作第二人观，因之他的即使粗陋的作品，而绝无恶俗，绝无市井，也绝无江湖。究其原因，可用黄宾虹的一句话概括言之：“中国画舍笔墨内美而无他。”

屈原所谓“纷吾既有此内美兮，又重之以修能”（《离骚》），这“修能”二字，正黄宾虹所谓之“笔墨”，而“内美”在屈原则指个人心灵的高度修养，即黄宾虹所体认的志道、据德、依仁、游艺。“志于道”，是他对宇宙本体竭诚尽智的追索；所谓“据于德”，则是他对天地大德的向往；所谓“依于仁”，则是他对人生、万物的无限恻隐；“游于艺”，则是他几十年孜孜矻矻、朝斯夕斯的不懈攀登。若论道德，黄宾虹则是不折不扣的大儒、清风高节的志士。他远离喧嚣溷浊的人生，是非得失与他眇不相关，他的孤寂不但是缘于心志的高洁，也由于他的修炼恃守所需要的绝不是世俗的繁华，而是空所依傍的“慎独”和“心斋”。在这里，黄宾虹将儒家的“事功”与庄子的“无为”这两个似乎截然对立的概念融而为一。

诚如黄宾虹所说，“山水画乃写自然之性，亦写吾人之心”（1951年致友人信中语），“自然之性”是什么？那是天地无言之大美所在，是天地的大和之境。这种宇宙本然的存在是那样美妙、那样奇幻、那样不可思议，它“惛然若亡而存，油然不形而神”（《庄子·知北游》）。当黄宾虹追索着宇宙的本根的时候，他深悟到宇宙的本源的素朴和苟简，那是一种极其单纯的存在，道之所在是浑沌的、齐一的、无待的，而黄宾虹的所有关于自然和笔墨的论述都宛若站立于宇宙的环中，他怀着宁寂而旷远的心境，在他的艺术王国踽踽而行，人世间的谀诈他全然不知，而世俗的事功已在他的坚韧的艺术行程中消融。一个伟大的心灵对历史的陈迹——经史典籍、鼎彝古器、古籀汉隶、宋元名迹有着无所不包的胸襟，对真正的创造者而言，决不希求古典主义的终结，而是将自身的生命与古老的生命嫁接、延续、生发和更新。黄宾虹是绝不可能守于一家、死于章句了。他80岁以前还在临摹沈周、巨然、高克恭，更无论此前他所穷追深诘的董北苑、黄子久、吴仲圭、王叔明、唐六如、文徵明了。当然还有那他永远看不到的王维、李营丘，这是他心灵上的祭尊。凭着他的博大修养，他能如门捷列夫元素表一样地追寻到梦中的王维和李营丘。

黄宾虹对地一天一道一自然的广大追求，不是晚近“其犹一蚊一虻之劳者”（《庄子·天下》）的套袭古貌、专尊一家者。用傅雷先生对黄宾虹的四字评价“家数无穷”，最是知音之赏。而黄宾虹游山访古数十秋，秦岭云横、太华峰险，放笔即在眼底；庐山之秀、黄山之奇，吮墨即至毫颖。胸次既浑然而无渣滓，下笔故跌宕而无挂碍。丛林茂竹、巨峡大壑、苍岭云岫奔来眼底。当此之时，曾不知有今有古，亦不知今夕何夕，笔下无非生机、墨中必有氤氲。这浑浑噩噩的状态宁非宋元君时解衣槃礴的画师？宁非以无厚而入有间恢恢乎游刃而有余地的庖丁？黄宾虹之画迷人处正在他的不经意，他的从心所欲。世人苟无黄宾虹之学养功力，必欲袭其皮相，那将是十分可悲的事，因为那“厚”立刻变为了“赘”，“密”立刻变为了“缛”，“重”立刻变为了“浊”，“满”立刻变为了“挤”。亦若古希腊神话中当太尔式的烦恼——“仰取果实，化为石头，俯饮河水，水即不见。”

“心斋”使黄宾虹心灵完全达致“撄宁”之境，烦乱与不安得以彻底宁寂，那是一种神圣的“吾忘我”的无待之境。这时，创作状态中的黄宾虹是一匹解索脱羁的骏骥，风入四蹄，奔赴绝尘。这时的笔墨生发，纯任自然而不可言说，“道不可闻，闻而非也；道不可见，见而非也；道不可言，言而非也”（《庄子·知北游》）。即使黄宾虹对笔墨的论说，那也仅是为学画者所开方便法门，并非可以一一辨析。黄宾虹论笔之平、圆、留、重、变如何如何，竟有与五行之说勉为勾连，实在要非论画之法门[①]。

宇宙乃是时空流转的无始无终的过程，“吾观之本，其往无穷；吾求之末，其来无止”（《庄子·则阳》）。观黄宾虹画知所谓无起止之迹，岂惟论一笔一画之来去，实在是笔墨浑融于大造的超诣传神。黄宾虹在他忘我的时刻，便从时空的我执中解脱，达到了物我交合、物我俱化，忘是非、忘生死的境界。朝晖夕阴随其自在、春夏秋冬顺其自然，那是一种天籁、地籁、人籁的宇宙交响。“自其异者视之，肝胆楚越也；自其同者视之，万物皆一也。夫若然者，且不知耳目之所宜，而游心乎德之和”（《庄子·德充符》）。

我敬爱的恩师李可染先生曾有一段欣赏黄宾虹画的极富意味的话：“黄宾虹老师的画，远看什么都有，近看什么都找不到。”知黄宾虹者，除傅雷而外，岂惟李可染耶？可染先生智深睿永之大师也，与我们论黄宾虹，从不作玄虚莫测之谈。若用笔用墨，都能娓娓道来，出神入化，鞭辟而入里，使我们进入黄宾虹宏大而辟、深弘而肆的艺术王国，在那里作抟扶摇而直上九万里的逍遥游。

“心斋”使黄宾虹的绘画具有了寂静而空明的本根之性，黄宾虹的五字诀，“画贵有静气”，绝对是衡量

① 王鲁湘认为：黄宾虹论画五笔，与中国古代“五行”思想一一对应，“本身就是‘五行’思维的产物”。参见《黄宾虹》第132页。

一切中国画的关键。“若一志，无听之以耳，而听之以心；无听之以心，而听之以气。听止于耳，心止于符。气也者，虚而待物者也。唯道集虚。虚者，心斋也”（《庄子·人间世》）。至此，我们完全彻悟了心斋—虚—冲和的奥义，他远离喧嚣浮躁，接近了宇宙的本源，那是绝对宁静的无何有之乡，原来黄宾虹的“黑”，来源于他的“知其白而守其黑”（《老子》），这“白”何尝不是浑沌未开时的“无”。

那横无际涯的虚冲大气笼罩着黄宾虹的画面。回崖沓嶂、九垓汗漫、云锦万叠、风色千里奔来眼底；浩渺情愫、难忘忧思、跌宕诗境、古今浩叹注入心头，那是人生难再的五脏疏瀹、精神澡雪。你所思者早非一山一水、一草一木。黄宾虹的画使我想起庄子的一词——天放。天高地迥，觉宇宙之无穷。那迷濛的、苍莽的、无可穷极的幽深中是晓色初开，还是暧暧将罢？是云青欲雨，还是水澹生烟？此中定有大造的瞬息万变，有自然的生死荣枯。那浮动着的浓重的黝黑，是千千万万傲霜松柏；那散落着的飘动的墨点，是林林总总崔嵬峰峦。

死于章句的饾饤小儒会去一字一句地读杜甫的《秋兴八首》，而探测宇宙奥秘的陈省身则把《秋兴八首》看作一种非凡的气势，一种使心旌摇动的雄风。读黄宾虹的画亦然，必须以苍莽之眼观物、雄阔之心体情，除此法门，更无他途，你只会永远在黄宾虹的画外作隔岸观。刘勰云："文之思也，其神远矣。故寂然凝虑，思接千载；悄焉动容，视通万里；吟咏之间，吐纳珠玉之声；眉睫之间，卷舒风云之色，其思理之致乎？故思理为妙，神与物游。"（刘勰《文心雕龙·神思》）此情此境，黄宾虹先生有之矣。

当我们以形上之思游于无端之纪以后，回过头看黄宾虹的画史和画论，就立刻会发现，黄宾虹的实践属灵智领域，而他的言说则是为初学者之方便。前者是黄宾虹匪夷所思的、不易端倪的博大沉雄景观，而后者则是睿思与偏见齐飞、学者共冬烘一色的闲闲小知之所在，即使，亦有说焉：

黄宾虹是一位纯粹的艺术家，让他谈经学，固不如乾嘉时人，故有"圣人法地"之误。论笔墨最有发言权，又故挟高论如"太极"之类。可叹赏者是黄宾虹的"妙悟者不在多言"的只词片语，而不是他连篇累牍的《古画微》。对后世的贡献应是那闪烁着智慧之光的警句良言，至于四平八稳的画史评述，并非黄宾虹的杰构，不足列为经典。作为画史家的黄宾虹可谓平平，而其鉴测古迹，亦多获故宫专家们如朱家溍之微词。

他对线的认识，我们不妨追溯得远一些，方可知所从来。乾嘉以降，学者畏文字狱之斧钺，一头栽进经学，以此朴学大兴。于经史子集多有戡误，而于天文、历法、音律更多所发明。朴学前导，碑学以兴，乃有包世臣之《艺舟双楫》及康有为之《广艺舟双楫》出，重碑轻帖之风，遂披靡国中。包世臣雄谈书法用笔，难免穿凿；康有为峻论扬碑抑帖，多有偏激。所幸者，重碑于中国书法及绘画确有贡献，而黄宾虹之论用笔，大体未越包、康藩篱。兹略举数则以呈一斑：

> 用笔之法，从书法而来，如作文之起承转合，不可混乱，起要锋，转有波澜，收笔须提得起，一笔如是，千笔万笔，无不如是。[①]

此论是也。从解析用笔而言，此固无讹。宛若电影之慢镜头夹以定格，则一条线确不简单，然则黄宾虹之用笔，风雨齐下，如春蚕之食叶，绝使不得如此之慢镜头推移。解析则可，必验于黄宾虹的每一条线，则会大失所望。“一笔如是，千笔万笔，无不如是”则更是大师殷殷于人，而不欲求诸己者。以此知读大师文正不可胶柱而鼓瑟，刻舟以求剑。

> 用笔以万毫齐力为准，笔笔皆从毫尖扫出，用中锋屈铁之力，由疏而密，二者虽层叠数十次，仍须笔笔清疏，

① 《黄宾虹》第206页。又1952年其89岁自题《湖上晓烟图》谓：“作画落笔，起要有锋，转要有波，放要留得住，收要提得起，一笔如是，千笔万笔，无不如此。”见《黄宾虹美术文集》第400页，人民美术出版社，1994年。

不可含糊。（《黄宾虹》第 206 页）

此论亦是也。中国画重中锋，即如锥画沙，笔笔无论粗细飞白当皆从毫尖扫出。然则，如此用笔从范宽到黄宾虹都未发见层叠数十次者。苟浓淡墨叠以数十次，绝对能造出一张黑色的硬纸板，而不是气韵生动的山水画。读黄宾虹之画论，不要忘记他是一位诗人，驰骋其词，以求痛快，乃诗人之所须，盖非初学之所宜。

流动中有古拙才有静气，无古拙处即浮而躁。以浮躁为流动，是大误也。（同上书，第 205 页）

此足允为大师只眼。不惟以言当时，亦可以言千秋，更可验现今。有以为中国画笔墨等于零者，其用笔之浮而躁，如春蚓之行于草，秋蛇之绾于树，鄙陋浅薄，厚诬国画，无视权威，诅咒徐、齐，实可鸣鼓而攻。

生则文，拙则厚。（同上书，第 205 页）

生、拙可为比列，而文、厚范畴有别，黄宾虹往往行文有逻辑之疏漏。一依其意，倘改为“文则清，质则厚”，加上“文质彬彬，然后君子”，则为大师妙语矣。轻动古人，殊属不恭，而为解读计，似更谙合于黄宾虹之所思。

画有四病：邪、甜、俗、赖。邪是用笔不正。（同上书，第 206 页）

此论虽止数字，可谓切中时弊，入木三分。古今之画而俗者，能逃脱此数字之网罟乎！

行文至此，忽思黄宾虹以大师之身手，固不囿于一笔一画之得失，对于大师是百无禁忌的，于大师之作不见其为诟病者，于初学则或足致命。贝多芬之曲，偶有和声之误，此失聪后之难免，亦若倾国倾城之女，蓬头粗服不掩其美。苟内美阙如，而自谓从心所欲，其后果当不堪设想。

近有研究黄宾虹书法，思虑过深，诡谲之论叠出。以为黄氏创“起于一点”的“太极笔法”或称“太极全息法”，“每一个点、每一条线，都是一个太极”（同上书，第 96—105 页）。有研究《红楼梦》而发现“八卦红楼”之说者，与此相类矣。要之，学术一事，最重质实，不尚虚浮，至如“哲理的神秘”“笔墨的解体”“笔墨的自主化”“巨大而深刻的文化秘密”“S 线内在韵律把握”（同上书，第 110 页）云云，皆入法执之迷障、我执之烦恼，谬托知音，逞其私智，除尘秽视听而外，恐非黄宾虹之所可轻恕者。

以我之见，黄宾虹之用笔理念既深邃而又质朴，那是可以触摸到、感觉到的。从他的最精绝的画上，我们可以看到的是：那如百炼钢成绕指柔般的刚柔相济的线条，坚韧有力，如维摩之金刚杵，笔笔刻入缣素，即书论所惯称的如锥划沙，其用笔之力度，真“五百年必有王者兴”，堪称不世而遇的精美绝伦线条。这些线条构成了黄宾虹体现“知白守黑”哲理的大厦，从而孕化为丰厚美奂的山川形神。以点积线，丝丝入扣，不轻浮滑动，如邬彤所称怀素之“折钗股”，亦如包世臣所谓“虽细如发丝，全身力到”，黄宾虹皆有之。加之黄宾虹作画从心所欲，左右向背，各相乘除，虽时见缺落而连属不断。此点最需读者慎思、审问、明辨，这其中包括傅雷所谓的“尚有”范围内的见线不见形的少数作品，对这些作品一概否定是不科学的，而全部肯定更是错误。最重要的还是黄宾虹叠笔、破笔、晕墨、宿墨不择时而用，无处而不适，无处而不宜，人不知其笔墨之始末，但见其整体性的鸿蒙氤氲，此黄宾虹艺术之大观也。近世李可染先生为黄宾虹入门弟子，天下知黄宾虹者并不多，而可染先生所口述，多经其深思熟虑，不似时下之巧言令色，眩人耳目。

前面提到黄宾虹先生画史之著如《古画微》水准平平的原因，大体彼时所见之真迹不似今日之富，故大体是据《贞观公私画录》《历代名画记》《画筌》《图画见闻志》《古画品录》诸著述之综合并参以已见，并不曾证以实物、佐以发掘，故而基本上是从文字到文字的工夫。其次，站于史家立场的黄宾虹，虽比较持平作论，然其根本立场时有透漏，如论八大，虽有赞词："笔情纵恣，不拘成法，而苍劲圆秀，时有逸气，挫规矩于方圆，鄙精研于彩绘。襟怀浩落，慷慨啸歌，世目为狂。"（《黄宾虹美术文集》第152页）窃以为黄氏似有不甚欣赏、敷衍为文之迹。八大山人以旷世之奇才、伟岸之人格创亘古未见之画史奇迹，前不见古人，后见之来者唯黄宾虹一人，两人之地位相当，何不视为异代知己？立场使然也。黄氏对画人往往于才情风发、一挥而就，不事"层叠数十次"之大师，吝于褒赏。又如扬州八怪中之郑燮，固八怪中之翘楚，而黄宾虹仅以"善书画，长于兰竹"七字评之，不亦过轻忽乎？

要在黄氏评画执于一端，其所惯用词为"浑厚华滋"，论者亦多以"黑、密、厚、重"视为黄画圭臬，黄宾虹虽有"重、大、高、厚、实、浑、润、老、拙、活、清、秀、和、雄"（黄苗子《黄宾虹二题》引黄宾虹语）十四字诀，然此十四字并无逻辑相关联，且词义模糊，有老而不拙而嫩者乎？有厚而不实而浮者乎？黄宾虹在理论上并不如杜甫之于李太白之宽厚："白也诗无敌，飘然思不群。清新庾开府，俊逸鲍参军。"以厚重苍润如杜甫者，对风格殊异于己的李太白激赏为"清新俊逸"，且称"无敌"，是过于已者也。亦有论者以为黄宾虹之论画十四字，"实

仗剑去国，辞亲远游

都具备尺幅之中”（《黄宾虹二题》），不亦奖饰过当乎？此十四字，倘为赞誉好中国画之一种说法，则有意义。果推重此十四字，必厌其反，依次排列其对立面为“轻、小、低、薄、浮、乖、枯、嫩、巧、浊、粗、隔、鄙”，亦可作贬损中国画之一种说法。但此直如药店之开药方，学理与审美之意义不甚清晰。且也，论美之文，必求其本身之美，若刘勰、若刘熙载、若王国维之文，其可流传不殆，乃自身之美质，倘以此求诸黄宾虹的专著，恐其所逊远矣。

天才出现的原因可能多种，然大分有二：其一：不知何时、何地，忽焉勃然而发、伟然而生，才思睿敏、意气风发，此先天已然之存在，正不可限以牢笼、匡以陈见，此所谓“冒出来者”。如诗史上之李贺、纳兰性德、黄仲则、吴兆骞，皆二三十岁即攀登绝峰、名披天下者。亦若蚌之藏珠，自己生成，开壳之瞬息，即光照遐迩，其于壳中之珠，生长过程正似胎儿之于母体，不待外力之推动。其二：亦不知何时何地有一人焉，视之木讷，喃喃不能语，然心存弘毅、任重道远、才思积厚、术业渐进，初以为蹈袭古人、不越旧规，然则扫去胸中尘垢，终有一日豁然大朗，此所谓“磨出来者”。榜样未远，齐白石与黄宾虹是其人焉。而黄宾虹尤然。必抱如杜甫“语不惊人死不休”之宏愿、必具“意匠惨淡经营中”之耐力，作茧自缚正为化蛾、蝉衣不蜕只期高飞，正是这些天才发现的艰难过程。当黄宾虹以半纪而磨一剑，其青光储于铗中，当为必然。这是从灵魂深处渐渐浮起的觉醒，不是一声棒喝即可获致的顿悟。当然，也有部分人绝对的笨蠢，一似榆木疙瘩之迂顽不敏，即十世亦不足修成正果者，正所谓砖不可磨为镜也，而其间亦有好事者发现中国之凡高，可为一噱。

知道自己成长岁月之漫长，其间崎岖可谓历尽艰难苦恨，又知道自己的胜果不为乡愿鄙见所容纳，故黄宾虹常有三代之后方有定评之说，以亲友、师生、回护之关系消失，画之自身当可发言。黄宾虹亦有五十年后，始有知音之叹，其中些微的凄凉与孤独，怨而不怒，每每读画思人，不胜感喟。

黄宾虹固非不问世事的隐士，壮岁与柳亚子、冯心侠、景耀月等十九人有南社之集，柳亚子诗称所谓“寂寞湖山歌舞尽，无端豪俊又重来”，确实其中有十四人为同盟会籍者，足见革命空气之烈。其所为作，则大体与革命关系不大。首次雅集，柳亚子、朱梁任大赞辛幼安词，而词学专家庞檗子则大赞吴梦窗。柳、朱适巧皆有口吃之症，何敌雄辩之庞檗子？柳亚子大哭，真堪称“无端”之哭矣。记录此段，意思是黄宾虹之结社交友，虽多时代之先锋，然其最初活动内容与国是相去颇遥。至南社二十周年之时，周瘦鹃谓南社宿以文字鼓吹革命，可作一种热情趋同的说法，至于革命与否，则有周瘦鹃之“鸳鸯蝴蝶”为证。至 1948 年，黄宾虹忽发“国画之民学”讲演，概念混淆，略无伦次，大论“三角的形状多，变化大，所以美……要不齐、要不齐之齐，齐而不齐，才是美”，“大体中国图画文字在六国时代（范评：六国？春秋五霸、战国七雄，六国不知所云矣。贾谊《过秦论》有九国之师说，指为秦所亡者，然不可以九国为历史专名词）最为发达，到汉以后就完全两样了……”，“我们应该站起来……”，信口诌来，亦大有以“民学”为己任之态，能与“君学”抗争，其业亦伟矣。黄宾虹“立德”“立功”在其大艺术，“立言”在其只言片语，光耀千秋，至于宏论，迄未之见。

黄宾虹内庄而外儒者也，然庄为其本，儒为其用，且常用得不在谱中。我们不能要求以庄子之精神创不世之奇迹的黄宾虹，同时是王夫之、顾亭林，不能神化黄宾虹，误以为他之所言句句切中肯綮。

我曾有《骨相刍议》一文，趣谈古今中外相术之玄机，其实非惟用于相术，亦可用于今之学黄宾虹绘画者，以我观之，今之从事者亦有三层次焉：

一、不知黄宾虹为何人，只迷迷糊糊知道其伟大。于是貌其皮相，朝学执笔，暮已大家。叫嚣乎东西，隳突乎南北。大纛张处，群雄毕至，试看今日之域中，竟是谁家之天下。更有甚者一二人焉，大有佛头着粪之气、呵佛骂祖之胆，执笔凝神，眼空无物，而谓左右云：“你说句老实话，到底是我画得好，还是黄宾虹画得好？”众瞠目不知所对。庄云：“狗不以善吠为良，人不以善言为贤。”（《庄子·徐无鬼》）深宜此种狂悖无度之徒戒。

二、得黄宾虹之骨相者，目下千无一焉，万无一焉。所谓骨相者，黄宾虹之内美也，若操守、学问、词章，虽前文论黄之学或有疏漏，然其比照对象为顾炎武、为钱大昕，固黄之博雅，当非一般人可见其项背者。

三、得黄宾虹之风神者，则吾师可染先生庶几近之，然则吾师云殁，后之来者或自称门生、或奢称嫡传，终不成气候，唯耐心待以年月，而不可操之过急。

黄宾虹先生的道路并非唯一之道路。近世有傅抱石先生者，天纵异秉，披麻泼墨，烟云满纸，而悬瀑流泉，修远周流。三十年前之金陵，学山水画者亦曾皆称傅氏门人，竟有造伪者改姓为傅。其隆盛有似于今日之学黄，然则月移星转，盛况不似往昔。学黄与学傅，最难处仅有八字：“只可有一，不可有二。”盖凡大师之成，积数十年霜晨雨夜之磨砺，文章得失，寸心所知，断非袭其皮毛、盗其骨殖、冒其精神者可于短期间得之。即偶得一二亦不过寿陵匐伏、苎萝攒眉，徒获笑于士林，更无益于画史。嗟夫，不苦学其过程，而轻夺其成果，其有成者不可预也。

近读郎绍君先生《问题与方法——黄宾虹国际研讨

会发言述评》一文，间有卓见，如论“道咸中兴”一段尤可拊掌。然惜其不敢直言，以郎绍君之智不会不感到此次讨论会文章之劣，而绍君宽容之、迁就之，力图构建一座玲珑的七宝楼台，皆大欢喜，然而严酷的画史有时会拒绝其周到。

论述到此，不免感慨万千，悲从中来。黄宾虹先生生前绝不会料到死后五十年的如此热闹场景，可恨逐臭之夫以批评家式之言说信口雌黄，带给艺术无穷的灾难，他们忽而兴起，激赏那些败类们的劣作；忽而深刻，说一些绝然无识的、令人费解的外来词语，结果把一片光明弄成混沌，而这混沌中绝无意再放出光明。批评家和画家的红包联手，则使蛮烟瘴雾成了气候。当人们为之而晕眩的时候，后现代则乘虚而入，大行其是，其中的知名者浮动于社会视线之上，据说他们的名字叫作“大师”。

黄宾虹先生 92 岁弥留之际，吟出清彭元瑞的名句：“何物羡人？二月杏花八月桂；有谁催我，三更灯火五更鸡。”这是他平生所爱、所求的终结，也是他远离深深眷恋的祖国山河岁月的最后言谶。

恩师可染先生尝谓余云：“中国山水画三百年来，黄宾虹一人而已；三百年后，黄宾虹的地位会更高。”这是迄今为止最具卓识的预言。

# 论徐悲鸿的素描
## ——《徐悲鸿画集·素描部分（人体）》序

我们亟需庄严的、博大的、深美的人体素描。因为，在对人体艺术积年的误解、扭曲之后，人们刚从禁欲主义、僧侣主义的羁绊中解脱，在逆反心理的驱使之下，各种各样标榜着人体艺术的作品已应运而生。由于历史的、社会的、文化史的诸因素，使人体艺术在中国的复活，缺少心理上的、技术上的充分准备，不仅画家本人迷不知所向，观众更如坠五里雾中，大家都觉得困惑——为什么裸体艺术成了时髦？于是一本本粗劣的画册风行于世，一张张、一座座在审美心理上处于低层次、技巧上处于低水平的绘画和雕刻纷纷出现，与其说是在表现美妙绝伦的人体，毋宁说是在展览丑恶。有这样一本人体画册，几乎所有的画面都备极丑陋，佝偻的、病态的、臃肿的躯体，加上痴呆的、鄙俗的形象，简直是对人体的亵渎。令人大惑不解的是，竟有一位评论家说这是画家“浸透着苦涩深沉的忧患意识，和对‘人’的无限同情”。被罗丹视为古希腊艺术家美的发现的维纳斯像到了中国，变成了石膏的粗陋的复制品，而且涂上了肉感的色彩。

古往今来，多少艺术大师怀着虔诚的敬意歌颂人体，

2006 年 8 月 25 日应廖静文先生的约请，

范曾为徐悲鸿先生的画作补成题诗

维克多·雨果讲："女人的肌肤是这样圣洁，竟使人不能不信，当情热如火的时候，紧抱着的美就是上帝。"罗丹则认为"'自然'中任何东西都比不上人体更有性格。人体，由于它的力，或者由于它的美，可以唤起种种不同的意象。有时像一朵花，体态的婀娜仿佛花茎，乳房和面容的微笑、发丝的辉煌，宛如花萼的吐放，有时像柔软的长春藤，像劲健的摇摆的小树"。

是的，我们在创造一幅纯洁的裸体作品之前，需要一颗纯洁的心灵和一双纯洁的眼睛。中国的裸体艺术发展史是残缺不全的，我们只在敦煌石室北魏或西魏的壁画之中，看到裸体的飞天在极乐的净土，随着梵音法鼓，衣带当飞，自由翱翔。仅此而已！由于中国几千年的封建礼法和道德观念对人，对人的欲望、人的个性的压抑，在绘画和雕塑上自魏晋之后几乎绝迹，而所有表现人体的绘画、雕刻不是闺房秘籍便是密宗的欢喜佛，我以为这大体是与今天所谈的裸体艺术南辕而北辙的。

毋庸讳言，裸体艺术从远古到今天，或多或少和人类的性意识连接着，然而性意识在古希腊倾向于享乐，基督教文化则倾向于原罪。那么，裸体艺术在当今中国，是享乐的呢，还是原罪的呢？我想，都不是，因为我们没有希腊和罗马的文化历史背景，谈这些还太遥远。我们十分迫切的第一步工作是使人们能欣赏人体，这种启蒙运动是基于这样的社会心态：普遍地认为裸体就是罪恶、淫秽。中国女子健美比赛在深圳举行，全国各报刊的记者都匆匆赶去，这种盛况给我留下一个颇不愉快的观感。对比基尼服尚且少见多怪如此，遑论赤裸裸的人体了。于是美术学院的模特儿的三角裤要不要穿，成了辩论的焦点，而坚持脱掉三角裤，以为胯关节与尾椎骨至关人体大局的钱绍武教授，一时间成为众矢之的。钱教授是一位书生气十足的画家，他虔诚地谈论着艺术，孰不料，有人怀着最低劣肮脏的情绪，给他投来多少谩骂、侮辱的信件。

我想，倘有一本雄辩的、卓越的人体画册，来证明一种观念，即：人体，是大自然最杰出的、无与伦比的创造，一个健康的、丰满的人体，就是无懈可击的线条的赞歌，肌肉的起伏所构成的诗一般的和谐和韵律，使人类有权自认为超越一切生命。男性的雄强、坚韧、粗豪，女性的柔和、婉约、妩媚，构成宇宙间阳刚与阴柔之美的鲜明对比；老人的苍劲与儿童的稚嫩，宛如黄昏与清晨一样使人迷恋。在中国，只有徐悲鸿先生的素描能够完成在审美教育中的这样的使命。徐悲鸿先生的素描有着这样不朽的生命力，以至半个世纪以来，在中国和世界上，很少有人能达到他这样博大精深的造诣，因此，徐悲鸿的素描，已作为里程碑式的作品，成为人类文化史的瑰宝。徐悲鸿纪念馆和北京出版社合编的《徐悲鸿画集·素描部分（人体）》一书，从徐悲鸿纪念馆的素描藏品中挑选了102幅代表作，这些人体素描作品，倾注了徐悲鸿几十年的心血，这些作品所透露出来的是崇高的、悠远的、诗一般的气息。我们不妨把这些作品视作徐悲鸿内心世界的一面镜子，那是徐先生在艰苦病痛之中精神的寄托，是徐先生积年累月辛劳为艺术鞠躬尽瘁的胜果。1925年他所作的裸女像，旁有小字题跋，谓其因清贫和冻馁，竟于巴黎得不治之胃病，孤寂无援的悲鸿先生仰天长叹："……使吾资用略足能作一外衣者，当不致是，今已四年，病作如故，作辄大痛，览吾画，焉知吾之为此，每至痛不支也，虽然一息尚存，故能自已。"裸妇座下石上，大书PEON（悲鸿）署名，以志他刻骨铭心的自强之志。我想象徐悲鸿作人体时，一定处于一种超然忘我的、艰苦卓绝的精神境界之中，因此，徐先生的画中人的情操也随之升腾，他是借着这造物的杰作，表达作为一个艺术的竭诚尽智之士的全部热情、悲怀和爱恋，因此，他的素描凄恻动人，韵味隽永，其格调之高雅、淳朴，远非一般人可见项背。真正的大师，一定会在作品中表现自己的，而人体艺术，尤其是检查一个艺术家修养、人格的试金石。在一张人体画中，你的文化程度、审美层次、心理状态，有识者洞若观火，来不得半点虚饰和躲藏。一个格调低下、情操猥琐的画家，永远画不出一张清如在山泉水、洁若中天明月的人体。有美的心灵才会有美的发现，而一个空虚的心灵，那其中储藏的只可能是荒芜和贫瘠，一个丑陋的心灵，则只能宣泄出令人憎恶的欲望和私心。

既然人体是造物的杰作，那么它们的每一个细部都融化于天衣无缝的整体之中，它们的每一点微妙起伏，都在运动着的血肉之躯内变化，它们的每一根线条都是这首生命之歌的无法割裂的组成。因之，徐悲鸿所求之“大和”，是内在精神与外在躯体的高度统一，徐悲鸿反复强调之“致广大，尽精微”（《中庸》），则是希望艺术家们极尽物象的幽微奥秘，而达于意旷神驰、恢弘博大的高远之境。当我们能站在这样的高度去看徐悲鸿的人体素描时，我们所看到的就不仅仅是无灵魂的肉体，而是为人的庄严，是美在理想中的实现，是在精绝的技巧中透露的艺术家的全部灵魂和生命。大师总使人的精神或振奋、或抑郁、或悲凉、或苍茫，只要从猥琐的、市井的、平庸的情操中彻底解脱了，无论何种感受，都将是高尚的。尽管徐悲鸿先生的素描表现了他的机智、巧妙，然而，决定他成功的还在于他的诚实和质朴，这是造就任何大师的必备的美德。我们经常看到一些草草画了几张素描的人，立即要超越自我，睥睨千秋，处心积虑地在肤浅的泥淖中争奇斗胜，装着怪脸，招揽观众，食马蒂斯、毕加索之剩菜残羹，将莫提格里昂尼恶性膨胀，自认为高举了新潮的旗帜，然而这旗帜早已老朽，在新时代的浩然雄风中很快会飘零为碎片。

啊，亲爱的年轻人们，你们需要活泼的思想，也需要执着的追求；需要有雄视千古的精神，也需要对古往今来的所有大师投以虔敬之情。艺术的硕果，不会在癫狂中诞生，不会在惰怠中轻取。你们正处在生命的黄金时节，智慧之火正熊熊燃烧，未来一定属于一代有志之士。

1988 年 2 月 10 日

# 李潘之辩

1983年6月游闽，忽得康宁弟急电，谓苦禅先生仙逝，我即飞回北京。至苦禅先生家，见慧文先生与燕弟潸然泪涌，我抚像大恸失声，昔日恩师，已为陈人，音容笑貌，宛在目前，然则天上人间，徒唤奈何。越数日，苦禅先生友好与生徒数千永辞先生于八宝山，我与诸弟子肩先生遗体至火化场，跪送先生羽化登仙，哭声动天地。是日天色阴霾，沉重似铅，入晚淫雨霏霏，天人感应如此。先生毕生历尽风涛，其不朽艺术，永垂竹帛，正如我所写七绝："万竹堂前忆大师，擎天碧翠共神驰。英魂已化千秋墨，总在清风百尺枝。"

自19岁厕身先生门墙，忽忽四十年弹指一挥，今已萧然还甲一翁矣。而初瞻苦禅时，先生年可五十七八，健步挟风，略无老态。上课授徒，了无提纲，天南海北，浩浩然迷不知所向。我等少年围听入神，亦凭虚御风，坐驰无极。于是知陈调元醉后大灌陈半丁之轶闻，知张大千对画坛笨伯之戏谑，知齐白石为彭八百选兰之趣事。闾阎闲话、京城掌故不一而足，欢声笑语震及邻室。忽焉苦禅兴起，谓铺纸作画，此时鸦雀无声。先生用笔不疾驱、不涣漫，从容率情，真乃造化在手，大师风范。

李苦禅先生造像

苦禅先生之“与天同契”于运斤挥毫之际便见端倪，唯见画上物象浑然天成，墨渖淋漓，收放有度。野塘夏荷、原隰双雉、蕉下鹌鹑、石上雄鹰，万类昂藏，生趣无穷。苦禅先生作画时，间或插话，此时最是精彩，往往只言片语，深得三昧，正所谓“妙语者不在多言”。然后草书题字，摇笔而散珠，或论画论书，或言事言情，其文如画，不假修饰而意味隽永。作画正待完成，铃声已响，而苦禅兴犹未阑，故先生上课前后皆不准时。平生阅人多矣，能如先生之纯任天真者仅二三子耳。先生课徒示范皆用学生宣纸，于是诸生争呈，皆自称佳楮，先生来者不拒，故中国画系学生无不藏有先生杰构。李可染先生作画愿杜门谢客，除画牛外，极少当众画山水。而苦禅先生天性适相反，人愈多、兴愈浓、笔愈妙，用笔之冲波逆折回湍摩荡，天然凑泊，亦若庖丁之解牛，“以神遇而不以目视”，恢恢乎游刃有余，平生交往花鸟画家亦多矣，能如苦禅先生用笔者一人而已。

一日，有山东王飞燕或飞燕王者来，自称画燕一世，作《万燕图》，画卷长可数十米，而飞燕之动态墨色绝对齐一无二，方向亦绝对宁左勿右，画打开方两三米，唯见先生搔耳摸头，呐呐不知所云，是先生宽厚为人，不欲以言语伤其心耳。乃为题跋数语，大体奖励多于批评，此人欢喜雀跃而去。有论者谓先生不够珍重下笔，非然也。先生仁爱之心挚切，常以己年轻时拉洋车之苦比拟时人之困窘者，不仅送画，亦且解囊。据山东张登堂先生回忆，初见先生，苦禅视其衣衫褴褛，和平画店刚送来六十元，即分其半授张，张每述及此，叹喟久之。又有穷学生G者，学写花鸟，苦禅为其所作画稿累百数。先生爱之不及，复送纸笔。市场以兴，G君倾销所藏，闻已获巨资购屋，人情淡薄，一至于斯，人性之弱点，于此昭然。然事亦非尽然如此，“文化大革命”初，我被揪出，有抄家之虞，嘱康宁携走我所藏恩师十数幅作品一卷。“文化大革命”甫息，康宁送回，画卷原封未开。康宁固深爱先生作品者，人品高华如此，宜其深得真传。我顾康宁云：“范曾有生之年所最爱者此也，此中有恩师深情，挚友肝胆，画外故事，宜存永年。”卷中有一《芙蓉睡鸭图》为恩师逸绝神品，画中睡鸭寥寥数笔，意显语质；而斜插芙蓉，摇曳有姿，跌宕水草，清脱无滞。画上题字云：“昨日见范曾有此稿，余增繁补缀成幅，尚不恶，看来画人不仅师造化，天下人及事物皆可师也。”先是一日我于课堂上画一睡鸭，先生激赏，第二天上课即画此作。此中情趣足见博大胸襟。阳光春风，煦拂小草；读画思人，曷胜嗟赞。先生画中极品往往如刘勰所谓“水停以鉴，火静而朗”，明澈练达如此，恐近世花鸟画家中亦不作第二人观。

画家、诗人一生之作，蕙莸并存，不足为奇。陆放翁《剑南诗稿》近万首，虽有“铁马冰河入梦来”之千古绝唱，亦有“洗脚上床真一快”之俚语。且也，评艺术之高度只选其最，一若奥林匹克运动会百米选手刘易斯之速度，必以得金牌时为准，则斯人一生得此速度者，亦寥寥数次而已。画家之代表作，与此相类。苦禅先生为人至诚至真，馈赠酬酢，有施无类，于是流布甚夥，正不应以苦禅先生一般作品衡量其历史地位，此原则可加诸古往今来之所有画家。苟以苦禅先生极品为标准，则我以为近世大写意花鸟，可与之比权量力者几稀，潘天寿先生则或庶几。南潘北李之说谓两峰并峻，而苦禅先生犹或过之，容待细为劂剖。

近读国内评潘文章，霞蔚而飙起，然细观其文，类多泛辞，溢美过甚。致使俗听飞驰，以为世近以还中国美术史唯潘天寿、吴昌硕、黄宾虹、齐白石并称四大家。此说甚谬，想为创说者欲以“四”数与元四大家、明四大家比列。此说亦可能出自家人门徒，情则可谅，史所不容。平心而论，今举数人，若徐悲鸿、刘海粟，若李苦禅、黄胄，若蒋兆和、林凤眠，若傅抱石、张大千，若李可染……近代而无此数人可乎？潘天寿固不可无，李苦禅则必须有；黄宾虹固不可无，傅抱石则必须有。吾师兆和，开中国写实主义人物画先河，其所创制，彪炳千古，近世大家，其可少乎？先生之《流民图》与潘天寿先生秃鹫残荷，艺趣殊途，正不可顾此而忘彼。上文提及苦禅先生为人，知其人而观其艺，知其艺而观其人，

潘天寿先生造像

画如其人，信为不虚。今既论及近世潘、李，不欲分其轩轾，但请述其差异。

静安先生论词境界，谓有“有我之境”与“无我之境”之别。“有我之境，以我观物，故物皆着我之色彩。”此潘天寿也。“无我之境，以物观物，故不知何者为我，何者为物。”此李苦禅也。静安以冯延巳、秦观词句说明“有我之境”，而以陶渊明、元好问词句说明“无我之境”。静安先生未评其优劣，然以“不失赤子之心”为词人极致，推重陶渊明、谢灵运、李后主、元好问、纳兰容若，当然在冯延巳、秦观、欧阳修之上。李苦禅先生，“不失赤子之心”者也，观其言谈行止，憨态可掬而又童心未泯，虽八旬老翁，“如婴儿之未孩”（老子语），在心灵上与潘天寿先生之根本区别在于潘天寿先生理性而清醒，苦禅先生则感发而醉态。苦禅先生作画，游心体道，清明在躬，不知今夕何夕，直如《庄子》书中梓庆之为鐻（梓庆，能工也），忘毁誉而全精神；又如《庄子》书中为宋元君作画、解衣般礴之画工，洗尽铅华，方能回归本性。苦禅先生不矜不伐、胸无渣滓之无为状态，实近乎庄。而以“懒牛”自谑之潘天寿先生，十日一山、五日一水，必有其意匠惨淡经营、笔墨精心设计之创作苦辛，其高迈追逐、胸罗大略之事功心志，则近乎儒。于是，李苦禅先生天籁爽发，浑浑然人之物化耶？物之人化耶？何者为我？何者为物？所写苍鹭、鹌鹑、鸊鹈、雄鹰，“以鸟养养鸟”，以物观物，故能达致“以天合天”之境，作者主体与客体略无间隔，是苦禅作品最迷人处。而潘天寿先生以旷大心境观嶙峋之石、虬曲之松、冷艳之荷，以我观物，宇宙万有皆着潘翁色彩，而不似苦禅先生自身与宇宙本体殊无二致。此潘、李艺术大相径庭处。苟不知此，无以论潘、李之艺。

中国诗人画家，并不等于是“游心于无穷”的庄子之徒，同时，庄子不承认要以经验为基础去体道。于此，中国文论与画论却不与苟同，如陆机、刘勰直至石涛对感官之经验则异常重视，石涛《画语录》开宗明义云：“山川人物之秀错，鸟兽草木之性情，池榭楼台之矩度，未能深入其理、曲尽其态，终未得一画之洪规也。”其实变形云云，在中国画未见重要，即以梁楷之泼墨神仙论，十分具象，即使八大山人之作品，在欧西前卫诸公看来，亦断非如国中之评家谓“大胆变形”。齐白石所谓“作画妙在似与不似之间，太似为媚俗，不似为欺世”，其实白石先生本人正是言与行悖的。其所画蜻蜓、蚂蚱、飞蛾，不亦太似乎？以中国文化传统，无论创作主体（画家）与欣赏主体（观众），对绘画还是要求“似”，进一步要求“神似”。重要者非“似”与“不似”，而是如何“似”。“神似”的要旨又是什么？石涛谓“不似之似似之”，最终所求仍为“似”。这“似”字上，却大有文章。画家虽不必如庄子游于“无何有之乡”，然而神思之状态，坐忘人间坐驰八表，做到刘勰所谓“思理为妙，神与物游”，这种状态显然是属于李苦禅的。庄子论天籁，述及真人修炼，由形而下至形而上的三阶段，即听之于耳到听之于心到听之于气，这在庄子是对体道的论述，本来不是谈艺，然而画家观物，亦可以此比类，由视之于目到视之于心到视之于气，苦禅先生颇悟此理，虽重目之所见，更重心之所悟，其神逸极品则直赴“无穷之门”。庄子以为宇宙万变归为一气之流转无穷，石涛自许“试看笔从烟中过”，苦禅先生有之矣。正由于如此，苦禅画面所弥满者是一种笼天地于形内、挫万物于笔端的氤氲之气，形存神在，不斤斤于“似”与“不似”。至于鹰嘴之由尖喙而为方整等等，要非苦禅之本质追逐，妙得自然之性才是苦禅的终极目标。庄子以“自然”为体道的最高境界，在《骈拇》一文中论及凫与鹤：“是故凫胫虽短，续之则忧；鹤胫虽长，断之则悲。故性长非所断，性短非所续，无所去忧也。”此段论自然之性，可作为花鸟画家之警言。曾见画家某所作鹤群，足使动物学家咋舌，令普通观众生疑，此变形之术，徒增审美障碍，断无艺术享受之感觉。

苦禅先生画面形象较八大山人更具写实性，而其博大恢宏动人心魄，或不轻让。其根源不在变形与否，而在深悟中国画物我一如的要旨，八大是无我之境，苦禅也是无我之境。八大个性与苦禅个性，绝不是在变形的“不似”中取得，而在既似创作主体（画家本人）又似创作客体（描写对象）的条件下获致。我想，八大很像他所画的白眼对青天的鸟鱼；而苦禅亦很像他所写苍鹭白鹤。这种神韵之似十分奇妙，若苦禅先生之澹泊、清逸、天真、醉意，在他画中一草一木，均仿佛了然在目。而八大、苦禅所写花鸟皆臻极神似又极简练之化境。笔墨之凝练简约不等于变形，这完全是两个范畴的不同问题。

有论者以为潘天寿先生作品个性之形成，是其作品创造了“异于常人”的形象，也就是说潘翁“不求形似”而求风骨，此说浅陋，概念浑沌。余观潘翁所作物象，刻微尽精，如《雁荡山花》，物理深审、物态毕肖，又如小幅之《荷花蜻蜓》，莲蓬色泽丰富，花蕊、花瓣几近标准之植物图谱，《百合》一作亦大类《芥子园画谱》中示范，对花瓣之转折回环有生动描画，足见潘天寿先生眼力。不过，恕我不敏，这种“似”，仅仅是佛家故事中修炼之第一阶段：“山是山，水是水”而已。诚如前文所述，“似”与“不似”，要非中国画之精髓，几十年来国中就此问题之论述连篇累牍，实属对国画精神之隔靴搔痒。潘天寿非求“不似”，有时似乎是“非不为也，是不能也”。潘翁《庄子观鱼图》中庄子不唯在造型上力所不逮，而线条亦因求似而斫败，又如《鹤与寒梅共岁华》中鹤与八大所画鹤孰似？八大“似”而潘翁“不似”，这不免又使我想起佛家故事，潘翁之鹤属修炼之第二阶段："山不是山，水不是水。"而八大之鹤属修炼的第三阶段："山还是山，水还是水。"以我之见至少在造型手段这一点上，潘翁之画尚在佛家修炼第三阶段外徘徊。与八大山人相类，苦禅先生所写物象敦厚素朴、浑然天成，不欲矫饰狂怪，于是温煦亲和，一任自然，"山还是山，水还是水"。方之诗则如谢灵运之山水、陶渊明之田园，所谓"深情而不诡""风清而不杂"，而吐纳英华，莫非情性，此苦禅先生所以睥睨千古，雄视当代之根本原因。而潘天寿先生所写物象则多孤峭冷僻、深拒固守，方之诗则如竟陵钟惺之"险僻"及谭元春之"冷涩"，每于幽奥古怪上着力，用力过猛则恐去自然愈远。此潘天寿先生过人处亦正其可研商处。苦禅先生日课，虽以八秩之龄悬腕摹郑文公碑、瘗鹤铭，对郑文公碑评价尤高，允为真书第一，苦禅先生线条深得魏晋风范，岂偶然哉？李可染先生曾谓近代以还，线条能过关者不及十人，苦禅是其人也。可染先生从不轻许于人，其所点评，重比鼎鼐。余每观苦禅师作画，从容不迫，惜墨如金，缓而不滞，迟而不钝，其所点划，莫非氤氲。中国画用笔尊"善行无辙迹"之要义，即所谓无起止之迹。因之以板、刻、结为垢疣，以苍润蕴藉为追逐，复归于婴儿、复归于无极、复归于朴，在生命之本源处深悟："人之生也柔弱，其死也坚强，万物草木之生也柔脆，其死也枯槁，故坚强者死之徒，柔弱者生之徒”（《老子》句）的哲理。于是以舒缓柔韧，生气盈然之线条为尚，而以苦硬斫断之线条为劣。苦禅先生驱笔于不思不勉之际，颇悟先哲隽思，点划美奂，岂是徒然？而当其画毕，案上笔洗清水依然，苦禅艺术之美不唯结果，亦在生发之过程。至于法外之术，若矾水点苔、唾沫留迹之类皆先生所不屑。每有新作，张之素壁，弃绝尘嚣，心远地偏。画中兰竹芙蕖，游鳞飞羽，意态逍遥，正庄子“天地有大美而不言”耳。

以“一味霸悍”为宗旨的潘翁，与苦禅先生用笔大异其趣。潘翁重迹，苦老重心，儒庄之判，于此益显。苦老之画，笔墨与物象、物象与心灵融而为一，此正所谓眼不见绢素手不知笔墨，于是绝无刻画痕迹。昔傅青主之宁丑毋媚、宁霸毋俗、宁支离毋安排，此论是也。丑、霸、支离，垢病之轻者，若在肌肤；而媚、俗、安排，则垢病之深重者，若在膏肓。两坏相较，取其轻耳。潘翁岂取轻病而害己耶？非也。潘翁用笔劲挺坚硬，幽深崎拔，自有刚烈面貌，固非一“霸”字可贬者，时俗肤浅，或以诮之，而潘翁一意孤行，直以“一味霸悍”为楚人之盾矣。

潘翁用笔与其造型、构图所谓“造险”相关，正如其自述“书家每以险绝为奇，画家亦以险绝为奇”。此实非苦禅师所求者，苦禅先生则以平正为宗，而此平正，亦有大奇在焉，即“奇正虽反，必兼解以俱通”（《文心雕龙》语）。画家诸乐三谓潘天寿先生作画“思考多于涂抹”，理智先行必使中国大写意画最重要的朦胧混沌状态失去。其实天地大美所在，视之无形，听之无声，不凭画家构造，那是自在之物，过分的清醒对科学家十分重要，对于大写意画家无疑是一种挂碍、一种对自然之道体悟之屏障。潘翁以“造”为圭臬，则易沦为“安排”，其去矫不远矣。而苦禅不重迹求而重心悟，因之挥洒之际，胸无挂碍，宠辱两忘得其神全，庄子论醉汉，苦禅是其类也，这种混沌状态必近乎真。

我每将苦禅之艺比为泰岳，而潘翁之艺比为华岳，泰岳之崇，为五岳之尊，虽经十八盘之幽曲，终见南天门之雄阔、光明顶之恢宏。华山天下称雄，以其奇险也，则有百尺峡之陡削，千尺幢之险僻，更有苍龙岭之飙风。人之所爱，万殊千别，其间尺短寸长，亦各有评说，而艺术极致当不以露才扬己为高度，中国先哲重“感物吟志、莫非自然”，而艺文当“为情者要约而写真”，宁执正以驭奇，而切勿逐奇而失正，画家举笔，宜其从之。

余爱苦禅，余重天寿，此中性相近、习相远，固非一言可尽。而论艺则必须持平，亦不避师生之情，其所赞赏猁剖，咸依本来面目，为文之德，能不慎欤？

# 天经百劫云归淡
## ——蒋兆和先生艺术谈

中国画向何处去，在古代历史上本是属于文化生态平衡自然生发的问题，及至近代却成了一个众说纷纭、悬惑不解的疑难。然而“变”则似乎已成大潮。其实中国画一直在变，张彦远《历代名画记》、王世贞《艺苑卮言》述焉甚详，而今之论家慕道沉痛，把所有问题弄得庄严起来了。如何变则可以康有为之“维新说”、徐悲鸿之“扬弃说”、江丰之“改造说”为代表，某画人之“杂交说”则语涉猥亵，本文置而不论。前三说大体为西学东渐后中为体洋为用之演化。在此时节，中西绘画观念与技法有相得益彰处,亦有龃龉撞击处。孰去孰从，迄无定论。中国人物画在此变化潮流中呈奇伟瑰丽之景象，而徐悲鸿、蒋兆和则应视为中国人物画走向现代之大旗,在此麾下骏骥腾骧,构成了一部现代中国人物画史。

听已故吾师刘凌沧先生讲，原中央美院和华东分院（中国美院之前身）院长江丰先生提倡彩墨画，而以水墨画为保守落后，故中央美院与华东分院之中国画系1957年前皆称彩墨画系。江丰，真诚人也，其所以执左而沦右者，以信念使然，故有可爱处。曾闻苏联溃散前

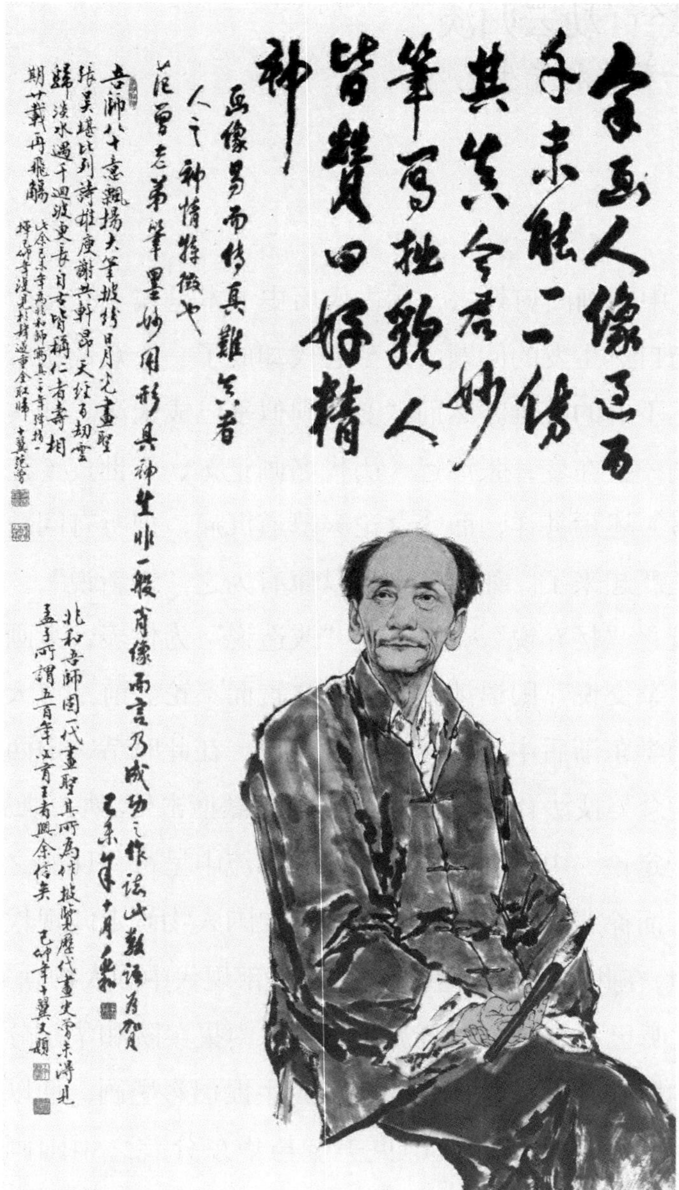

蒋兆和先生造像

有标榜现代派之画展于莫斯科某花园陈列，曾被警士马队冲散，因为这种画展在勃列日涅夫时代被视为离经背道之资产阶级反动思潮。笔者并不赞成现代派，却以为必踩于蹄下，不免多事。而彼时江丰大呼“冲得好”，世皆以为非，彼独以为是，此亦江丰率真可爱处。江丰之思维，一往如注，义无反顾，曾见雕刻家钱绍武为江丰以花岗岩造一像，极神似，窃以为形式与内容、使用材料与表现本质浑然一体。能达如此境界，可称无上妙品。而彼时中国画系群教授对江丰改造中国画之强硬做法敢怒而不敢言。不唯如此，据黄均先生讲，每星期集中国画系老师进修素描人物画写生，平日拿起毛笔勾描工笔人物或作山水花鸟轻车熟路者，此时则作不得笔主，正所谓欲咬刺猬不知从何处下口，大家相视而愣，方踌躇蹀躞际，翩翩然蒋兆和先生至，此时画室已无空位，亦无多余画架，只见蒋公展高丽纸于地上，弯腰执毛笔杆上端，意拂袖飘、风卷云舒，不移时，画上模特儿已悄焉动容矣，稍待片刻则神情毕肖，毛发欲动。画完题“兆和”二字悬诸素壁，众教授咨嗟击节，鼓掌以示钦敬。此情此景，可称画史奇观，与顾恺之当众画佛光无异。或有人以为兆和先生以似为工，真可谓聋瞽之论。先生作画测之以目，判之以心，使之以气，动之以笔，岂止乎长短肥瘦，岂止乎喜怒哀乐，运思挥毫，直抵灵府而勾魂摄魄，其所把握感觉，兔起鹘落、稍纵即逝，曾不能以一瞬，而笔墨之从心所欲不逾矩，古今中国人物画家恐无第二人。

苏东坡曾赞吴道子人物画“如灯取影”，“得自然之数”。初不理解，及至为兆和先生门徒，有机会亲睹其挥写，始信苏子所言不虚。一日兆和先生示范为于润同学画像，于润性内敛而执拗、质直而宽厚，兆和先生自左眼瞳孔画起，然后眼黑，然后上下眼睑。唯此只眼，妙入神髓，围观诸生，已皆惊叹。左眼毕而右眼，右眼毕而眼轮匝肌，而眉骨、而鼻翼、鼻唇沟，此时全室寂然无声，唯闻蒋公毛笔皴擦悉悉作春蚕食叶声。至口角出，上下唇随之，而耳之位正在颧骨、下颌骨及颞骨之间，天衣无缝，不失毫厘。此时面部五岳突出，塬圹顿展，显隐之间，骨相在焉。最后一笔为侧面轮廓，实中见虚，委婉尽意。画毕先生搁笔，室中一片唏嘘赞赏，众称“比于润更于润”。彼时我等皆少不更事，纷纷求先生画像，先生亦不固拒，淡然而笑。儒雅谦和如先生，至今犹时时忆及，其步履徐缓沉稳，不苟言谈，凡所到处，清风相随，真宋代伯可所谓“有蓬莱道山之丰俊，故其发为豪墨，意象萧爽”。先生性格之平和与用笔气格之豪纵雄强，适成鲜明对比。东坡赞吴生“始知真放本细微”，此直可为天下笔欲豪宕而实猥琐，意欲高峻而实卑下者鉴。此种由点及面之画法，必有全局在胸，“自然之数”在三维空间有丰富微妙之变化，譬如眼角、口角、鼻翼之附于浑圆形体,因画者视角之高低,其间透视幻化万状,非可一言以尽，唯虔而学者可渐有所悟。

先生写生亦有反是而自大处放笔及于局部者。有一次画人体模特儿，先生悬笔直取，头部从略，自胸锁乳突肌画至锁骨，胸腔、腹腔部位既定即画膝盖部位。画人体外轮廓，最见中西大画家艺道之深浅。唯见兆和先生笔锋破竹而下，部位之精确无误，令观者失色。先生爱用倪云林、王蒙写山石皴法突现肌肉，寥寥数下，虽西方炭笔素描千笔万笔所不及。现代国画人物，我以为有三位大师切不可忘，即徐悲鸿、蒋兆和、李斛，而其中蒋兆和先生对中国人物画教学法之系统树建，功劳最著。惺惺惜惺惺，李斛先生对兆和先生执弟子礼。有一次李斛先生与我谈蒋兆和人物，备极称颂，嘱我等痛下苦功，以传薪火。然则李斛师作古十余年矣，言犹在耳，今双鬓渐染，唯觉愧惑耳。

兆和先生写生技法之惊绝已如上述，而其人物画所达之至高水平，则应视为中国文化领域无双国宝。纵览世界美术史,刻画人类内心世界实为中西大师所共逐者，达·芬奇之蒙娜丽莎可令人羡，伦勃朗之自画像可令人泣，列宾之莫索尔斯基可令人叹，屈指可数，仅此三五人耳。至若委托斯贵支，虽完美无懈可击，然所画人物，尚属皮观；盎格尔虽典丽无与伦比，实非骨相，其他如菲逊之素描，大师手笔无疑，然过分陶醉于技法之娴熟，俗固难辞。而我兆和师则如何，其使人心旌动摇、黯然情生之杰构，何暇百计。《流民图》一画数十百人于深重灾难中之呻吟、喘息、悲叹、呼号，虽五十年过去，展卷重睹，犹令人喟然而叹，感极而悲。为现实众生传神写照有此规模、有此深度者，中外美术史未之见。东洋赤松俊子之《原子弹暴行图》、西洋毕加索之《格尼卡》亦有煽情震动之力而耐人寻味，虽百看不厌，窃以为距《流民图》尚遥。中外大艺术家作品之感人处不仅在“煽情”，而要在“移情”。《原子弹暴行图》中裸呈胴体之受害者，情状略相雷同，可一一述其身世遭逢乎？而《流民图》则谱写众生列传，各有阅历、出身，各有不同际遇，却整体性沦入同一时代大悲剧中，有一人略似乎？于此，俄罗斯列宾之《伏尔加纤夫》及苏里柯夫《枪兵临刑早晨》与《流民图》近似，类皆个性鲜明、发人深思之千古杰作。谈兆和师不纵横比列，是目下专司评论者疏忽处，而倘文字又粗浅，不知所云，则距本相所去益远。

煽情与移情，皆艺术家所可取，不当轻废其一。而煽情之作或能震动一时，移情之作则可根植于心。煽情者重气势，弓张弩发；而移情者重内蕴，泉注水沁。煽情之作霍然夺目，移情者默化心许，此中视觉与心灵之相互作用殊不相类。《图画见闻志》载阎立本至荆州，观张僧繇旧迹，曰“定得虚名”。明日又往，曰“犹是近代佳手”。明日往，曰“名下无虚士”。坐卧观之，留宿其下，十余日不能去。我欲在先师之《流民图》下坐卧观之，留宿百日不欲去。而不愿于《格尼卡》前留步，更不欲坐卧。如此褒蒋公而贬毕氏，或云偏见，吾亦不欲强辩其甲乙优劣,唯艺术好恶不能离开偏私之爱，或换言之：“爱即偏见。”

看先师之作，初不惊人，细观之便不能去，再观之则博大之象、恢宏之趣于人物情态眉宇间显现。兆和先生之画朴质于外，深秀其内，决不殚精竭虑于争光鬻采，刘勰所谓“深文隐蔚”，兆和先生有之矣。

先生三十年代精力弥满，永垂青史之作不下数十百幅，其中如《朱门酒肉臭》画被社会所遗弃之孤儿，冻馁垂死而无人问津，先生泼墨濡染必含孤愤之泪。《小子卖苦茶》画于贫困中搏击挣扎之坚毅少年，眉宇间有百折不屈之神采，穷且益坚。《卖儿图》画贫苦妇人之悲怆无奈，紧掐爱子之手，慈母余温，刹那将逝，生子如雏凤，荒年则如何？小子泪盈盈而欲下，死别已吞声，生别常恻恻，茫茫人海，此去永别矣。《一篮春色卖遍人间》写一贫家卖花女，容貌端秀而青春早逝，于人生凄风苦雨中，亦若早凋之鲜花，凄楚动人。《卖小吃的老人》或于霜寒之晨，或于嘈杂之肆，图果腹而不得，其期盼之情于昏花老眼中化为绝望,墨色沉重,托怀悲凉。兆和先生艺术之伟大，在其覃思骏发，运斤成风，于不经意处洒笔而成悲歌，和墨以藉怨诉，催人泪下，激人愤慨，这其中不唯有先生一往情深，亦足见先生造型能力之非凡。

先生巨作《流民图》在日本侵华沦陷区的北平展出只一天而遭禁，复又遭日寇没收于上海。解放后于日军旧仓库中发现此画已霉损殆半，人世沧桑，艺亦在劫。辗转运到北京，先生复见抚卷怆然语哽。此幅巨作已由师母萧琼先生捐献中国美术馆，我以为倾一馆之所藏，其价值未有及此伟构鸿篇者，深宜恒温恒湿，永葆厥美。元代黄子久之《富春山居》一半毁于火，而吾师《流民图》则一半毁于兵。有好事者临摹所毁之半，欲使《流民图》完璧，其愿可悯而其技不逮，直如为维纳斯重塑断臂矣。我曾见此半幅摹品，智枯灵凋，殊不知先生作《流民图》时意气风发，怀抱炜烨，故尔气伟而采奇，而其感发高翔，落笔成章，烟霭天成，不劳装点。岂能与幻灯投射，依像描摹同年而语哉！不知其淡之所以淡，何知其浓之所以浓，正所谓寿陵匍匐，非复邯郸之步，里丑捧心，不关西施之颦矣。

先生人物肖像画之大师也，锐思敏悟，洞幽贯冥，宇宙幻变、人间殊相于吾师殆无隐象、无遁迹，故于画上细节最是精彩。传五代蜀主命黄荃改吴道子所画《钟馗捉鬼图》，欲以拇指掐鬼，黄荃谓：“吴道子所画钟馗一身之力，气色眼神俱在第二指，不在拇指，以故不敢辄改也。”足见人物画一指之变牵动全身，兆和先生于此可谓伯仲之间见道子。昔先师画曹雪芹像，疏发萧髯、目光澹泊，真繁华过尽、燕市歌哭之文学天才也。唯见曹雪芹左手微抬、食指略翘而中指轻点，文思回荡诗句斟酌全在此中。画史传唐王维见《按乐图》曰：“此霓裳第三叠第一拍也”，此大有故弄玄虚之意，苟绘画竟成音乐之图解，真爬行之写实主义矣。兆和先生所画曹雪芹手指，固不知其酝酿某章句，而细节与整体精神之把握，可谓滴水以知沧海性。人物画倘无此等绝妙处，则其感人亦必有限。

先生课徒非止乎技，进至于学，追归于道，其间时时述及谢赫六法、顾恺之论画，他如对蒋骥《传神秘要》、沈宗骞《芥舟学画编》皆甚推重。先生固重物象结构，重骨法用笔而旨在气韵风神；先生固重惟妙惟肖，纤毫不爽，而所求身外之身。先生曾引沈宗骞之文：“今有一人焉，前肥而后瘦，前白而后苍，前无须而后多髯，乍见之或不能相识，即而视之，必恍然曰，此即某某也，盖形虽变而神不变也。故形或小失，犹之可也，若神有少乖，则竟非其人矣！”先生亦曾为我画一像，四十年过去，画上少年已颓然一翁矣，而凡看此画者必拊掌大笑曰：“此狂生范，此狂生范！”人虽老而性未变，性未变则神犹昨。世皆奢谈传神，而真正传神巨擘大匠，近世唯吾师兆和一人。余自少及壮，荫于先生大木，于

蒋兆和先生绘范曾先生

传神写照，略得仿佛，然自视距先生不啻万里之遥，此无他，先生风格之形成有大时代之背景，苟不求自立，依样葫芦，则断无创造。余决定大变，自先生锤炼基础上磨砺，35 岁后遂自辟蹊径，不复尾追前贤。“天才意味着创造，无创造即无天才”（摘于自撰艺论），此足以励己，亦足以勉人。

国中有自称新文人画派者，成群结帮，相与鼓吹标榜，以写实主义为仇寇，笔伐口诛，气焰腾霄，然观其画以脏乱丑怪为尚，溷浊之气弥漫于艺术圣殿，何异佛头着秽。既称文人矣，抑或有希腊之犬儒派、中国之徐文长在，细觅之则大失所望。“文人”云者徒具空帽，腹中无文即为“新文人”，问小学尔雅为何物？问国学经典读何书？问诗词格律之变化，问古今画史之演变一无所知，然野鼠城狐渐为熊罴，声势坐大，遂成气候。此中无论评家、画家皆有所向无空阔之雄图大略，以为古往今来一无成就，重新起跑之线即在足下，以反传统为大旗，以骂先贤为快意，艺德之沦丧，至此极矣。

先姑祖父陈师曾论文人画必具文人之学养文人之识见，则吾师兆和先生是其人焉。先生生于四川泸州小市书香望族，尊翁茂江先生博雅儒生，故先生文采渊源有自。昔读先生画集自序文谓：“知我者不多，爱我之画者尤少，唯我所同情者乃街旁之饿殍。”寥寥数语，直追陪于庾谢韩柳之间，其中博大悲怀有非可形诸语言者。

此种为文功力非文人而可梦见乎？而先生作画用笔气质高华，无一笔可飨俗眼，其所写杜工部，白发萧疏浑不胜簪，浊酒新停意欲何为？而衣纹数笔排奡纵横，此所谓真者不伪、精者不杂、诚者不矫也。兆和先生之用笔，集中国文人画花鸟山水精粹，融而汇之，是则称蒋兆和先生为现代文人画之代表当无不可。兆和先生非有意为文人而遂以成文人也，若有意为文人，则其所为作与矫强何以异，此宜为“新文人画”诸公深思。

我以 19 岁忝列先生门墙，20 岁入蒋兆和工作室，叨陪鲤对，朝夕相处，一日为师，终身为父，此中深情永志难忘。1985 年先生八十寿，只邀三两人于家中，薄酒一杯以贺永年，我曾即席有诗为颂为祷：“吾师八十意飘然，大笔披纷日月光。画圣张吴堪比列，诗雄庾谢共轩昂。天经百劫云归淡，水遇千回波更长。自古皆称仁者寿，相期廿载再飞觞。”不期两载后先生鹤归道山。先生生前不爱喧哗，君子群而不党，遗嘱不开追悼会，我见砚中剩墨未干，泪眼仰视先生遗像，清癯高雅依旧，目莹莹而犹动，口嚅嚅而欲言，中心惨怆怛悼，直欲赴荒原大野悲呼魂兮归来。

我诚恳敬告后之来者，先生之艺伟然自在，不待华饰，曾见某出版社所印先生两大本全集，编者眼钝，所选非精。郑板桥对编全集者深恶痛绝，谓倘死后有好事者广罗散帙集而寿诸梨枣，彼欲化厉鬼啖其首，全集之可厌如此。

而此全集编者殊不自量为著序文，简陋之说不忍卒读。宋邓椿有云：“其为人也多文，虽有不晓画者寡矣，其为人也无文，虽有晓画者寡矣。”我亦恳请此无文者珍重下笔，不复于文苑作苎萝东村之女。

先生弥留之际，静卧于协和医院，神志异常清醒，然而体力已十分微弱，口喃喃而有音，知先生有以告我。萧琼先生在床边劝先生休息，然而先生说：“如果我再也讲不出了怎么办？”先生一世从不臧否人物，博大胸怀，澡雪无垢，且也先生性格内敛，清虚无欲，何而今有必欲一吐为快者或必申述以安魂者，我附耳静听，先生所言有二，其一希望我以于艺术、国学之坚实基础上矢志不移于中国人物画走向现代之伟业；其二论及悲鸿先生殁后艺坛状况，其间述及画坛大老者数，先生鞭辟甚烈，此先生所急切欲诉者，言讫，先生已静眠，气息更微，我亦退出，不期此次晤谈竟成永诀。而以先生之性格，恐此已深藏数十年而未尝表露，是先生欲告我一人，或告我之后复布于世，先生未及详述，今已成永恒悬案矣。既如此，则先生遗言惟存心中。彼苍天苟加我数十年，亦欲以此告诸我最佳弟子。恩师年富时已授我以艺，衰年又厚爱有加，临终之言当永志于怀，而美术史真相终有大白于天下之日，爱因斯坦有给五百年后青年一信藏诸名山，兆和先生之语则可称传之其人矣，吾窃不逊，谨书于此。

# 魂魄犹在江山图

## ——可染恩师百年诞辰祭

在李可染先生诞辰百年之际，我们回顾一个世纪以来艺术的长河，真可谓千帆竞发。而于中国山水画史上，有两艘锦缆宝筏——李可染和傅抱石，已然被公认为黄宾虹以后不争的伟大存在。而且他们风格奇特，不可端倪，中国现代山水画史没有这两位大师，将会是黯然的。“信宿渔人还泛泛”的小舟再多也无济于事。于是在千帆过尽之后，我们总会仰望那峨然而在的庞然大物，今天我先放下傅抱石，谈我的恩师李可染。

可染先生的出现，有他的历史背景，当一个时代的艺术整体奔向浑浑噩噩的时候，需要圣洁的艺术；而艺术风貌整体堕入轻佻时，需要凝重的艺术，这正是李可染适时而生的缘由。

首先画家本人有庄严法相，内心有广大慈悲，而由于淡泊，可染为人充盈着端庄，心境是撄宁的。而且由于本能的拒绝鄙俗，可染以无待的心境在喧嚣的世态中独立而不倚，自强而不息。

当可染先生朝斯夕斯、胸无旁骛地沉浸于自己宁寂而庄严的心灵王国的时候，他趋近的美便与教养合而为

李可染先生与范曾先生合影

一。他的作品陶冶了整整一代人，还将千秋万代地陶冶下去。艺术的助人论、成教化，不是如演说家那样带有着直接的目的性。它在潜移默化之中，使人们心悦诚服，趋向社会的崇高，可染先生的艺术正是如此更内在地激励着人们的心灵。

康德永远在艺术上坚持一种观念，即诗艺是至高无上的，而绘画之所以高于音乐，是由于绘画具有诗艺的深入理念的境域。正是在此意义上，我们把李可染先生的作品视为无声之《离骚》。

康德以为绘画的审美是持存性的，而音乐则是短暂性的。在此，康德不免将不可比性的事物置于一处而分其轩轾。然其妙处在于康德申述了绘画于教养上的持存性，人们日积月累的有所感动。而音乐却不能如此，广大群众不会为了提高教养去背贝多芬和巴赫的乐谱，在听演奏时的激动也跟音乐会的结束随风而逝，绕梁三月，不绝于耳者，言剩余的感动也。而可染先生的画却不同，它伟然而在，使你百看不厌，从而深受教益。

可染先生对大自然潜在密码的破译，直接与他的道德向善的趋向不谋而合，而于此时，李可染的艺术与道德合而为一。当李可染先生叹赏大自然，如此深沉地倾注自己对祖国大地山河的刻骨铭心的热爱时，他显然站在了民族文化捍卫者的前列。

对自然漠不关心的艺术家，很可能制造一种骗局，咒骂着中国画的笔墨，套袭着“中西合璧”的异装，自以为走向了现代。当艺术家自身粗俗与鄙陋的时候，他的艺术不可能是精美的。艺术需要精美，那是感情上的精微。在此，可染先生的一条自天而降的细若琴弦的瀑布，正向我们展示着这大自然的妙籁，瀑布上善若水，流向百谷，而我们的感情却升腾到一个不可测量的高天。

先外祖缪篆先生在他的《老子古微》一著中论及《道德经》中的“大”字，它与“道”同义而异名，“一”是天，而与负阴抱阳的“人”字合为“大”的时候，就是意味着哲学上的天人合一。

而在康德那里，他有着与中国古哲不谋而合的高论，康德说“我们把绝对的大的东西称为崇高”，那么就此我们可以认为李可染先生与傅抱石先生的艺术是绝对的、大的东西。当我们把美称为“大”的时候，总与天地相连接，而将美称为“小”的时候则往往与俯拾即是的审美愉悦（有限的）相关连。可染的画“大”而一般山水画家的画“小”。所有沾沾自喜的以为在描画着大山大水的人们，相比于可染和抱石，都不过在精心刻画着王屋山下的魁父之丘。

可染先生有一种表达超越感观尺度的能力，这就是他内心所具有的崇高感使然的能力，他对大地山河仰之弥高，而这种情怀的恃守，表现为他“大”的艺术。

可染是一位深具艺术理念的大师，然而当这种理念进入可染的审美时，大地山河与精神是那样的天然合拍，那样的不假说教，使人觉得他的理念和审美，在山川林壑，飞瀑流泉中不期而遇，那是最融洽、自然的流露。宛若语言的表达，与表达的意义，都有相关的音调，这就是艺术家所独有的风格。或沉雄博大，或清新俊逸，或伟岸巍峨，或萧疏苍润，悲壮的、奇险的、清凄的……只要是与崇高相连，他们都是美的，虽情态万殊，而其艺术已如自然——大宗师一样"来吾导夫先路"，艺术家，伟大的艺术家，都应该，也必然如此。

可染先生生活于一个风云板荡的时代，他当然有关心祖国和民族命运的、服务于时代的直接的一面，如抗日烽烟中他的作品体现了一位卓越艺术家的爱国良知。然而可染先生也同样有着纯心灵、表达一己情怀的一面，这时的可染先生的画，是心灵与广宇的邂逅，当审美与自然融而为一的时候，他的精神升腾到一个清明而纯净的、不染凡尘的境界，对于一个山水画家是何等难得。

凭着我半纪从艺的直觉，第一感觉便可辨明那些孜孜于功利的山水画家的作品：浮、躁、轻、滑、媚等等，这都是艺术肌体必须清除的附骨之疽。

山水画家的本分是趋近天地之大美，江山如画，言过其实；画如江山，则符合柏拉图之摹品说。然而这模仿二字有分教，天才之模仿和笨伯之模仿，相去正不可以道里计。我们对艺术过分自信，于是"更集中""更典型"云云，都似可商榷，再伟大的天才，也只是自然之子，而不可能是上帝。当然，我们能做到不是自然之孙，已经是件不简单的事了。在这里我们不免想起爱因斯坦，人们无疑地知道他是二十世纪人类最智慧的天才，他也由衷地、谦逊地讲，“对于宇宙最微末的部分，我们也只是跟随而已”。

可染先生当然是不世的天才，他的“生而知之”透露在他异乎常人的语言方式。这是一种只可有一，不可有二的语言方式，一种极具个性化的符号，它的存在表现了先生俯仰天地，浩然长叹的襟怀，这不是每一个苦学者所可达致的。“生而知之”，我们可以在未来找到科学的答案，而这种天才的存在则是毋庸置疑的，因为这只属于为数极少的人物。当然可染先生知道自己有“生而知之”的本能，但凭着他更深邃的智慧，认识到它的不可靠，或者他甚至看到一些恃一曲之才而毁掉自己艺术的聪明人，当昙花一现的时节过去之后，留下的是残枝败叶。

可染先生告诉我，他年轻时作画极快，有一次到一位朋友家，朋友泥可染作画，可染不允。忽焉一阵敲门声，远客来归，主人越过天井开门、寒暄，回到画室时，可染却已画毕，主人大赞叹，以为神来之笔，先生亦颇自喜。先生说完这段故事后，告诉我，多年之后，他才警然有悟，必须力矫这样的用笔。先生还告诉我，他少年时有一位极富才华的朋友，写给他的信，毛笔字的稚拙天真、浑厚朴雅，使他有一次不可言喻的内心的感动，这感动是如此的刻骨铭心，竟至谈到此事时，先生的表情显得那样的庄肃和神往。

一个伟大的艺术家一生之中总会不期而至地遇到这样突兀的心灵感悟，仅这一次，足以改变艺术家一生的道路。在此，我断非故作惊人之语，研究艺术家的心灵历程，那些遽然蜕变和瞬间重生，有时来得迅猛近乎禅家的顿悟。

又是很多年过去，我已声名鹊起，送给可染先生一本出版的大画册，先生当时很高兴。事过不久，在一次展览会上见到先生，谈几句话后分手，先生又忽然转过身喊住我说："你以后用笔是不是可以再慢一点。"我知道了先生所说的"慢"非只指时间，更重要的是用笔的品质。他一直希望于学生的是金刚杵、是力透纸背、是虽细如发丝却全身力到、是屋漏痕、是印印泥、是百炼钢成绕指柔，这些画线条的审美原则，来自天地大美的铁律，天地万物众生的生命状态、生发状态、存在状态，都在冥冥中给历代的大书画家以无言的启示。兹后，我并没有在速度上求慢，我更注重的是这"慢"字背后对我的线条上的某些垢病的批评，也许今天我的线条依然是快的，这并不妨碍我的线条几十年来所蓄积的力量和沉稳。顺便提一件年轻时的事，一次画人物写生，我的用笔迅捷，形象准确，蒋兆和先生缓步来到我的画板前，用平和的声调问我："你是不是很满意自己的画？"我显出了些支吾其辞的窘态。先生提起毛笔，在我的画纸空白处对着模特儿画出了一双晶莹的眼睛，那神采一出，我立刻感到无上的敬畏和欣喜，大师用笔缓而有度，徐不滞钝，和可染先生的教诲异曲同工。反顾几十年后我的画作，每遇精微处，便会想起兆和先生和可染先生的话，而凭着我的悟性，自信不负先贤的殷望。

可染先生好学而敏求，这是他"苦学派"的唯一解释，苦学者不意味着枯涩无味的下笨功夫，我曾有幸上可染先生的书法课，他不强求碑帖的选择，但是他喜欢岳麓山碑、张迁碑、张猛龙碑、爨宝子、爨龙颜、石门颂、石门铭。我选了一本礼器碑，他说要平心静气地读碑，知其间架，重其用笔，悟其风神，能于此三者有所悟，则去书道不远矣。书法课上，可染先生不喜欢一挥而就式的所谓笔动心不动的、麻木不仁的写字习气，他希望能作到"屋漏痕"，而且讲到怀素与颜真卿两人之间对书道峻极境界的论讨。颜真卿问怀素，汝师邬彤的书法如何？怀素说如折钗股，颜说，折钗股何如你的屋漏痕，两人相与大笑，是怀素青出于蓝矣。可染说用笔之际虽所向空无一物，然则胸中应觉艨艟之遇浪遏，冲波逆折而前，当此之时，笔锋必有生涩出焉，必有稚拙出焉。有生涩稚拙矣，然后再求大巧，则大巧即在其中。而不似水注玻璃，一顺而下，可惜无痕费精神，画了半天，没有留下足观的一笔，这颇似目下的画家某，不见其用笔，唯见春蚓之绕草，秋蛇之绾树，杂以五彩纷陈的乱点，谓为中西绘画之交融于斯集大成，不亦尘秽视听而轻当世之士乎？

可染先生是大画家，所以他的书法课正好安排在他的山水画课之前，我们深知此中所包含的深旨大义。可染先生在书法上所信守者无疑是包世臣、康有为的碑学睿识。而据先生说，碑刻由于千百年的风雨袭蚀和兵燹磨砺，线条脱却了初刻时的锐利痕迹，书道所重的无起止之迹于此可问消息。这使我想起苦禅先生所不断提起的老子“善行无辙迹”的奥义。李可染和李苦禅先生用笔都不快。而其生涩高古可称同臻极境。

可染先生于书法所下功夫可谓焚膏继晷，30多岁时的风华婉转至50岁后一扫而空，石破天惊，创旷古无双之结体用笔，无丝毫泥古、媚俗、求奇、矫饰、市井、乡愿……，一切的书画艺术可恶的痕迹与可染先生的书法格格不入，只觉铮铮其骨、磔磔其态，近之则畏，远之则敬。那是雕、是刻、是琢、是磨、是金、是铁，这种感受是灵魂的震撼。有一次可染先生笑谈：“邹佩珠批评我的结体不够美”，邹先生反唇相讥：“你写得好是不用说了，一点意见都不能提么？”我说：“求全之毁，邹先生是在欣赏你的‘不美’，老子说‘天下皆知美之为美，斯恶已’。”可染先生的字我行我素，决不苟合取容，是颇见他笔下之牛“时亦强犟”的性格的。

有一次说到线，可染先生联想起京剧，他说一个卓越的京剧演员会将每一个字送到听众的耳中，其原因很多，但其中一点是他会把中国字的声母和韵母前后慢慢吐出，如“和”一定是“h 赫——e 哦”，名角能控制声调的每一丝变化，这和用笔是一个道理，我恍然大悟，这不正是声音上的“屋漏痕”吗？我又想起每逢新年联欢，李可染可能会拉一下二胡，那真是铿锵老辣苍凉哀惋的高度统一，这其中固有先生青年时代国家山河破碎的难伸孤愤，也有先生倔强不拔的满怀壮志。那琴弦被先生控制得丝丝入扣，声声入耳，那真正是声音上的“屋漏痕”了。

先生的“学而知之”的部分，当然还包含了他对素描的积年锤炼，对光影的敏锐认识，在此先置而不论。

先生称自己是“困而知之”，人们不要以为可染先生当真的为自己才情不逮而困守干城。他的智慧，绝非一般人可梦见，于是我们不能按《中庸》篇注论“困而知之”是“钝者勉为”的解释。可染先生的“困”是他推动中国画史这座沉重的列车所需的移山心力，他要弘扬的是中华文化所素有的伟岸与高华，他极端鄙弃浮光掠影的、油腔滑调的、市侩的艺术，这神圣的自尊支撑着他博大的灵魂，打进去，致勇也；打出来，夺魂也。这其中数十年苦心孤诣，念兹在兹，朝斯夕斯，诚如白石先生所赠可染先生的“不分日日夜夜，哪怕千难万难”，也如可染先生题赐于我的“七十二难，玄奘西天取经不畏七十二难，今以此四字书赠范曾同学”。言犹在耳，忠岂忘心，我们一代代都抱着跣足苦行的宏愿，在艺术征途上踽踽而前，“困”者，“难”也。

至此，我们可得如下之结论：生而知之，先生所固有，且脱俗超常，未可比量；学而知之，先生所恃守，虹吸鲸饮，岂能轻忽；困而知之，先生之抱负，博大雄奇，空视古今，此中包含着谦逊和伟大，泰戈尔有言：“当一个人大为谦卑的时候，就是他接近伟大的时候。”

或云，李可染先生之才气逊于傅抱石先生，而傅抱石先生不逮李可染先生之功力，此论初看有理，慎思之、明辨之则知道这纯属皮相之判。李可染与傅抱石都具备着顶尖的才气，也具备着顶尖的功力，如苏东坡之评米芾，都是“天下第一等人”。而自黄宾虹之后，山水画坛达此境界者，大江南北仅此二人而已，不唯不须分其轩轾，甚至我可以断言，尚没有人有资格于此两大老前指手画脚，因为开口便错，更无论细审深刻矣。

或云李可染先生山水画是做出来的，傅抱石先生山水画是写出来的，点评之际，颇有扬“写”抑“做”的意味，此论更属浅陋。艺术看的是结果，看的不是过程，如种豆种瓜看的是豆与瓜，而不是栽苗插秧时的动作。亦有画界之票友、影坛之巨匠某公，每提笔必作语不惊人死不休状，猛然出击，戛然煞尾，状如疾电惊雷，然则张之素壁则败笔满纸，不可或观。故而，过程并不重要。可染先生曾告诉我，齐白石先生作画往往左右上下尺矩量之，然后稳重下笔，看似笨拙，而悬观之，万千气象在焉。可染先生说，画家的作品挂在齐白石的旁边是很吃亏的，有时觉得如幻似影，用笔力度差得太远。黄宾虹先生作画则不甚讲究，小盅宿墨，坐而提笔，然用笔如春蚕之食叶，沙沙有声，近观之混沌一片，远视之则山川林壑宛在，叠笔而不赘，积墨而不垢，厚重中有清华之气，混沌中隐隐然放出光明。正所谓邺水朱华，睢园绿竹尽在腕底。层次的丰赡，空绝古今，登其峰而造其极。可染先生称其三百年来一人而已，这其中包括了石涛、石谿、奚冈、龚贤诸人，群峰立而巨岳出，登蒙山而小齐鲁、登泰山而小天下，在可染先生心目之中，齐、黄就是两座难以逾越的大山，然而可染先生神圣之自尊在于学之不必似之，黄宾虹的丰厚、齐白石的劲拔，都震动着可染的心灵，然而他认为这是必过的桥梁，在巨人肩上的跨越是牛顿的抱负，同样也是可染的抱负。

齐白石的画除用笔的老辣、历练而外，重要的是那种天趣，人物画谈不上准确的解剖，然而憨态可掬，比不上可染早年的人物画，但情趣侔合。这种天趣追逐，在晚年不再作人物画时，山水画中的稚拙感，依旧是先生的梦境。我们很难说可染会丢失年轻时的风发才情，扬才露己的时节过去之后，在韬光养晦的漫长岁月中，时时提醒自己天籁之重要。可染先生与抱石先生的画，用王国维的“造境”说与“写境”说最是合适，可染所造之境与抱石所写之境的终极目标都是达到天籁之极境。只是可染先生之画如杜工部之《秋兴八首》，沉稳而静寂，中心勃郁之情，深藏于峻岭崇山。而抱石先生之画则如李白之《梦游天姥吟留别》，旷达而萧疏。“中国画是兴奋的”（傅抱石语）表现得淋漓尽致，在云丝雾影中，在愁绿浅赭中，有抱石先生跌宕不羁的情怀，那是“成功的作品往往就在瞬间”（傅抱石语）的明证。可染先生与抱石先生作画都不当众，那是静斋中的攖宁之果，不要任何人来干扰。可染先生心平气和，而抱石先生豪情激越。可染先生十日一山，五日一水，意匠惨淡经营中；抱石先生则纵横纷披、八龙蜿蜿，笔所未到气已吞。或云可染先生陷于“我执”，因困而知之，空生烦恼，这就属一偏之见了。可染先生至精极妙的作品平生不会很多，而这其中是看不出一丝“我执”之痕的。或云抱石先生亦常马失前蹄，时见荒率，这也陷入了一叶障目的评判误区，抱石先生也有为数不多的至极精妙的作品，我们同样看不到丝毫的荒率，在这些为数不多的作品中，可染先生和抱石先生都达到空所依傍、无与伦比的境地，这样的境地是五百年必有王者兴的境地。当刘易斯夺得奥运百米金牌的瞬间，他已逾越了前五百年、后五百年的跨度。进言之，你也如可染先生“我执”一番，或如抱石先生“荒率”一番，试一试才知道，毕竟是大师之“我执”与大师之“荒率”，瞻之在前，忽焉在后，那依然是仰之弥高，钻之弥坚的境域。

可染先生的用笔必须慢，但慢中之快往往是千崖万壑中的跌宕几笔；抱石先生的用笔必须快，但快中之慢，正在山水中点景之人物须眉，正在一个水口，一条溪涧。拙诗所称：“一线流泉尊法相，千山走雾到苍穹”，是我对两位大师的礼赞。

中国的山水，那是一片崇高的圣址，喜马拉雅山、长城、大海拱卫维护着它的独立而伟大的品性，中华民族的人文精神，浸透着这片土地，它孕育了中国的历史、文学、哲学。诗意的裁判来源于这大地山河的不言教诲，为祖国山河立传，不是如史汉马班之文，作山川列传，而是传达李可染先生对它整体的审美和表述。这“传”是东方的、民族的，同样可染先生通过自己不朽的笔墨所倾诉的爱恋，感动了全世界。这是可染先生的山水画不可取代的历史地位和时代精神。走向现代，可染先生已为我们做出了杰出的榜样，和那些食西方剩菜残羹的光怪陆离的艺术不同，可染先生所开启的是宏门正学，而不是旁门左道。

1957 年白石先生弥留之际曾以一盒心爱的西洋红色的印泥赠予可染先生，白石老人说：“我离大去之期或不远矣，待我去后，你作画钤印，当会有所忆及。”眷眷深情令可染先生潸然泪下，这是两代大师的衣钵相传，其中所留下的是中国士林高风，画界懿范。当然可染先生不负其恩师之厚望，在中国画史上写下了重重的一笔，这一笔中有齐白石与黄宾虹的精魂烈魄。

十九年前，当我惊悉先生仙逝的消息时，无法遏止自少年时厕身门墙、先生无限垂爱的深情怀恋，挥泪写下《自度曲·一瓣心香怀恩师》。在先生诞辰一百年的祭日，我谨以此奉于先生灵前。

## 自度曲·怀可染师

笔含千秋雪，万壑胸中储，这不是寻常邂逅，分明与恩师孤魂遇。莽天涯，人何处，问彭城归飞鸟，问江南杏花雨，问牛背牧童，问暮云春树。竭精诚，驱望舒，骐骥痴驻峨山，泪眼迷向蜀都雾。我哽咽翻作断肠语，彻悟宛似灌醍醐。仰望着大鹏，看破了驰骛。阅尽千崖竞秀色的兰亭，叹绝四万八千丈的天姥。记先生如椽的大笔，画出过悬天瀑布。真个是一泻如注，是无尽的怀思，是皓洁的情愫，是灵魂深处炼出的故国赋。

师牛堂前，万千思绪，一代宗匠，匆匆何遽。亦曾忝列门墙，师君若父。信先生心存东方既白的莲灯，身佩永夜相随的明珠。经困而知之的苦辛，轻生而知之的天赋。作贵胆要魂的艺徒，追名逐利的愚瞽。入传统深不可测的庭庑，作现代创新立异的笔主。索境界之精微，知陈言之务去。龙在海中游，鹤在云中驻。抒恢宏胸臆，觅清明去处，拓艺术王国的津渡，玉虬向心灵的天堂路。

我的悲怀弥六合，恩师已去典范树。他舍依傍，鸷鸟不群空今古；他瞻异代，春兰秋蕙芳馨吐。魂魄犹在江山图，啸傲似闻空谷足，预留下惊鬼泣神的宫商谱。浩茫向天宇，一瓣心香和泪书。

丁亥秋仲于北京

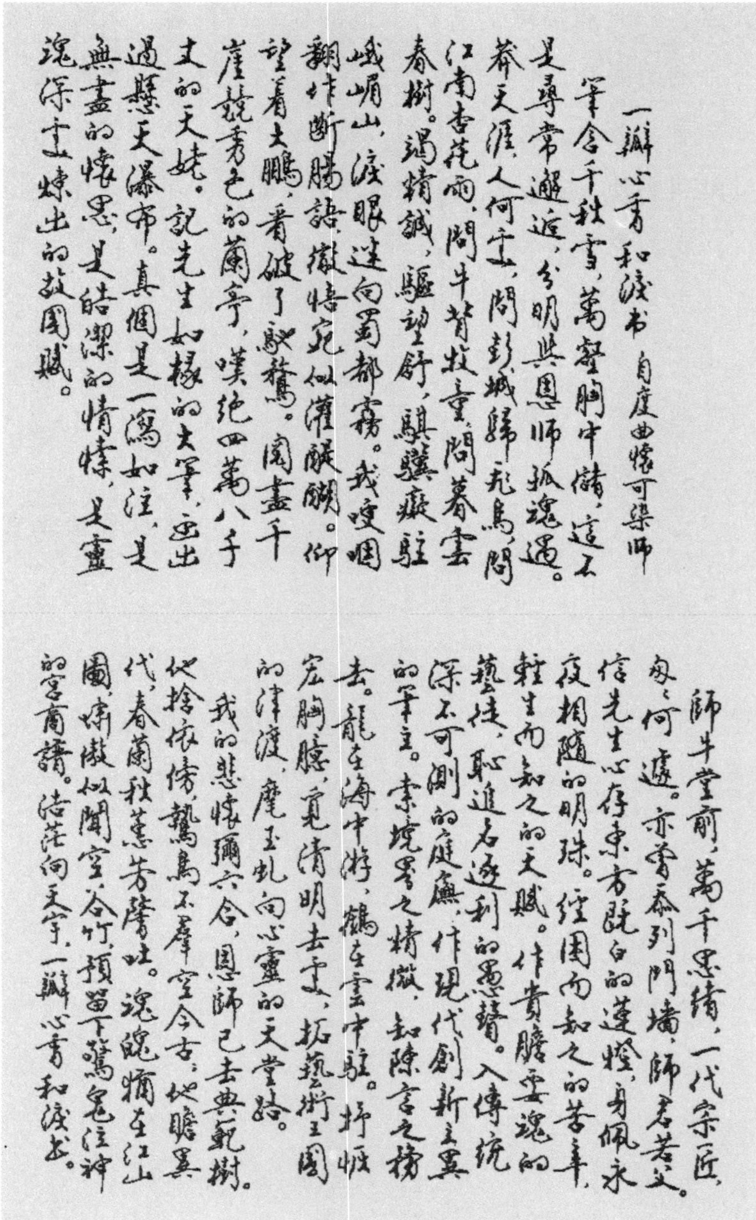

一瓣心香和淚書　自度曲懷可染師

筆含千秋雪，萬壑胸中儲，這不是尋常邂逅，分明與恩師孤魂遇。蒼天涯人何處，問彭城歸飛鳥，問江南杏花雨，問牛背牧童，問暮雲春樹。竭精誠，驅望舒，騏驥疾馳峨嵋山，淚眼迷向蜀都霧。我哽咽翻作斷腸語，徹悟宛似灌醍醐。仰望着大鵬，看破了馭鶩。閱盡千崖競秀色的蘭亭，嘆絕四萬八千丈的天姥。記先生如椽的大筆，畫出過懸天瀑布。真個是一瀉如注，是無盡的懷思，是皓潔的情愫，是靈魂深處煉出的故國賦。

師牛堂前，萬千思緒，一代宗匠，匆匆何遽。亦曾忝列門墻，師君若父。信先生心存東方既白的蓮燈，身佩永夜相隨的明珠。經困而知之的苦辛，輕生而知之的天賦。作貴賤安魂的藝使，恥追名逐利的愚瞽。入傳統深不可測的庭廡，作現代創新之冥的筆主。索境界之精微，知陳言之務去。龍在海中游，鶴在雲中駐。抒恢宏胸臆，覓清明去處，拓藝術王國的津渡，麾玉虬向心靈的天堂路。

我的悲懷彌六合，恩師已去無乾樹。他捨依傍，鷙鳥不群空今古；他聽異代，春蘭秋蕙芳馨吐。魂魄猶在江山圖，寄傲似閒雲、谷竹，預留下驚鬼泣神的空前譜。浩茫向天宇，一瓣心香和淚書。

一瓣心香和泪书

# 后现代主义艺术的没落
## ——在金融海啸中的思考

时代板荡，风云际会，文艺上即立时呈现蕙莸杂处、良莠并生的状态。明末清初有黄宗羲、王夫之、顾亭林等坚守大道之鸿儒，亦有恣肆无度之狂禅应运而生，南宋溃萎，既有朱熹、陈亮诸大理学家风云中立定精神，亦有鼓吹心性、招摇于市的轻薄儿跳腾杂沓于市，这就是历史不断重复的无情现实。

人类曾一而再地经历过颓废、厌世、消极情绪的时节，往往是巨大的相互杀戮之后，譬如一次世界大战和二次世界大战的前后，人生无常、苦海无边的心态风靡，这期间有哲学家、政治家、艺术家和无知的青年。而本是单纯如白纸的青年，一夜间会变为头发一根根竖起来、染上红黄蓝白的垮掉的一代。精神的提升，需待以漫长的年月，其间必有艰苦的奋斗过程；而精神的下滑则轻而易举，掉进万丈深渊，只需刹那。

楚国兰台公子宋玉所描述过的起于青蘋之末的雄风和起于腐余之灰的雌风，都是不知不觉之间霍然坐大的，而人类社会的风气也同样如此，加上所谓“上智”的倡导，“下愚”的盲动，便汇为了势不可挡的浪潮。社会整体的自觉不太容易，无论正面的（积极的、光明的）和反面的（消极的、黑暗的），都是上有倡之者，下必甚焉，于是我们既看到历史上天朗气清、惠风和畅的时代，也看到阴风怒号、浊浪排空的时代。在艺术界 20 世纪有一个幽灵在欧洲游荡——后现代主义的幽灵，它蛰伏着、潜行着，最后成了排山倒海之势，致使从古希腊到罗马文艺复兴时代的古典主义艺术荡然无存，而从事古典主义艺术的艺术家们食指艰辛，飘泊栖迟。

英国画家查普曼在 19 世纪 70 年代提出“后现代绘画”，以别于后期印象派，当时的艺术家不会太离谱。英国历史学家汤因比的《历史研究》于 1961 年出版，他提出的后现代，和今天的后现代艺术家大体无关。他关注的是多元世界文化的地球村，而他的警世危言则开列得清清楚楚，他不仅不是后现代主义的教主，实际上他揭示了后现代主义所由产生的背景。西方资本主义前景黯淡，危机四伏，对西方现代文明，他所发现的病灶，比当时任何一个学者都敏锐。他以为西方文明的自杀过程正加速度前进，有十个方面沉疴已久，不能自拔：1. 原子战争。2. 技术（如电脑技术的日新月异——范注）。3. 空间开发，问题则在地上。4. 极端的消费主义（如目前的次贷危机——范注）。5. 贪婪。6. 人口过剩。7. 污染。8. 混乱，已超过人类所能承受。9. 道德的裂隙：技术权利与人类伦理准则的鸿沟（如今天世界不止一两处的克隆人的探究——范注）。10. 自我中心主义（极端的个人主义、权利意志——范注）。（1972 年临终前英文版 *A Study of History*； the one –Volume Edition Illustarted, Published by Arrangement with Thames and Hudon； 转引自岛子《后现代艺术系谱》，第 48 页）

汤因比的理论被视为现代主义自杀论的滥觞。与他差不多同时，德国历史哲学家斯宾格勒《西方的没落》一书，站在民族主义的立场，有对资本主义"怒其不争"的惋惜，他的悲观主义，有一句不能不使人沮丧的名言："愿意的人，命运领着走；不愿意的人，命运拖着走。"（《西方的没落》第 14 章第 471 页）而汤因比敲响的却是西方文明的丧钟，则有对资本主义"恨其不死"的愤怒。然而，并不是所有的人都有斯宾格勒和汤因比的渊博和智慧，他们的代表人物确是小有智慧、大有狡狯的折腾者。杜桑在 20 世纪 20 年代的登场，成为一个时代的结束，另一个时代的开启。也许他有些爱恶作剧，也许他不乏使用嘲弄手法的本领，于是在 1917 年杜桑自一个商场购得的尿器，堂而皇之地引入美术馆，名之曰"喷泉"，杜桑从而成了后现代主义的鼻祖，当然在我们看来的不雅之举，西方评论家却煞有介事起来——现成物策略，成了后现代主义的利器。评论家首先不是有要求于艺术家，而是要求观众，"不管它是什么，它必须有一个胃，能够消化橡皮、煤、铀、月亮和诗"（路易斯·辛普森）。这真有市井泼皮牛二横不讲理的意味。或者提升一些讲是以形象的专政，深入心灵的专政。杜桑的“喷泉”一词，意含猥亵，不用详批。而他这一“艺术创作”竟能成为一个艺术时代的象征，我们就不能不思考其缘由了。西方的思想家如18世纪之康德，19世纪之黑格尔，殚精竭虑、呕心沥血的思想硕果，在杜桑者流看来，都是人类思维的赘疣，必除之而后快，人类所需要的是随心所欲。杜桑同时也是现代艺术的启蒙者，他告别了传统艺术所必须的视觉上的、心理上的、技巧上的严格要求，而且“喷泉”一作，与便溺有关，他竟然想起了庄子。因为庄子的确有过“道”在瓦砾在便溺之说。杜桑当然不会理解庄子天地万物为齐一的高论，也不理解庄子“本道根真”的追逐，更不知道庄子对“操之则栗，舍之则悲”的鄙弃。以杜桑为代表的后现代派诸君距庄子的以天地为大炉、以造化为大冶的境界相距太远，或正背道而驰。后现代派艺术对古典主义艺术的颠覆，则是一种语言霸权的实现，而古典主义原来的地位，则本源于自身的美质，不是一种极端的排他性的霸权主义。

后现代主义的理论家们，似乎对佛家的禅宗、老庄的言说颇寄深情，以为与东方之智慧不谋而合，其实在误解基础上，他们的艺术实现，其实与佛、道取舍异殊。那佛家的悟道沉痛、广大慈悲，来源于他们证得四大皆空后的彻悟，禅的静思是远离“我执”与“法执”的大自在。后现代主义的某些理论家们，也主张期待“朝向沉默的运动”（伊哈布·哈桑）。这大概有些悟道的成分。《庄子》中有老龙吉者，彻悟大道之真人也，却悟而不言，不言而死。可是那蜂蝶随潮的后现代的勇士们，大概是永远达不到这种境界的，反是我们看出他们的烦恼障，常使他们沉入深不见底的心灵的苦痛渊薮而不能自拔。这就与佛家的清净世界、“能除一切苦”楚辕而赵辙了。道家要证得“无”，要复归于无极、复归于朴、复归于婴儿，与后现代的喧嚣、恣妄和无所不破坏、无所不解构，更是风马牛不相及。

佛家的无上偈是“放下”二字，而后现代派的艺术家们所谓的潇脱、无羁正是不能做到“放下”二字。后工业时代带给人类的不再是田园的牧歌，而是层出不穷的灾难：空气中二氧化碳的与日俱增、臭氧层空洞的扩大、植被的荒凉、沙漠的施暴、物类的食物链破坏、地球气温的上升等等，更有甚者，在资本契约社会的表面的公正和严密后面，却是消费社会使公众的欲望等比级数地膨胀，次贷危机迟早有一天会如多米诺骨牌之坍塌，使《列子》书中杞人所忧之天倾覆而下，窒息整个貌似辉煌的资本主义。太多的问题使人类不安、忧虑和焦躁。然而庞大无比的社会的列车已然开动，车上的乘客是绝对软弱无力的。而心灵敏感的艺术家则表现纷陈，非止一端：愤世嫉俗的、享乐主义的、下流无耻的（“性，那就是人生”——杜桑作如是说）、荒诞无稽的、浅陋浮泛的、故作深刻的，都会出现在各种各样的艺术宣言和艺术手法中。头脑比较复杂的理论家如哈佛大学教授奥尔森认为西方文化的认识论传统，“最后导致了现代资本主义的社会不平等现象，理性思想的果实是民族主义和工业主义，两者都在战争和劫掠中露出了本性”。我们所不能轻易赞同的是，他的因果论中排除了最重要的原因——资本主义的体制，而将原因转嫁到无辜的理性主义——从亚里士多德到康德、黑格尔。认识论的创说者没有罪过，使用认识论而为非作歹的历史玩火者，才是战争和掠夺的根源，殖民主义和后殖民主义，都与资本主义体制有关，而与逻辑、演绎的思维方法无关。

为杜桑始料不及的是，他以尿器为雕刻的恶作剧，竟然将他推向解构和反艺术之父的祭尊之位。人们以为他提倡的是“无中心”，其实他已然成为了反旧有形式和审美法规的“中心”。这种无法规和中国山水画史中石涛的“至人无法，非无法也，无法而法，是为至法”就大相径庭了。石涛的“无法”乃是对传统技法的推进，所以称为“至人”的“至法”，而杜桑则全然是轰动效应下产生的艺术怪胎。达·芬奇做梦也想不到五百年后杜桑专找他开玩笑。蒙娜丽莎，人类艺术史上的奇迹，那文静而恬淡、高雅而质朴的古典美人，在杜桑的笔下长出翘起的胡须，成了神经质的达利，抽着卷烟，吸着饮料，或者干脆变为一只恶猫，一个妖妇，一个赤身裸体怀着身孕的庸妇。杜桑在画下有说明文字："达·芬奇：都是杜桑的祸。蒙娜丽莎：'UN 不！那是后工业后娘养的。'"笔头上在亵渎先贤，口头上却标榜着反时代的庄严目标（当然语言照样是流氓的）。试问丑化了的历史名作和后工业时代有什么关系？解构的结果表明杜桑对艺术的仇视。庄子当年反艺术，反的是那种违拗自然本真之性的伪艺术，而对真正与天地精神往还的韶乐、商颂，则寄予了崇高的敬仰。任何一种对艺术的态度，不是由于冠以了什么"意义"，便可以荒唐为玄奥，借指桑以骂槐，恶作剧不会成为真正的经典喜剧和悲剧。杜桑的罪过不止于此，前文所提及之"性，那就是人生"，其实是一张杜桑化妆为一风尘女子的自拍相片而以法语谐音而起的名字"罗斯·赛拉薇"。用心污秽、色情，足见杜桑品斯下矣。然后果之不堪设想，乃有过于其"雕刻"喷泉。杜桑于 1968 年去世，可惜看不到巴黎"五月风暴"的"盛况"，那是后现代主义已然从艺术的范畴走进了社会一切方面的证明。我们当然不能让杜桑 1917 年的《喷泉》担荷人类的所有乖张、荒诞的行径；然而打开那带给人类无休无止的疯狂、罪恶、嫉妒和疾病的潘多拉魔盒的，的的确确应归咎于杜桑，使他在九泉之下也永不得安宁——躁动，这正是杜桑所希望的也未可知。当70年代之后，西方盛极一时的“坏女孩”“垃圾女孩”“愤怒的年轻女性”，“‘剥开’阻挡主题的视觉形象结果”，说明白一点就是暴露狂，据说为的是使社会理解妇女之境遇，实质上正中社会上登徒子们的视觉快感。初为反对男性中心主义，却恰恰适应和助长了男性中心主义，这种两律背反，在后现代派的作品中累见不鲜。这难道和当初杜桑的名言“性即人生”无关吗？后现代派的艺术还带来了医学上的麻烦，艾滋病的猖獗，可谓其来有自。

后现代主义者的艺术在实施过程中的两律背反，不只是普遍现象，我们甚至可以认为是一种必然的结果。起先的口号大体包含着愤世嫉俗，鞭笞社会弊病，痛恨既有的所有制度、规则，对传统经典主义的釜底抽薪式的否定，对社会边缘的族群（包括妇女、囚徒、义务兵、同性恋者、医院中贫穷的患者）表现的同情，这在福柯的理论中最为鲜明，他的所有斗争不是为了哪一个阶级，他所谓的“异在者”，我以为正是指的被社会所遗忘的角落的人群。福柯怀疑一切制度，无论它们有多么“科学”或“革命”。而他所谓的革命是“无中心”的。当发轫于艺术的斗争而广及所有的社会问题时，“后现代”概念的外延已然无边无际。“后现代究竟是什么？”这样的质疑来于最具权威的后现代主义的理论家利奥塔，他并不是后现代主义的鼓动者，他深入地研究它，对后现代主义的批判言之凿凿，切中要害。他说："当权利来自资本而不是政党时，……艺术变为了庸俗时尚之物，于是开始迎合艺术赞助者的'品味'，艺术家画廊主持人、批评家和普罗大众在'怎么都行'的浊流中飘荡沉浮。这是一个懈离而黯然的时代。然而'怎么都行'式的现实（写实）主义，实际上即拜金主义；在审美准则的匮乏下，人们会以作品所产生的利润来评价作品的价值，只要符合流行口味的需要，具有市场销路，那种拜金现实（写实）主义，就能迎合所有的流行时尚。这就像资本主义能够迎合满足所有需求一样。至于鉴赏趣味，当人们沉溺于自我迷醉或自我淫逸时，则压根儿不再挑剔是否高雅和精纯了。"（利奥塔《后现代状况》，第 15 章）利奥塔指出艺术和文学的研究，只注意大众所关注。在我看来，哪怕是极其鄙陋与恶俗的东西，都会投普罗群众之好。利奥塔甚至提出了"包装奢华无比"，以慰藉那些缺乏头脑、判断力低下的读者。

后现代主义最初不无对后工业时代来临之后社会伪善的批判，然而以丑恶的手段来反讽，不足以丝毫杜绝已然存在的丑恶；对传统的叛逆，也只会使整体社会不再会有"主敬"的虔诚。而乖张、荒诞无法缔造一个宽容博大的新秩序，淫秽之行为艺术，只会使社会更加沉沦。一切以自我宣泄为出发点，忘记了他们反对古典艺术霸权时的初衷，一味地膨胀自我，一旦应时得势，必然树立新的后现代主义的霸权。这种霸权也许并不凭借政治的力量，集体的盲动和混乱，则足以使一些精力旺盛而坚牙利齿的角色声名鹊起。德里达正是这个时代的宠儿，并且反过来影响这个时代——登上历史舞台的德里达便被拥为“最后的思想大师”，成为了解构主义的旗帜，竟被社会前沿的学术界视为自柏拉图以来改变了西方思想的无可争议的领军者。

从杜桑到德里达，我们无法找到比他们影响更大的人物，杜桑是可视的，而德里达可解吗？今天我有一位旅法的哲学家朋友裴程，他精通法语又专攻哲学，故而能入座密特朗图书馆东方部主任之高位。他问自己的法国朋友，我怎么也看不懂德里达的著作，他法国的朋友说：你看不懂就对了，我们有着和你一样的感受。问今之法国，真正读懂德里达的能有几人。那么这就令人不解了，既然读都读不懂，何以有如此的不可估量的影响？

茫然的人群需要偶像，不管对“偶像”了解不了解，这是所有邪教和荒诞理论得以猖獗一时的根本原因。邪教和荒诞理论总会有类似咒语似的、似是而非的幻觉在昭示着愚蠢的族群。“信仰”在这里变为了一种愚民的手段，念咒语的可以完全不懂所云何物，但其心灵却可以得到慰藉，心理学家知道这是一种符合人体科学的现象，倒不是巫师真有通天的本事。

在此，我绝无意于对德里达本人进行任何无聊的人身攻击，也绝不是把他推到邪教教主之地位。甚至我对德里达年轻时对资本主义制度的反抗，投以适当的敬意。譬如他所参加的反对种族隔离文化基金会创设运动，他甚至在1993年于纽约发表《马克思的幽灵》，这时他是反对种族主义的杰出人物曼德拉的同路人。当非洲血缘的美国记者穆米阿·阿布·杰马尔因为揭发美国监狱系统残酷性而被判处死刑时，德里达绝对站在了正义的立场，而且德里达尖锐地发现，美国当时的死刑制度，是种族主义的帮凶，德里达成了旨在营救阿布·杰马尔的象征存在。我们还应该记住，德里达曾受牵连于海德格尔，人们认为海德格尔曾一度效忠于纳粹主义，因此在法国"应该停止阅读海德格尔的著作"；大家又都知道德里达曾从海德格尔那儿继承了一些课题——所有这一切在学界和社会所引起的轰动效应，使德里达困境重重，却使他不期然地成为了社会目光的集中点，这大大有助于他解构学说的磅礴于世。其实，德里达所有社会活动的中心指向，与他的后现代主义关系不大，但他的社会影响，却使他的主义飙风顿起。

德里达的矛头所向首先是柏拉图。自柏拉图，然后是经过卢梭到胡塞尔等在西方已成为真理而被特权化的理论。反对特权化的釜底抽薪的话语是："柏拉图著作存在着，可是柏拉图的著作不存在。"（德里达《柏拉图的药》）这且置而不论，柏拉图不会因为这句话而消失，近年中国译出的柏拉图全集已然对柏拉图毋庸置疑的著作和苏格拉底的著作清晰地分辨清楚。德里达妄图做一个伟大的创说者，然而在他之前已然大山林立：苏格拉底、柏拉图、康德、黑格尔、卢梭，他用自己创设的话语系统和种种不可理喻的词藻（几乎是排除在人类集体记忆之外的自说自语的新创词汇，譬如“临在”“在场”“他者”“赠送难题”“责任逻辑”“割礼告白”“灰痕迹”等等来构架他的理论。在操法语的人群中已经完全难解的词汇，当译为中文时，正所谓“字经三写，乌焉成马”，其难解又增加了几倍。于是笔者怀疑当下的中国自称是德里达的学者们，是否有能力对我作启蒙而清晰的解释）。德里达宛如塞万提斯笔下冲向风车的堂吉诃德。在我看来，德里达的著述之所以风行一时，不是由于它本身有移山推海的哲学力量和语言魅力，而大体来自愚昧的人群唯恐被别人视为弱智者，而装着懂的样子，在最虚荣的族群中尤然如此。其实德里达自说自话的时候，已然自我陷入了失语的状态。他不胜悲哀地讲：“谁也不能理解我的宗教”（与G.本宁合著《雅克·德里达》）。正如前文提及的“咒语”说，在德里达的著作中绝对是比比皆是。我们不要忘记，从亚里士多德到康德，他们都是科学家，实证是他们立论的依据，那么，我们希求从德里达这里追索依据时，他的回答是形而上学中心主义——逻各斯中心主义之不足取，文本之必须解构，他要为古典哲学所依托的“表音文字”敲起丧钟，同时设想一种理想性原型的文字。德里达的非非之想，竟使西方的稍稍年轻的学者和年轻人群开展了历时半个世纪的话语解构。这种解构与中国禅宗的智慧可就不啻天壤了，也许禅宗的六祖《坛经》和《五灯会元》话头、偈语是颇费深思的，然而它们却正竭尽了中国原本话语的妙谛。德里达的《声音和现象——胡塞尔现象学中符号问题的导论》《论文字学》《播散》《立场》《丧钟》……果真有微言大义浸透其中吗？德里达的解构宣言《论文字学》，并没有给我们哲理上任何深入的启示，只觉得他是下定决心要从语言开始解构，他预示着和当年杜桑一样，要打开另一个潘多拉的魔盒。

解构这幽灵走进艺术，不确定性（反映生活之暧昧细节）、即时性（日常生活内容）和即物性（利用新的媒介）、无中心、无主题、主体离散、游移，语言呕哑嘈哳、语境混淆漫漶，互相平行的、互相排挤的、互相重叠的不一而足，人们开始写“一首没有主人公的诗”，写无情节的平面的历史。一切都在流变，一切都还未完成。合情合理、中规中矩的所有社会法则、艺术规定、逻辑的语言要素都是必须打倒的“霸权”，一个荒诞的、可悲叹的、黯淡无光的时代，慢慢地走向人类世界。当一切失序的时候，那么恐怖、瘟疫、仇杀便自然而然地合法化。德里达当初反对的，成为今天提倡的。后现代主义的两律背反，在德里达身上反映最著。

后现代主义由不可理喻渐渐恶性滋生出血淋淋的、淫秽不堪入目的作品，甚至粪便堂而皇之地走向众芳之所在。大粪或其他分泌物成为艺术家无上珍贵的艺术载体，杜桑曾对达利述说自己的感悟：“肚脐眼里的分泌物将是一种首要的文本。”意大利艺术家曼佐尼（Piero Manzoni，1933—1963）的粪便作品《100% 纯艺术家粪便》其版本是一些小罐，每个都装有 30 克自己的粪便，他的意思可能有一点庄严——对艺术市场媚俗化的滑稽摹仿，然而这种下作的手段与庄严的目标正背道而驰，比媚俗的更令人望而生厌。接着北美的艺术家们公开展销自己的粪便。如果艺术家的粪便成为商品，是一种引人羡艳的收入时，那么医学上一个科学用语“肛门快感”正适合作他们印刷品的绝妙题词。法伊阿本德（PAWLK-Feyerabend）的“怎么都行”是所有这些荒谬绝伦的艺术家的旗帜，在这面旗帜之下，还有什么是不可以做的吗？

1974 年在那不勒斯美丽的女艺术家以自己的肉体供男人猥亵、伤害，她说：“我是你的对象，桌上有七十二样物件随意由你在我身上使用。”她的衣服被男人们扯碎，赤裸着身体，面部表情神圣（我想是装的，不会神圣到一个下流痞子吮吸其乳房而无动于衷——不是物以类聚，便是故意作态），说明了什么？这是一件历史上没有任何参照系的艺术品，人们不会对男性主义中心因这件作品而腐心切齿，反之倒是使好色之徒一饱秀色可餐之福。20世纪以降的后现代主义哲人们，你们没有觉得你们自说自话的后果却有声有色吗？你们违拗自然大秩序的创说、你们的批判行为和艺术家们的行为批判化为上帝在云端讪笑，并向你们抛下了诘问。麦当娜和稍后的苏格兰“辣妹”，将性、权力与摇滚歌唱搅和一起，在万人广场的无羞涩之心的表演，引发了有教养社会阶层的巨大道德恐慌，在家里叨陪鲤对一万次，不如看一次麦当娜声色交汇的表演。可惜的是，麦当娜标榜的是艺术——神圣的艺术。记得有一次在万人人头攒动之中，麦当娜发现了作为贵宾出席自己首演的父亲，并把父亲请上舞台。老人的尴尬、羞惭形于外而伤于中，人群经久不息的掌声似乎是一种尊重，但每个人心里想着什么？——天晓得！

金钱、拜物教是资本社会的宗教，而超前消费、次贷消费，则是拜物教祭坛上的鼎脔。金钱的诱惑无所不在地引导着社会的普遍道德指向。后现代艺术，你算老几，在一阵似乎正义的呼声之后，很快声销迹匿；无比庞大的资本诱惑，迅捷地使思想家们、艺术家们就范。前卫艺术家起始对艺术商品性和商业化的悲壮性的拒绝，不久就会被资本主义的讹诈所征服，甚至成为为虎作伥的傀儡或被资本玩弄于股掌之上的木偶，这就是后现代艺术悲剧的起源。当后现代艺术发生了如此质的变化之后，后殖民主义的阴谋家们登场的时节便来临了，后现代艺术的清高一夜之间变化为庸俗的时尚之物，另一种的媚俗很快取代了后现代艺术发源之初恨之入骨的昔日的有限的媚俗。凭借着巨大的、覆盖全球的网络系统，审美标准的彻底丧失使文化垃圾大行其是。如同薇干菊一样，飘浮到世界各地。上世纪60年代艺术家们所投入的反资本主义热潮，表现出的对走红市场的艺术品的逆反行动——不计价格的观念艺术、过程艺术、地域艺术、极限艺术（理念化的艺术）烟消云散。一切都有可能发生，波伊斯对啤酒罐吹一口气，值一百万美金，而米罗随手划的一根线，签上名字以后价值千万英镑。马克思和恩格斯当年的名言："一切精神的或物质的东西都会变成交换价值并到市场上去寻找最符合它的真正价值的评价的时期"（《马克思恩格斯全集》第四卷第80页）来临了。其中包括德行、爱情、信仰、知识和良心，都可成为待价而沽的商品。可怜第三世界的功力不足又想一夜巨富的穷艺术家们，不惜出卖民族的光荣和尊严，画出自己族群的奇形怪状的形象——满嘴牙齿的、同一模子刻出的痴呆者，侧着脸排着队向观众傻笑，甚至无耻地攻击自己民族的历史伟人。及已至此，艺术的颓废和堕落达到历史的最高峰。我们几乎丝毫不怀疑某些想左右世界的国家的某些组织，譬如情报局之类，那些阴诈深算的家伙们，以些许的小钱谋取政治上的大利。购买一幅怪丑的画，可以动摇一万个无知的青年，如同病毒的传播，横无际涯。

物极必反是宇宙的大法，谁也无法阻拦。金融海啸的突然来袭，打破了人类的所有间间小智，它所向披靡，无远弗届。虚假的膨胀的社会消费，缩水之快，如广漠以吞小溪。而在资本主义隙缝中求生存的后现代艺术的临终之日也渐渐迫近，曾几何时，艺术是艺术，垃圾是垃圾的最简单的逻辑，也会复归其本位，谓予不信，今日绘画之市场，竟是谁家之天下？真正的艺术家们渐渐复苏，而揣怀机心的甚嚣尘上的画丐，不免三缄其口。高谈阔论或强词夺理不会是真正的艺术之母，而“美言不信”渐渐又被人们视为真理。艺术靠的是纯真的心灵和精绝的技巧，靠的是诚实的观众和公允的评论。后现代主义的一切都烟云过眼、都微不足道。

文章至此，不免心怀恻隐，虽然一个世纪以来翻云覆雨的是后现代主义的艺术家、舞文求生的评论家和财力有限的画商，可恨之人亦有可怜之处。他们仅仅是鼎鼐中的牺牲。最该讨伐的是那些在资本王国的兴风作浪者，当这些金融大鳄们驾着自备飞机到议会，以求国家救市之时，依旧是瘦死的骆驼比马大，最该自省的是那些以邻为壑、妄图以贸易保护主义嫁祸于人的决策者。

阳光依旧会照拂地球，阴暗毕竟会暴露，在历史转折的关头，好自为之，是所有玩火者应当三思者，不，“再，斯可矣！”不再旧调重弹，故伎复演，是全世界所有正直的人们的期望。

二〇〇九年正月十四日于青岛

# 后现代，我看出你的冷漠

当把残暴、虐杀、寡廉鲜耻都视为艺术，公然在大庭广众之中暴陈的时候，我不能相信这些东西扩大了我的视觉经验，我也不能承认这是一种所谓的视觉革命；我们不止一次地听到如此先锋的“艺术家”们称人类对往昔的经典艺术已然深感“视觉的疲劳”。

我们首先面临了一个对“后现代主义艺术”正名的问题，这在艺术理论界已经成为一个泛概念。当概念的外延无限扩大的时候，概念本身失去了意义。

我们不免追溯一下它的源起：每个时代的人都把突兀而起的前卫艺术称作“后现代”，譬如早在19世纪英国画家查普曼便曾于现代主义之前加“post”，20世纪40年代当伟大的史学家汤因比在他的著述中使用post-modern一词之后，便作为艺术现象中一种含义广泛的大类别为世所公认。西方的后现代主义艺术潮流以势不可遏的速度磅礴于社会，它具有一种对多元社会的渴望和对往昔权威时代的抗拒，不无历史和社会进步的意义。然而当一种艺术倾向变本加厉的时节来临时，它自身却又化为了一种暴力，这种暴力并不借助于权力的后盾，而是靠评论家和商业的炒作，颠覆古典的、经典的、有序的、渐进的整个艺术史。多元和容忍本来是后现代的口号，然则后果如何，那所谓的多元化为了失序的一元，“容忍”仅是它们登上艺术平台前的虚伪的策略。

后现代主义的哲学家们在巧言令色之中，使整个社会的学界和艺术界相信一个假想敌：往昔的哲学、语言学、艺术施行的是“词语的暴政”。然而他们又伪为谦揖，明明看着艺术圣殿的倾圮和颓萎，看着泥沙俱下的后现代主义泥石流肆虐，利奥塔却说：他的工作实际是寻找什么是后现代主义，但他仍不知道答案。而自称为达达主义科学哲学家的法伊阿本德，则树起了据说是唯一不抑制进步的大旗，上面写着“怎么都行”。

因为有了 19 世纪末哲学睿智尼采的存在，后现代的艺术家们在毫不掩饰自己雅而痞的本性之外，更有着精神上的优越感；因为尼采说过：“就庸俗的人类来说，所有高贵鹰扬的感情都是无目的的，因而被认为是比任何东西都难以相信的。”（《尼采的哲学》）后现代的勇士们，都自以为是高贵的人类，他们是非理性的、高贵鹰扬的，不能被庸俗的人类理解的。

有“怎么都行”的行动准则，那么在后现代主义艺术家面前就是无遮拦的，包含蔑视人类的传统，蔑视道德、伦理、法则、契约、法律，总之一切有序的都“抑制进步”。这样，我们就不难为后现代艺术作出一个准确定义，划定它的界标。

这定义和界标决不是论者强加的，而是依据他们作品作出的一个大致符合事实真面的、有可信力的说法：凡是失序的艺术，我们统称之为后现代主义，这不是一个时间的概念，也不是枝杈横生、派系繁衍的内容的概念，而是一个艺术本体论或换言之艺术本质的概念。

我们有了这样明确的概念，就可使蕙莸杂处的艺术史犁然可辨，在这共同的时段中，被误圈入后现代的艺术如贝聿铭的玻璃金字塔，则应排除在外，不应用“后现代”这不逊的称谓亵渎贝聿铭至美的艺术。他的建筑艺术是崇高的“为道日损”的简洁的大秩序。

那么人们不禁会提出，你以为所失之“序”，后现代艺术家们则正视为应破坏之“序”，因为对“秩序”二字的价值取向不同。其实后现代哲学家杜威“真理的存在无法证明”一语，倘改一字“真理的存在无须证明”就是佛家的“法尔如是”了。我所讲的“序”乃是地、天、道、自然本然如此的大秩序，至高至美的艺术，永远虔诚地趋赴地、天、道、自然之绝域，那是大美不言的所在，它的名字叫“和谐”。宇宙星辰因有了这样的和谐而存在，因为有星辰的存在，才有了有感有识有情的人类。人类的审美的原始冲动往往是瞬间刹那的、毋需理性判断的本能，这种本能不分贵贱尊鄙睿智顽鲁，老少皆然，男女皆然。

审美云者，便是对地、天、道、自然大和谐的审视。

这种大和谐是行的“不言之教”，它独立而不改，周行而不殆，顺之者昌，逆之者亡，你承认不承认，这大和谐都存在着。天地间一切生长着的、茁壮着的、繁荣着的事物都是合序的，都依循着不可抗御的大和谐的规律；而一切死亡着的、凋谢着的、枯萎着的事物，都是失序的，当它们失去大和谐的垂顾时，它们的唯一前途是消失。人类的审美能力乃是从远古、玄古至于今日的化为生命遗传基因的本在的能力——自性，佛家所谓“真如”，不借助于经验和理性，不依恃思量分别的人人本具的能力。程颢、程颐兄弟所谓的“天人本无二，不必言合”，是彻底参透了这种天人关系的名言，这儿的人指未经过异化的、摆脱了我执的、不失天然本真之性的人。后现代的艺术家们不承认这种苏格拉底所称美的共同性，而追逐违拗宇宙大和谐的失序的所谓个性，那么他们陷入痛苦的迷障是必然的。

在审美上与宇宙大和谐规律抗拒的结果是失序，艺术创作者及他们的作品统统纳入了无序的绝望之中。无序的同时是混乱、怪诞、荒唐的并作，痴人说梦、醉汉狂言，表现虽非止一端，大体的形貌我们都可想见，而后现代艺术的作品的怪乱脏丑也绝对大体相类。

个性？个性是共性的体现，倘使没有美的共同性，那么美的个性是什么？你的创造既与天地万物为仇寇，那么你的心灵不会是一盏孤明的智慧之灯，不会是一片光明，而没有光明烛照的地方必是地狱般的黑暗，不会芳草鲜妍，只会是一片荒芜。

后现代艺术家们，我看出你们的冷漠，你们似乎在追逐着“混沌”，殊不知古智追逐混沌的目的是为了在混沌中放出光明，而你们却背道而驰，使混沌更混沌，迷失在自己话语的黑暗之中，有些是故作的“怪力乱神”，有的则是一种本真之性的丧失。

既然没有美的个性，那么后现代的艺术家们，却具备着集体的无个性。不否认他们在创作时的一种冲动力，而这种冲动力不包含智慧和技巧。想艺术之外的事太多，而想艺术之内的事太少，想着如何使社会承认其个性，这是另一类的媚俗。一动“个性”之念，便非“个性”，违拗自然的大和谐便是失序的第一步。“我执”之障愈多，则去秩序愈远，必然是怪乱脏丑的出现。

真正美好的艺术是不假言说的，它们既不是评论家文章所结出的胜果，也不是商业炒作家所创造的数字的记录。它们是巍然的自在之物，它们百看不厌，历久弥新，宛如我们看云涛海涛、倚梅梢柳梢、迎山清月皎，那是亘古已存的天地大美，当艺术趋赴这样的境域时，它的名字叫“永恒”，它们不会使我们产生视觉的疲劳。

天地大美没有“新”和“旧”的概念，真正博大而美奂的艺术也同样不受“新”和“旧”的牢笼。艺术上这样那样的主义，如此这般的“新”“旧”说都是理论家们的方便说辞，其于事物的本相何有哉？其实是毫无意义的。

“理论是灰色的，而生命之树长青”（歌德语），艺术的永恒的标准是好（合序）和坏（失序），而不是其他。

记得托尔斯泰在《安娜·卡列尼娜》一书的第一句话是“幸福的家庭大体相似，不幸的家庭各有各的不幸”，这恐怕适用于对幸与不幸的形而下的分析，幸福指夫贵妻荣、金玉满堂、子孙繁衍等等，不幸则指其反。其实如果托翁作如此说：“不幸的家庭大体相似，幸福的家庭各有各的幸福”，那就走上了哲理形而上的境界，就深刻得多了。幸福是一种“秩序”，而不幸则是“失序”。那评价标准就从世俗走向了高雅。我们大体可以延引后一种说法谈后现代艺术和经典艺术：“失序的艺术大体相似，而合序的艺术各有各的秩序。”以此大囊括手法看艺术，庶几可从扑朔迷离的五里雾中得以自脱。

古典主义精神的复归已是亟不可待的事了。忍能面对艺术的废墟，不感视觉的疲劳？视觉的疲劳来源于后现代艺术的失序。卡拉 OK 的灯光和噪音恐怕可以作为光线和音乐失序后使人视觉、听觉疲劳的最佳例证。坍塌的废墟大体相似：残墙颓垣、野鼠城狐、赤葵依井、崩榛塞道，而美奂的建筑各有各的美奂。人类需要在 20 世纪后现代的废墟上，重建精神的家园，这合序的家园

托尔斯泰造像

似乎远离我们很久很久了。

我们必须做很多有益于人类精神家园的事。人类的生存，需要以力作用于外物，譬如耕稼、建筑、舟车行驶、软件设计，会有精力的疲劳，这种疲劳是形而下的疲劳，用形而下的办法解决，譬如休息、睡眠。而人类的六根——眼、耳、鼻、舌、身、意，也时时接受着色、声、香、味、触、法的授予，这种感觉上的疲劳有时是灵智领域的、形而上的，靠休息和睡眠是解决不了的，那只有用形而上的办法解决，譬如慎思之、审问之、明辨之。

后现代艺术带给我们太多的困扰，而后现代艺术家们也正盲人骑瞎马、夜半临深池。当那些人吃死婴的时候，或者在肩膀上不打麻药而“种”上两棵草的时候，或者从牛肚子中钻出来的时候，我们感受到的是自己兄弟的可怕的迷失。而当某些人臆语“要么成为大爷，要么什么也不是”的时候，我们能看出他的愤怒和不平。但我们有理由更愤怒和不平地问他，你如此轻生，对得起天地好生之大德吗？对得起你垂老的孤零的父母吗？

冷漠啊，冷漠！后现代，我看出你的冷漠！

2003年11月17日，于抱冲园

# 梵高的坟茔

冬天来到了巴黎，寒风料峭，木叶尽脱。洗尽铅华后的巴黎，少了点艳丽，多了些庄严。顺着塞纳河西北行，更是一片冬天的萧瑟。我们驱车向瓦兹河上的欧维尔城疾驰，去瞻仰我心灵深处的艺术殉道者梵高的遗踪。

欧维尔实际上是一座距巴黎三十五公里的小镇，镇上唯一的萨都（大宅院之音译），是昔日贵胄的宅邸，阔大而巍峨。在萨都的平台上远望，平林漠漠，轻雾朦胧，只有闪光的瓦兹河不舍昼夜地流淌。一百年前这儿还是淳朴的村庄，生活状貌和巴黎大异其趣。那时巴黎开始有了地下铁路，马路上驰行着方头笨脑的汽车，而辚辚马车声依旧在巴黎唤醒昔日的梦境。那儿有的是智慧深邃的贤哲、风华婉转的艺人，美女们在宴会中、沙龙里光艳照座；鲜花在园圃中、市肆上幽香袭人。那是一个充满了智慧、豪情和诗意，也充满了虚荣、狡黠和鄙俗的社会。巴黎的艺术家们风云际会，大展身手，其中佼佼者，浮动在社会视线之上，成为熠熠生辉的明星。然而造物不公，它造就了一些更卓绝的天才，却不相应地造就能欣赏他的观众。要等到这些天才死了很多年后，评论家才像天文学家发现新星一样仰望他、赞叹他。梵高，这位荷兰籍的天生奇才一百年前来到法兰西后等待他的是贫困和饥饿，他背着简陋的画具和破旧的行囊，远离这座他同样迷恋的巴黎城。我们来到了镇上的一间小客栈，这儿便是梵高生命最后一段时间的居停。楼下是饭厅，楼上有两间客房，一间6平方米，没有窗户，只有大可盈尺的一扇天窗，也没有壁柜，阴暗而潮湿，住着绝境中的梵高。隔壁一间8平方米，稍显宽敞，有一扇窗户，还有一个壁橱，住着穷困的荷兰画家歇尔启格。今天他已以自己卓越的才华载入青史，然而他当时同样被社会所忘却。梵高的屋中只能放置一张小床和一张破椅，他根本无法在室内作画。于是苍苍穹庐，恢恢大地便是他的画室。没有钱雇模特儿，他只好对着镜子一而再，再而三地画自画像。客栈的主人有着乡下人的朴厚，梵高每天花三块五角法郎便可食宿，梵高为人质实和蔼，加上法国人自古以来普遍的对艺术家的垂青，梵高和店主关系似乎很和睦，甚至店主13岁的女儿阿德丽娜三次给梵高当模特儿。1954年她还以高龄健在，她回忆道："文生先生（梵高的名字）只在中午回来吃一餐饭，十分简单，绝不点菜，我们都很敬重他。"

在欧维尔，梵高留下了他最后的杰作之一：《欧维尔教堂》。教堂外边竖着一块牌子，挂着这幅画的复制品，精通法文的杨起先生告诉我，这上面有诗人题句："于大师杰构中，请君深悟梵高生前心灵最后一字——上帝。"

在欧维尔，至爱的友人高更因误会，与他大吵一次离去，从此音书顿杳，留下的是寂寞、困顿和社会对他的冷漠。梵高一生卖不出一张画，即使当时在巴黎已渐渐成气候的雷诺阿、莫奈、莫利索的拍卖会，也累遭败绩，引起了一阵阵布尔乔亚们的嘲笑、评论家们的诟骂。人们根本不知道梵高，也就是他连被人嘲笑和诟骂的资格也没有。在人生的道路上没有比被弃置不顾、被彻底忘却更痛苦的了，那是冰冷阴湿的黑夜、是狭窄深陷的冰窖，那是与死比邻的生。梵高爱叼烟斗，抽的是粗劣廉价的烟草，他曾在一张画上描写了一个最粗糙的木椅，在破烂的藤座上放着他的烟斗和一张纸包的些许的烟草，它似乎向我们唱出了一首凄凉的身世之歌，一如这烟斗中袅袅的轻烟在人间消失，无影无踪。

一个伟大的天才，当他无法知道自己的艺术具有无限的生命，会永恒地受人热爱的时候，形骸之暂寓人世，那是毫无意义的。艺术既不能提供面包，那就让需要面包的艺术家速朽，而自裁便是最简捷的方式。梵高拿起了手枪，走到萨都的草坪，向心窝射了一枪，他在华贵的建筑前对这不平的社会用生命作一次壮烈的抗议。然而他没有倒下，一路流淌着鲜血回到他的卧室，他呻吟流泪，无法说话，只有一声声悲惨的呻吟。据说天鹅之死都选择朝暾初上的清晨，它如泣如诉如怨如慕地吟哦，向自己曾用美奂的羽翼装点的自然告别。而梵高，这一百年后将用他无量光焰烛照浑浊世界的伟大天才，他弥留之际的歌却这般凄厉惨烈。他死在深爱他的弟弟德奥的怀抱中。梵高一生寡于交游，在他遗体旁的只有他的好朋友、穷苦的医生加歇和画家歇尔启格。神父拒绝为自杀者做弥撒，甚至教堂不给灵车送葬，友人们只好在附近的梅里小镇借来一辆破旧的灵车将梵高遗体送到墓地。他的弟弟德奥为了慰藉他的对艺术以生命与之的兄长，曾和另一位朋友合伙以仅仅几十法郎买过梵高一张画，然而今天这一点点光明和温馨也深埋在梵高的心灵、深埋在这最简单的坟茔之中了。梵高生前曾有一封信致他亲爱的弟弟，信中说："我相信终有一天，我有办法在一家咖啡馆办一次画展。"今天，所有的雄伟壮丽的画馆，无论奥赛博物馆或大皇宫，都以一展梵高的杰作为荣，荷兰和法兰西都争称梵高是她的儿子，在巴黎和阿姆斯特丹都巍然耸立着他的纪念馆，而一百年前，梵高的理想却是在咖啡馆一悬他的心迹。印度诗圣泰戈尔说："一个人大为谦卑的时候，就是他接近伟大的时候。"这种"谦卑"，倘若仅是知其当为而为之，那就近乎矫情，而梵高的谦卑来源于他的天真和懵懂，他完全不知道驻于他质朴灵魂深处的不朽天才，胜过了英国女王皇冠上的钻石，梵高只是画着画着，热烈地不倦地画着，那是他灵智的本能，而是否是天才无关宏旨。他不会像毕加索每天清晨懒洋洋地睁开倦眼问妻子："我是天才吗？我有天才吗？”

梵高过着清白无瑕的生活，他没有金钱的刺激、没有女人的诱惑、没有鲜花的慰藉。正如罗曼·罗兰说：“清贫，不仅是思想的导师，也是风格的导师，他使精神和肉体都知道什么是淡泊。”淡泊者，明于心而淡于欲，清于志而寡于营也。当罗丹命丰腴清丽的裸女模特儿们在画室翩然起舞；当莫提格里昂尼面对着妩媚而慵懒的美女，在画面上把她们的脸“令人愉快地拉长”时，梵高在哪里？他正对着一片平常的农田，一张破旧的靠椅，一双踏遍人间含辛茹苦的皮鞋，画这些巴黎的大师们不屑一顾的事物。然而我不知道有哪一位画家能像梵高画得那么动情、那么执着、那么令人神往，这就是天才之所以为天才的原因。看他画的所有自画像，那眼神没有一幅不咄咄逼人，那其中闪现的光芒有坚毅、有不平、有尊严，充满了对人生的批判和对自己命运的抗争。梵高在美术史上的出现确实是一个奇迹。作为一个东方艺术家，我欣赏他是因为他手法的神奇、色彩的高妙、构图的超绝。梵高远离了传统审美的藩篱，以所向无空阔的气势和才力俯瞰当代、睥睨千秋，从而一扫艺术界的平庸浅薄和乡愿惰性。他有着崭新的、惊世骇俗的、前所未有的艺术感觉，有着战栗着的、流动着的、闪耀着的绚烂光彩。这种画风一旦问世，美术史就必须重写，色彩学甚至美学就必须修正，这正是梵高撒向人间的一个永恒的不易解的谜。

20 世纪 30 年代西方某些评论家不能容忍梵高的离经背道，认为他的画只是神经不健全的产物，殊不知他们自己的神经正因作茧自缚而日见脆弱，受不了新事物出现的震动。这些评论家大体不是胃口欠佳、怪食品不好，便是属于信守狭隘、见过驼背恨马背不肿。而到了半个多世纪后的今天，一些对艺术全然无知的神经病学者声称梵高的天才之谜在研究痴呆病患者中找到了答案，说什么"这种人尽管可能永远不懂艺术这个词的含义，却能展现艺术才华"。有了这样的伪科学结论之后，他们还不甘心，梵高死后这么多年，他们在没有任何实证和临床记录的条件下断言梵高患有癫痫病、精神分裂症、躁狂抑郁病，甚至还有口射病等多种病症，一位可恨的日本耳科专家断定梵高可能有梅尼埃尔氏病……喂！你们这群蝉蛄般嘹噪的科学家们烦不烦人？你们懂艺术吗？你们饶了梵高行不行？他生前很清醒，对艺术忠诚而痴迷，为人和蔼厚道，对友情很挚诚，对弟弟、母亲很关切。"文生先生"在他客栈主人女儿阿德丽娜的眼中有一点点痴呆的痕迹吗？一位如此不朽的、质朴的艺术天才，生前备尝人间的辛酸，死后又蒙受如此不逊的、披着科学外衣的诟辱，实在使人愤怒。当然，不排除艺术界中笨蛋太多，而小有才情者又装痴卖乖，很容易使人们把美术史上简单的问题弄得复杂化。

梵高不懂得“艺术”这个词的含义吗？他太懂了，他爱米勒，甚至临摹米勒的画，米勒是他的偶像，这是由于他质实无华的心灵和米勒相通，梵高与米勒素昧平生，梵高只能遥远地膜拜他。梵高的天真在于他不知道自己的艺术秉赋不但与米勒不同，而且风发的才情更在米勒之上。我们可以认为梵高属于老子所谓的大智若愚的类型，他不太清楚自己的天才，那是由于艺术界汪洋大海般的平庸在压抑着他，于是他干脆不认为自己是天才。这是一幅多么令人心酸、令人恻隐、令人悲痛的情景；又是一种多么令人羡艳、令人神往、令人敬仰的品格。谈到这一切之后，我们回过头再看他所画粗陶或大瓷杯中插的野地摘来的向日葵和蓝色野花，那向日葵像燃烧的一把火，那金黄色的花瓣临风摇曳，那一朵朵葵花或相向喁喁而谈，或低头若有所思。画面空间的分布无与伦比的精审。梵高的激情不是一匹脱缰之马，只是他的马术高明，即使烈如焰火的骏骥，他也能立马歌啸。这些作品不仅充盈着天地的元气，甚或可以说是神灵赋予梵高超人的表现力，那岂仅仅是梵高依物描像，那是他在倾诉爱情，爱情就是艺术家的神灵。人们隐隐地知道毕加索风格的每一次突变，后面都有一个女人使他迷了心窍，那是一种真实的痴迷。而梵高却没有这样的艳遇和幸运，但是他的情人却在大地的草木盛衰中，天穹的日星隐曜中。啊！他爱得多么纯净而雅洁，他画自己慈爱的母亲，看那欲展又蹙的眉宇、那莹然含泪的双眸，那慈祥和蔼的嘴唇。梵高所歌颂的是人间最可珍惜的母爱，他知道普天下只有这颗心里贮藏着他和他的弟弟德奥。在梵高死前一年，他画了一张世称《没有胡须的梵高》的杰作，那是为了祝贺他母亲 70 岁的生日，梵高记着这一天，为了他和弟弟德奥，她受苦受难却甘之如饴。他自画这张像给母亲，类似中国的平安家信，他告诉母亲，他的生活处境不似想象的恶劣，而且精神正常，不像传说中的癫狂。我相信当他饮弹未倒的那一整天，他觉得这一次的冲动将撕碎慈母之心而最终使她离开人间；我也相信，他所钟爱的一切之中只有一件使他歉疚，那就是他没有钱去侍奉老母，反而以结束自己的生命，带给母亲永远无法慰藉的悲痛。

当今天这幅《没有胡须的梵高》在克里斯蒂拍卖行被那些富商大贾竞相投标、最后以 7150 万美金卖出时举世震惊、欢声雷动。而这一切和寂寞痛苦的梵高毫不相干，对此，我只想一挥作为一个艺术家的悲怆之泪。

古往今来的画家，车载斗量，可谓恒河沙数，不可胜计，然而可大分为三：第一类画社会认为最好的画；第二类画自己所认为最好的画；第三类则是置好坏于度外，被冥顽不朽的力量驱动着画笔作画。第一类人终身勤于斯而不闻道；第二类人则“朝闻道夕死可矣”；第三类则如《庄子》书中的齧缺与道合而为一，其人“若

仿梵高自画像

天之自高，地之自厚，日月之自明”。他的艺术就是天然本真的生命，世俗形骸消亡之日，正是他的艺术走向永恒之时。

我们来到梵高的坟茔前。坟茔坐落在一所极平凡的公墓里，梵高和他心爱的弟弟德奥合葬，两块墓碑，方身圆顶，没有任何纹饰，没有花岗岩的墓室，碑前只是一抔黄土，覆盖着长青的蕃藤，比起公墓的所有墓室都寒酸而简陋。没有比冬天于公墓凭吊更使人凄恻的了。然而梵高墓上的碧草却在刺骨寒风中颤动着不屈的生命。堪告慰于九泉梵高之灵的，不是拍卖场的呼啸，而是一束束的鲜花，放在坟茔的四周，一位英国无名的旅游者在一张小纸上画着欧维尔教堂和梵高的像，他写道：“感谢您对绘画的挚爱，您的画使我有勇气走向完美的人生。”而一位儿童献上的是一束麦穗和几朵野花，他知道梵高生前酷爱这里的麦田和野草闲花，正是这些平凡的事物，点燃着梵高热烈的、不熄的艺术之火。公墓寂然无声，所有的体面的、稍微精致的坟茔前都空无一物，这不禁使我想起鲁迅先生的《坟》，总有一些人是不会被人们忘却的。

梵高学会会长冉森斯先生知道我的来临，送给我一把纪念馆的钥匙，他真诚地说：“这是我们送给最尊贵的客人的礼品，您今后就是这儿的主人，您随时可以开门，我们永远欢迎您！”今后这把钥匙将伴着我走遍天涯，我或许不会再使用它，然而它将随时打开我心灵的门扉，让和畅的惠风一扫鄙俗的尘垢，从而满怀着赤子般的真诚走向人生。

一九九九年元旦于北京